한 번에 끝내는 ATmega32 Microprocessor 마이크로프로세서

정용섭 | 변지수 지음

카오스북
CHAOS BOOK

지은이

정용섭 yongsub@kopo.ac.kr

전 경북대학교 산업전자전기공학부 겸임교수

현 한국폴리텍대학 울산캠퍼스 자동화시스템과 교수

변지수 byeon@knu.ac.kr

전 Univ. of Alabama at Birmingham Department of Physics 박사 후 연구원

전 한국전자통신연구원 창의연구사업단 선임연구원

전 광주과학기술원 고등광기술연구소 선임연구원/실장

현 경북대학교 기계공학부 교수

한 번에 끝내는 ATmega32 **Microprocessor** 마이크로프로세서

펴낸날 2014년 3월 31일 초판 1쇄

지은이 정용섭 · 변지수 공저

펴낸이 오성준

펴낸곳 카오스북

출판등록 제 406-2012-000111호

전화 031-949-2765

팩스 031-949-2766

홈페이지 www.chaosbook.co.kr

편집 디자인 콤마

ISBN 978-89-98338-48-0 93560

정가 23,000원

머/리/말

"백문이 불여일견, 백견이 불여일행"

실무예제와 실습으로 AVR Atmega 32 한 번에 정복하기

ATMEL社의 ATmega32 AVR MCU는 8비트 마이크로컨트롤러로 많은 기능들을 가지며, 이용하기가 매우 편리할 뿐만 아니라 학생들을 위한 교육용으로도 간단히 개발할 수 있는 교육환경을 갖추고 있기 때문에 근래에 많이 활용되고 있다. 또한, 임베디드 시스템을 설계하고 제작하는 산업용으로도 많이 이용되고 있다.

본 교재는 AVR 및 전자제어를 처음으로 접하는 학생들의 입장에서 집필하였으며, ATmega32를 예제 중심으로 이해하는 데 목적이 있다. 전자기계(메카트로닉스) 및 로봇을 비롯한 임베디드 시스템 설계와 제작을 위한 교재로서 전자회로의 기초를 바탕으로 하여, C 프로그래밍을 이용한 AVR MCU 기능들을 익힐 수 있도록 구성하였다. 이론적 배경들은 관련 전공들에서 충분히 습득하였을 것으로 판단하여 실습과 예제를 통한 실무 활용에 중점을 두고 집필하였으나, 적절한 분량에 대한 고려와 지면상의 문제 등으로 인해 포함하지 못한 부족한 데이터 시트는 ATMEL社 웹사이트(http://www.atmel.com)를 방문하여 참조하기 바란다. 앞으로 부족한 내용들은 계속 보완해 나가고 기술의 발전에 따른 새로운 시스템이 개발된다면 소개해 드릴 것을 기약하며, 본 교재를 통하여 대학에서의 교육과 기업 현장에서의 실무에 조금이라도 도움이 되었으면 하는 바람으로 이 책을 내어 놓는다.

2014년 3월

저자

목/차

CHAPTER

01

AVR 소개

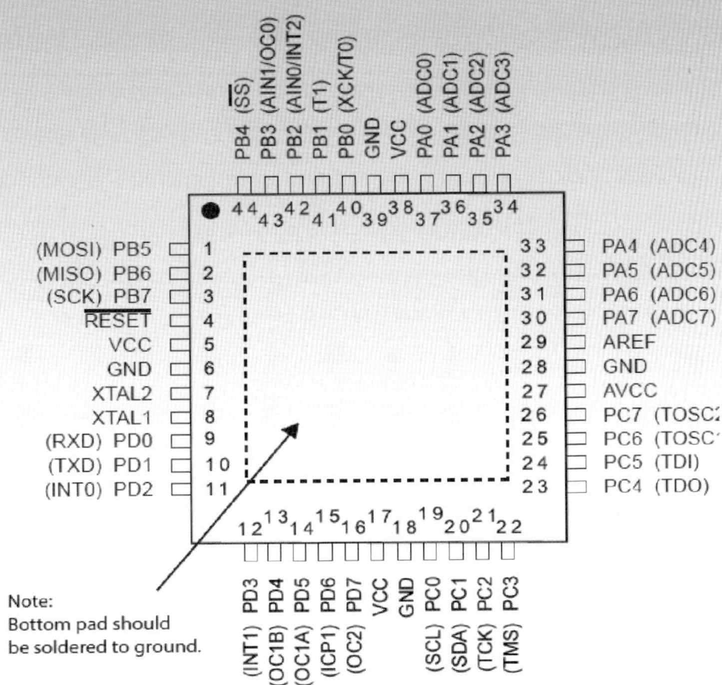

1 마이크로프로세서와 마이크로컨트롤러

기존의 마이크로프로세서 교육용 기자재들은 주로 8051과 PIC 계열의 프로세서를 채택하고 있어 마이크로프로세서의 기능만 할 뿐 마이크로컨트롤러의 기능을 수행할 수 없다.

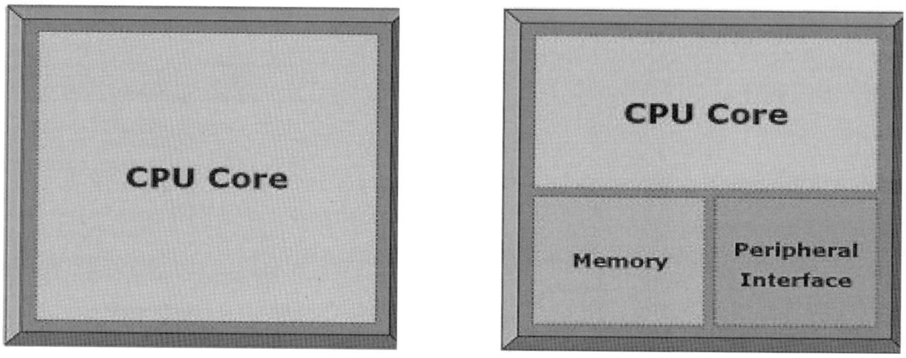

(a) 마이크로프로세서 (b) 마이크로컨트롤러

그림 1-1 마이크로프로세서와 마이크로컨트롤러의 비교

이를 이해하기 위해선 먼저 "마이크로프로세서(Microprocessor)"란 단어와 "마이크로-컨트롤러(Micro-controller)"란 의미를 구분할 줄 알아야 한다. <그림 1-1>을 살펴보면 두 단어의 차이를 쉽게 알아 볼 수 있다.

마이크로프로세서는 연산에 필요한 값들을 임시 저장할 수 있는 레지스터(Register)들과 레지스터에 저장된 값들을 가지고 산술 및 논리 연산을 수행할 ALU(Arithmetic Logic Unit)로 구성된 CPU Core를 단일 칩으로 만든 반도체로 'MPU(Micro Processor Unit)'라 부르기도 한다. 이러한 마이크로프로세서는 <그림 1-1>에서 보듯 CPU Core의 역할을 최우선적으로 고려하여 만들어졌기 때문에 CPU Core의 역할인 연산 수행 능력은 빨라졌으나 다른 주변 하드웨어들을 필요로 하게 되어 있다.

즉, CPU를 구동할 프로그램 코드가 저장될 메모리와 외부로부터 정보들을 입력 받기 위해 사용되는 입력 장치, 입력된 정보를 처리(연산)하여 출력하게 될 출력 장치들이 별도로 마이크로프로세서 주변에 구성되어 하나의 컴퓨터를 구성하는 방식으로, 시스템에 있어서 성능의 최적화(Optimization) 보다는 기능의 확장성(Extension)을 염두에 두고 고안된 프로세서 구조가 바로 마이크로프로세서라 할 수 있다.

마이크로컨트롤러는 하나의 칩 안에 연산 처리를 담당할 CPU Core는 물론, 프로그램 코드가 저장되거나 수행되기 위해 필요한 적절한 용량의 메모리뿐만 아니라 주변 하드웨어를 제어하기 위해 필요한 제어 회로들까지를 포함하고 있기 때문에, 하나의 마이크로컨트롤러가 하나의 완전한 컴퓨터를 구성하고 있다고 봐도 무방하겠다.

이런 특성 때문에 범용적인 목적으로 사용되는 마이크로프로세서와는 달리 마이크로컨트롤러는 일반 PC에 비해 비교적 규모가 작고 필요한 기능이 몇 가지 되지 않는 특정 목적을 위한 기기 제어용으로 많이 사용되며 MCU(Micro Controller Unit)라 부르기도 한다.

두 프로세서의 구조에 대한 특성을 요약하면 아래의 <표 1-1>과 같다.

표 1-1 서로 특성이 다른 마이크로프로세서와 마이크로컨트롤러 비교

구분	마이크로프로세서	마이크로컨트롤러
특징	• CPU를 단일 IC 칩으로 만든 반도체 • MPU (Micro-Processor Unit) • 혼자서는 불완전하다! (주변 하드웨어들이 필요) • 범용적인 목적의 컴퓨터(PC)에 많이 사용	• CPU + 메모리 + 주변 하드웨어 제어 회로 • MCU (Micro-Controller Unit) • Single-Chip Microcomputer (1개의 칩으로 컴퓨터 구현이 가능) • 특별한 목적의 기기 제어용으로 많이 사용

즉, 마이크로컨트롤러는 칩 안에 포함된 CPU뿐만 아니라 그 안에 같이 포함된 메모리와 주변 제어 회로들까지도 채용하고 있음을 알 수 있다.

2 8051, PIC, AVR의 비교 분석

이처럼 마이크로컨트롤러는 8051, PIC의 마이크로프로세서와 AVR의 ATmega시리즈(ATmega32) 범주에 속한다는 걸 알 수 있다. 그러므로 8051, PIC, 그리고, AVR을 ATmega시리즈의 관점으로 비교 분석하여 기술적인 관점 이외에 시장(업계)의 관점도 살펴보고 왜 AVR이 '대세' 인지도 알아보도록 한다.

1) 기술적인 관점에서의 비교 & 분석

앞서 8051, PIC, AVR이 모두 마이크로컨트롤러(MCU) 범주에 속한다고 하였기에 비교의 기준을 CPU, 메모리, 그리고 주변 제어 회로로 하여 비교해 보도록 한다.

2) CPU

보다 진보된 RISC 구조를 표방하고 있는 AVR은 고성능, 저전력을 요하는 프로세서로 다음과 같은 특징을 지니고 있다.

① 고성능 (High Performance)
② 저전력 소비 (Low Power Consumption)
③ 비교적 적은 코드 사이즈 (High Code Density)
④ 뛰어난 메모리 기술 (Outstanding Memory Technology)
⑤ 고집적도와 뛰어난 확장성 (High Integration and Scalable)

각각의 세부적인 사항들은 다음 2장과 5장에서 살펴보기로 하고 먼저 기존의 8051과 PIC에 비해 AVR시리즈가 나은 점이라면, 하나의 명령어(Instruction)를 하나의 클록 사이클(Clock Cycle)에 실행할 수 있는 높은 성능을 들 수 있다.

8051과 PIC가 프로세서 내부적으로 최소 1/2 이하(주로 1/4, 1/8)의 클록 분주기(Pre−scaler)를 사용하기 때문에 전체 성능이 떨어지는 반면, AVR은 내부적으로 클록 분주기를 사용하지 않기 때문에 1MHz당 1MIPS의 고성능을 발휘할 수 있다는 장점이 있다.

3) 메모리(Memory)

AVR시리즈를 출시한 ATMEL社는 본래 플래시 메모리나 EEPROM 같은 메모리를 제조하는 업체이기 때문에, 당연히 출시하는 모든 마이크로컨트롤러의 메모리 부분을 최대로 극대화하여 출시하고 있다. 따라서 기존 8051과 PIC가 프로그램이 동작하기 위해 필요한 RAM(Random Access Memory)이 기껏해야 수십 바이트 정도 밖에 되지 않는데 비해 AVR시리즈는 512바이트 이상을 지원하고 있으며, AVR 계열의 ATmega32의 경우는 내부적으로 512B(byte)의 SRAM과 외부적으로 64KB까지 확장할 수 있다는 장점이 있다.

또한, 프로그램 코드를 기록하기 위한 ROM(Read Only Memory) 공간 역시 AVR시리즈가 가장 크며, 메모리가 플래시(Flash) 타입으로 되어 있어 프로그램 코드의 저장 및 삭제가 용이하다는 장점도 있다.

8051의 경우 일부 품목을 제외하고는 PIC와 마찬가지로 내부 프로그램 코드용 ROM에 코드를 저장하기 위해 롬 라이터(ROM Writer)라는 장비가 필요하나, AVR의 경우엔 ISP(In-System Programming) 방식을 자체적으로 지원하므로 별다른 장비 없이 PC에서 곧바로 AVR 내부로 프로그램 코드를 저장할 수 있다는 장점도 개발자들이 AVR을 선택하게 되는 요인들 중 하나이다.

4) 주변 제어 회로

AVR이 8051와 PIC와 어떻게 다른지(어떤 점들이 더 좋기 때문에 AVR을 채택했는가?)를 알아보자.

8051과 PIC 모두 AVR과 마찬가지로 마이크로컨트롤러에 속하다 보니 기본적으로 요구되는 기능들, 즉, 주변 하드웨어 제어에 필요한 회로들은 이미 포함하고 있으나, AVR만이 유일하게 JTAG(IEEE Standard 1149.1과 호환) 인터페이스를 지원하고 있다.

고밀도로 집적된 회로들로 구성된 칩(IC)을 칩 내부적으로 디버깅(Debugging)하거나 혹은 AVR 같은 마이크로컨트롤러 내부에 내장된 메모리에 프로그램 코드를 저장하기 위해 사용되는 JTAG 인터페이스는 본래 ARM 같은 32비트 마이크로컨트롤러에서만 지원되었는데 8비트 마이크로컨트롤러 AVR이 유일하게 이를 지원하고 있다.

5) 시장(업계)적인 관점에서의 비교 및 분석

마이크로컨트롤러의 시장(Market)이라 함은 마이크로컨트롤러를 구입하는 곳을 지칭하며, 결국 마이크로컨트롤러를 원자재로 구입하여 제품을 개발 및 양산하는 기업이라 할 수 있을 것이다.

그러한 기업들이 점차 AVR을 선택하는 이유로는 하드웨어적인 관점과 소프트웨어적인 관점이 있는데, 먼저 하드웨어적인 관점을 들자면 뛰어난 메모리 구성과 다양한 확장성을 들 수 있다.

AVR은 8051과 PIC에 비해 내장된 메모리 사이즈가 월등하게 크기 때문에 다양한 어플리케이션(Application)을 요구하는 소비자의 요구에 따라 별도의 외부 메모리 없이도 구현이 가능하기에 원가 절약 측면에서 뛰어나다 할 수 있다.

더구나 이러한 메모리가 플래시 타입으로 내장되어 있어 개발의 특성상 지웠다 다시 기록했다 하는 등의 작업들을 손쉽게 수행할 수 있으며, 롬 라이터 같은 별도의 장비가 필요 없다는 점 역시 기업의 개발자들이 손쉽게 접근할 수 있는 요인이라 할 수 있다.

마지막으로 고급 프로그래밍 언어(C 언어)의 지원이 8051과 PIC보다 월등하게 뛰어나다는 점을 들 수 있다. 기존 제품들은 제품의 성능을 위해 어쩔 수 없이 어셈블리(Assembly) 언어로 구현하는 경우가 많았는데, 그러다 보니 프로세서마다 새로 공부해야 하는 어셈블리 언어의 특성상 생산성이 떨어질 수밖에 없었다.

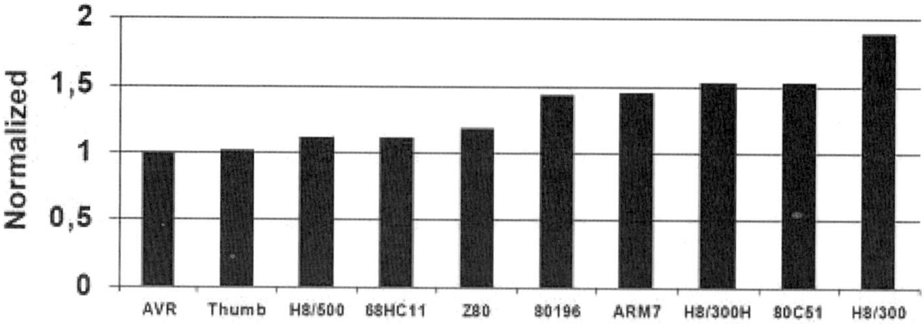

그림 1-2 프로세서 별 C 코드 벤치마킹 결과

<그림 1-2>는 AVR을 개발한 ATMEL社에서 AVR이 다른 프로세서들에 비해 얼마나 C 코드를 잘 지원하는지와 같은 소스로 컴파일된 코드 효율을 도표로 나타낸 그림이다.

기업이 요구하는 생산성을 만족시키기 위해선 프로세서에 종속적인 어셈블리 언어와도 호환되면서 프로세서에 독립적인 코드를 작성할 수 있어, 추후 기존 코드를 다시 사용하여 수정 혹은 기능 추가 등을 손쉽게 할 수 있는 C 언어로 제어 프로그램을 구현하는 게 바람직하지 않을까!

그러나 문제는 기존의 8051과 PIC의 경우엔 어셈블리 언어로 작성된 프로그램 코드와 C 언어로 작성된 프로그램 코드가 코드의 효율뿐만 아니라 성능 면에서도 현격하게 차이가 나기 때문에 C 언어로 마이크로컨트롤러를 제어할 수 없었다.

그런 관점에서 <그림 1-2>는 AVR이 다른 프로세서들에 비해 코드 사이즈, 즉, 코드 효율이 가장 뛰어나다는 것을 증명하고 있다. 또한, 8051과 PIC에 비해 뒤늦게 출시된 만큼 C 언어를 하드웨어적으로도 월등하게 지원하기 위해 32개의 범용 레지스터(General Register)와 C 언어와 유사한 방식의 어드레싱 모드(Addressing Mode), 그리고, 16-bit, 32-bit 연산을 지원하고 있다.

마지막으로 기업 및 연구기관의 연구원들과 교육기관의 학생들이 AVR을 선호하는 이유는 AVR만이 유일하게 GCC 컴파일러가 지원되는 8비트 마이크로컨트롤러라는 점이다. GNU에서 만들어 무료로 배포하고 있는 GCC 컴파일러는 인터넷 상에서 오픈 소스 프로젝트 형태로 업데이트가 진행되면서 그 기능과 성능이 다른 상용 컴파일러에 비해 전혀 뒤쳐지지 않는 무료 컴파일러로 전 세계 개발자들에 의해 각광받고 있는 개발 툴이다.

8051과 PIC의 경우 C 언어를 지원하는 컴파일러가 있으나 매우 비싼 가격대를 형성하고 있는 반면 AVR의 경우엔 “AVR-GCC” 라는 막강한 무료 컴파일러가 제공되어 비용을 아끼려는 업체나 학생들이 부담 없이 개발할 수 있도록 하고 있는 관점에서 볼 때 AVR이 '대세'라 할 수 있겠다.

3 AVR의 개요

ATMEL社에서 만든 AVR(Alf Verged RISC)은 RISC(Reduced Instruction Set Computer) 타입의 고속 8비트 마이크로 컨트롤러로서 대부분의 명령을 단일 클록으로 실행하여 동작 속도를 혁신적으로 개선한 마이컴으로 임베디드 환경에 적합한 저전력 소모의 칩이다.

보통의 CISC(Complex Instruction Set Computer) 마이크로 컨트롤러(인텔사의 51계열)보다 최고 10배 이상 처리속도가 빠르고 자원이 풍부하여 중소 규모의 산업용 제어기 및 교육용으로 활용하기에 적합하다.

1) AVR 특징

AVR은 크게 나누어 소형(tiny), 범용형(classic), 대형(mega)시리즈로 분류하며 형태에 따라 내장된 기능에 차이가 있으나 일반적인 특징은 대체적으로 다음과 같다.

① ISP(In System Programming) 기능이 내장되어 있어 AVR을 기판에 부착한 상태에서 내부 FLASH와 EEPROM을 별도의 장비 없이 직접 10,000번 이상 재프로그램이 가능
② 재프로그램이 가능한 8KB까지의 내부 프로그램 메모리(Flash)
③ 내부 EEPROM 용량이 128바이트에서 512바이트
④ 128바이트 혹은 512바이트의 내부 SRAM
⑤ 8비트 범용 작업 레지스터 32개
⑥ 프로그램으로 제어 가능한 I/O Port가 다수
⑦ 별도의 프리스케일러를 갖는 8비트 타이머/카운터, 비교 캡쳐 모드를 갖는 16비트 타이머/카운트
⑧ 내부 오실레이터에 의해 독립적으로 동작하는 워치독 타이머 내장
⑨ 이중 방식의 UART, SPI, ADC와 같은 다양한 외부 접속 장치를 내장
⑩ 외부와 내부에 다양한 인터럽트 소스
⑪ 다양한 파워 절약모드
⑫ 외부 데이터 메모리 추가가 가능
⑬ 다양한 AVR 제품군이 있어 저가의 적합한 소자의 선정이 가능
⑭ 풍부한 저가의 개발 환경 및 응용 기술 자료가 많음

2) AVR의 종류

AVR은 내장된 메모리 및 기능, 페키지 등에 따라서 소형인 Tiny 시리즈와 중형 90S 시리즈 및 대형인 Mega 시리즈가 있다. 응용분야에 따라 Automotive AVR, CAN AVR, LCD AVR

Lighting AVR, Smart Battery AVR 등으로 나뉜다.

(1) 전체 AVR 시리즈

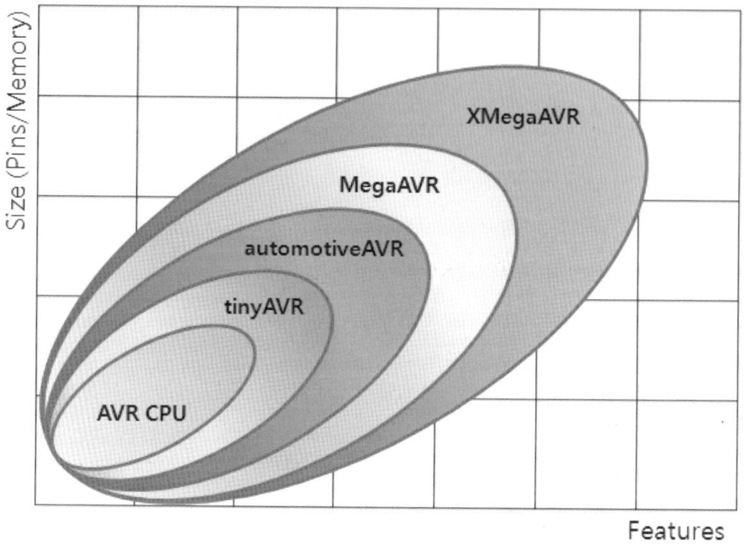

그림 1-3 AVR 시리즈

표 1-2 AVR 시리즈 특징

시리즈	특징	용도
tiny	소형시스템 구성에 적합, 소규모의 I/O 및 메모리 용량	유아용 장남감, 소형게임기, 간단한 전자제품 등
Automotive	Automotive 응용에 적용할 수 있도록 다양한 기능	일반적인 제어시스템, 게임기, 전자제품, 자동차 전정제어 등
Mega	대형시스템 구성에 적합, 대규모의 I/O 및 메모리 용량	대형 제어시스템, CD-ROM 제어기 등
XMega	대형시스템 구성에 적합, 대규모의 I/O 및 메모리 용량, 1.6~3.3V의 저전압으로 32MHz까지 지원	대형 제어시스템, CD-ROM 제어기 등

자세한 내용은 아래 웹사이트를 참고하기 바란다.

http://www.atmel.com/products/microcontrollers/default.aspx

4 ATmega32의 특징

ATmega32의 특징들은 아래의 <표 1-3>과 같다.

표 1-3 ATmega32의 특징

구분	특징
고성능 저전력 RISC 구조	• 강력한 131개의 명령어(대부분 1사이클에 수행) • 32×8비트의 범용 레지스터 • 16MHz에서 16MIPS 이상의 성능
데이터 및 비휘발성 메모리	• 32K바이트의 FLASH 메모리 내장 • 2048바이트의 SRAM • 1024바이트의 EEPROM • 소프트웨어 보안을 위한 Lock 기능
주변장치	• 8채널 10비트 A/D 컨버터 • 프로그램 가능한 USART • Master/Slave SPI 시리얼 인터페이스 • 2개의 8비트 타이머/카운터 • 별도로 프리스케일러, 비교, 캡쳐 모두 두 개의 8, 9 또는 10비트 PWM을 갖는 16비트 타이머/카운터 • 내부 오실레이터에 의한 워치독 타이머 • 아날로그 비교기
특수기능	• 파워 온 리셋 기능 • 별도의 오실레이터와 카운터 모드를 갖는 RTC • 외/내부 인터럽트 소스 • 6개의 슬립모드: 아이들 파워세이브, 파워다운 등
전력소비 8MHz, 4V, 상온 20도	• 통상 동작 전류: 0.6mA • Idle 모드: 0.9mA • 파워다운 모드: < 1μA
I/O와 패키지	• 32개의 프로그램 가능한 I/O 라인 • 40-lead PDIP and 44-lead TQFP, PLCC, 44-pad QFN/MLF
동작전압	• ATmega32: Vcc 4.5V ~ 5.5V • ATmega32L: Vcc 2.7V ~ 5.5V
속도	• ATmega32: 0 ~ 16.0MHz • ATmega32L: 0 ~ 8.0MHz

1) ATmega32의 핀 구조들

ATmega32는 PDIP, PLCC, TQFP 패키지 타입이 있으며, 그중 교육용으로는 브레드보드에 장착하기 쉬운 PDIP 타입이 가장 많이 사용되고 있다. ATmega32는 AVR RISC 구조에 기초한 저전력 CMOS형의 8비트 마이크로 컨트롤러이다. 대부분의 명령어는 한 클록 사이클에 실행되며, ATmega32는 처리속도에 대한 전력소모를 최적화 하면서 1MIPS/MHz에 가까운 처리를 할 수 있다. 아래 <그림 1-4>는 여러 형태의 패키지들이다.

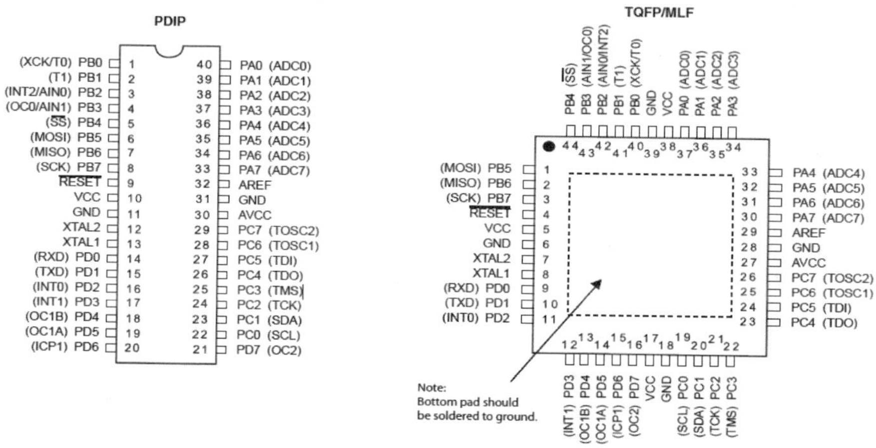

그림 1-4 ATmega32의 패키지 형태

2) AVR의 블록도

AVR 코어는 32개의 범용 레지스터와 풍부한 명령 셋을 조합한다. 모든 32개의 레지스터는 ALU(Arithmetic Logic Unit)와 직접 연결되어 있으며, 한 클록 사이클에 실행되는 한 개의 명령어에서 두 개의 독립된 레지스터에 접근할 수 있도록 허락한다.

결과적으로 이러한 구조는 일반적인 CISC 마이크로 컨트롤러에 비해 10배 이상의 빠른 속도로 처리할 수 있는 방식으로 보다 효과적이다. ATmega32의 I/O 인터페이스를 나타낸 ATmega32의 블록도는 아래 <그림 1-5>와 같다.

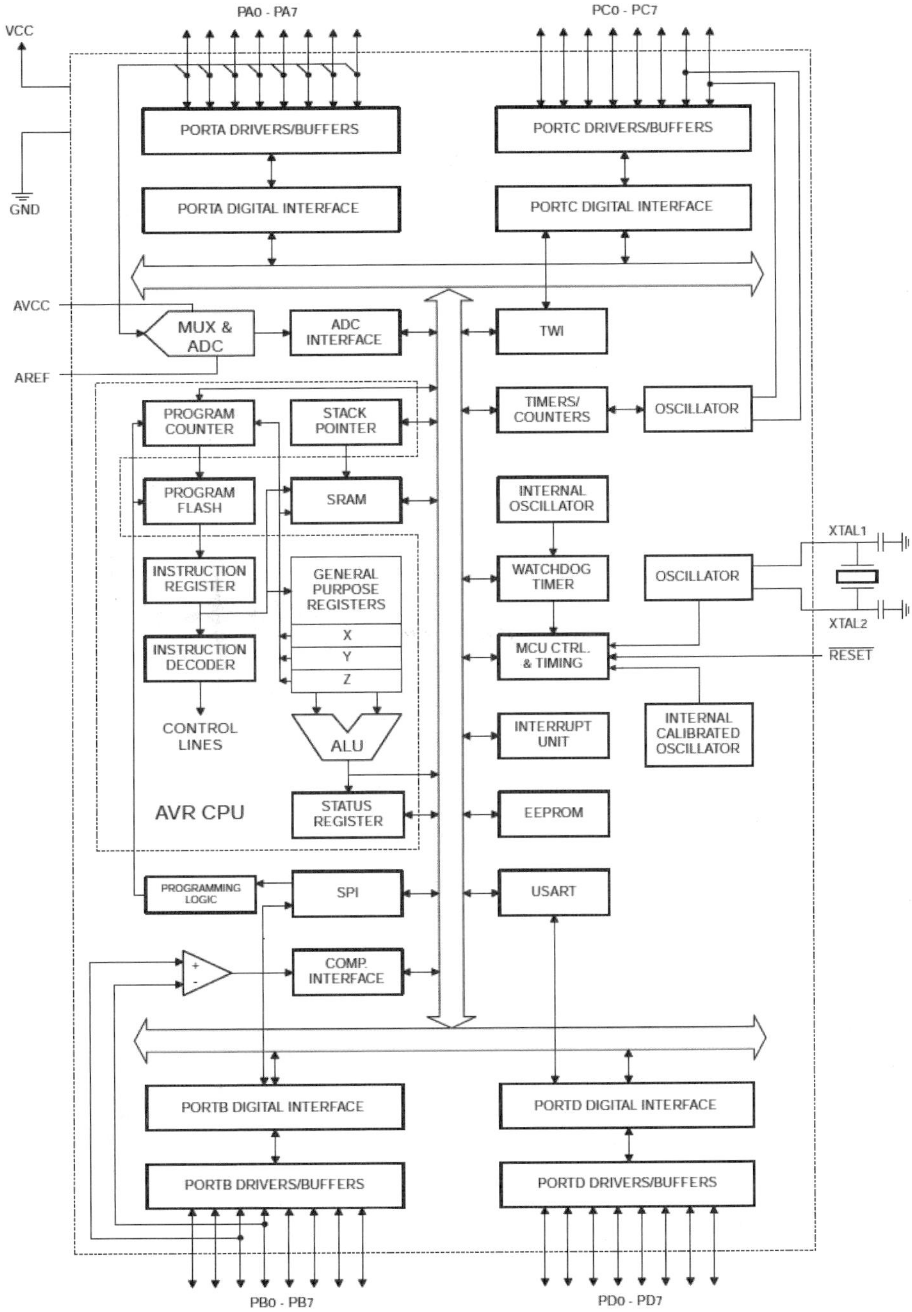

그림 1-5 ATmega32의 블록도

3) 각 핀의 설명

① Vcc: 디지털 공급 전원(5V)

② GND: 디지털 접지(0V)

③ A 포트(PA0 ~ PA7): A 포트는 8비트 양방향 I/O 포트이다. 포트 핀들은 내부 풀-업이 되어 있으며 핀별로 선택 가능하다. A 포트의 출력 버퍼는 20mA의 전류가 흐를 수 있으며, LED를 직접 구동할 수 있다. A 포트가 입력으로 사용되고 외부적으로 low로 될 경우, 내부 풀-업 저항이 활성화된다면, 전류를 공급할 수 있다. A 포트는 리셋상태에서 3-스테이트 형태로 활성화된다. A포트는 아날로그 입력단자로서 ADC의 기능도 할 수 있다.

④ B 포트(PB0 ~ PB7): B 포트는 내부 풀-업이 되어 있는 8비트 양방향 I/O 포트이다. B 포트의 출력 버퍼는 20mA의 전류가 흐를 수 있다. 포트가 입력으로 사용되고 외부적으로 low로 될 경우, 내부 풀-업 저항이 활성화된다면, 전류를 공급할 수 있다. B 포트는 리셋상태에서 3-state 형태로 활성화된다. B 포트는 ATmega32의 특별한 다양한 기능을 제공한다.

⑤ C 포트(PC0 ~ PC7): C 포트는 내부 풀-업이 되어 있는 8비트 양방향 I/O 포트이다. C 포트의 출력 버퍼는 20mA의 전류가 흐를 수 있다. 포트가 입력으로 사용되고 외부적으로 low로 될 경우, 내부 풀-업 저항이 활성화된다면, 전류를 공급할 수 있다. 핀 중 2개는 선택적으로 타이머/카운터 2의 오실레이터로서 사용할 수 있다. C 포트는 리셋상태에서 3-state 형태로 활성화된다.

⑥ D 포트(PD0 ~ PD7): D 포트는 내부 풀-업이 되어 있는 8비트 양방향 I/O 포트이다. D 포트의 출력 버퍼는 20mA의 전류가 흐를 수 있다. 포트가 입력으로 사용되고 외부적으로 low로 될 경우, 내부 풀-업 저항이 활성화된다면, 전류를 공급할 수 있다. D 포트는 리셋상태에서 3-state 형태로 활성화된다.

⑦ $\overline{\text{RESET}}$: 리셋 입력, 외부 리셋은 리셋 핀에 low 신호가 인가되면 발생한다. 클록이 동작하지 않더라도 50ns 이상의 펄스폭에서는 리셋이 발생하며, 이하의 펄스폭에서는 리셋이 보장되지 않는다.

⑧ XTAL1: inverting 오실레이터 증폭기와 내부 클록 동작회로를 입력한다.

⑨ XTAK2: inverting 오실레이터 증폭기를 출력한다.

⑩ AVCC: ADC를 위한 F Port의 전원(ADC를 이용하지 않을 경우는 VCC에 연결, ADC를 사용할 경우는 로패스 필터를 통해서 VCC에 연결)을 연결한다.

⑪ AREF: ADC의 아날로그 레퍼런스 전압(전압 범위는 2V에서 AVCC까지)을 입력한다.

⑫ AGND: 아날로그 그라운드(아날로그 그라운드가 분리되어 있다면 아날로그 그라운드에 연결하고 분리되어 있지 않다면 GND에 연결)를 연결한다.

4) 클록

XTAL1과 XTAL2는 <그림 1-6>과 같이 각각 내장 오실레이터로서 사용하도록 구성된 inverting 증폭기의 입력과 출력을 각각 나타낸다. 외부 클록 소스는 수정 크리스털이나 세라믹 resonators 중에서 사용 가능하다.

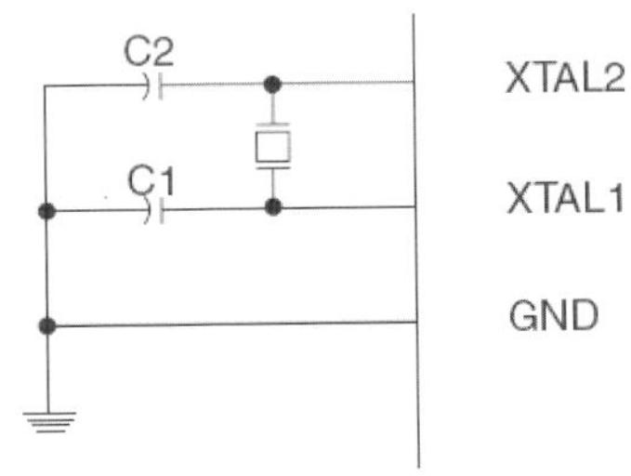

그림 1-6 수정발진기 연결

외부 RC 소스로부터 디바이스를 구동하기 위해서는 <그림 1-7>에서처럼 XTAL1에 RC로 구동되는 동안 XTAL2는 연결되지 않는 상태로 둔다.

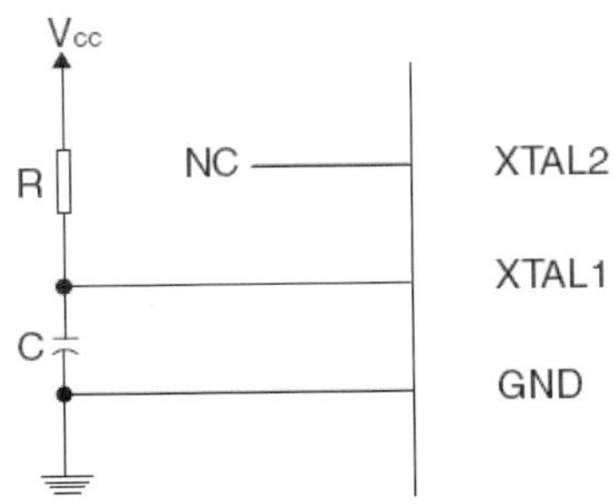

그림 1-7 외부 RC 구성도

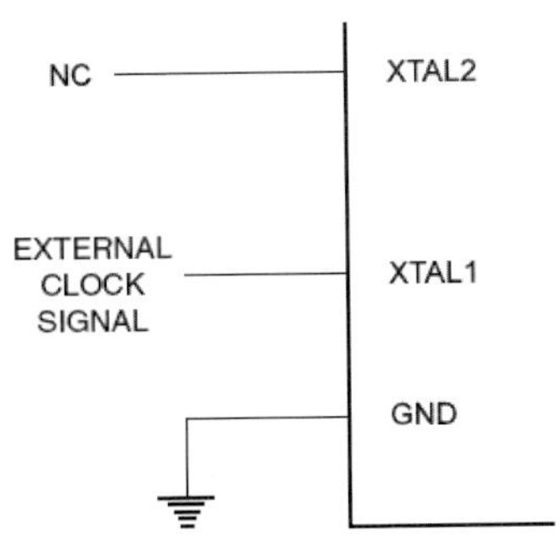

그림 1-8 외부 클록 회로 구성도

외부 클록 소스로부터 디바이스를 구동하기 위해서는 <그림 1-8>에서처럼 XTAL1로 구동되는 동안 XTAL2는 연결되지 않는 상태로 둔다.

5 AVR 구조

고속 액세스 레지스터 파일 개념은 단일 클록 액세스 시간을 갖는 32×8비트 범용 레지스터를 통해 가능하다. 즉, 한 개의 클록 사이클 동안 한 개의 ALU 동작이 가능하다는 것을 의미한다. 한 클록 사이클 동안 레지스터 파일에서 두 개의 오퍼랜드가 출력되며, 오퍼랜드는 실행되고 결과는 다시 레지스터 파일에 저장된다.

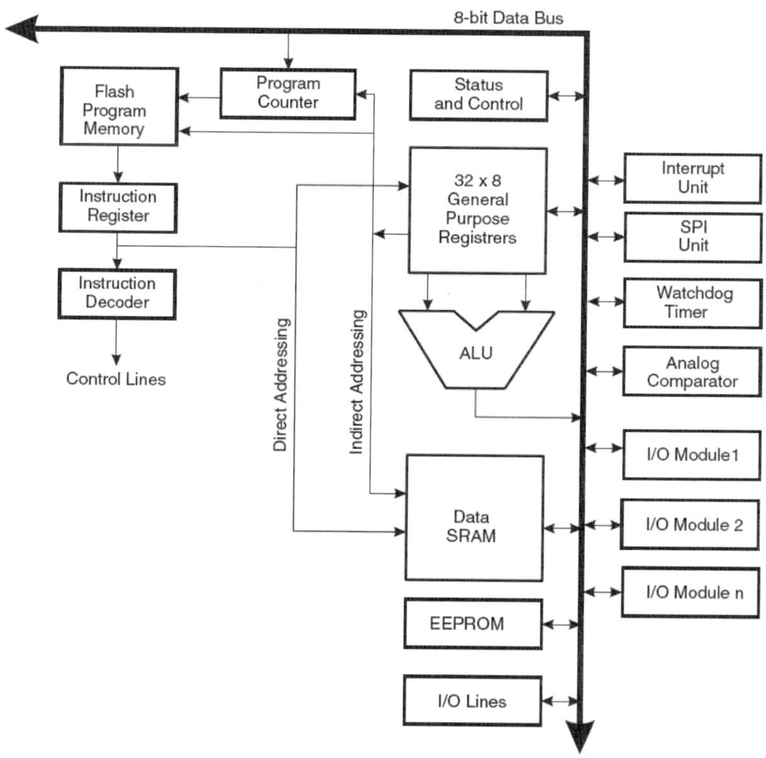

그림 1-9 ATmega32 AVR RISC 구조

32개의 레지스터 중에 6개의 레지스터는 효과적인 주소계산이 가능하도록 데이터 영역 주소를 위한 3개의 16비트 간접 주소 포인터 레지스터로 사용될 수 있다. 3개의 주소 포인터 중에 한 개는 상수를 위한 룩-업(look-up) 테이블 기능의 주소 포인터로 사용할 수 있다. 이러한

추가된 기능을 갖는 레지스터는 16비트의 X, Y, Z 레지스터이다.

ALU는 레지스터 사이에 또는 레지스터와 상수 사이에 산술과 논리 연산을 지원한다. 또한, 단일 레지스터 연산은 ALU 내에서 실행된다. <그림 1−9>는 ATmega32의 AVR RISC 마이크로 컨트롤러의 구조를 보여준다.

AVR은 프로그램과 데이터에 의하여 메모리들과 버스들을 분리하는 하버드 아키텍처 구조 개념을 사용한다. 프로그램 메모리는 두 단계의 파이프라인으로 실행되는데, 한 명령이 실행되는 동안, 다음 명령은 프로그램 메모리로부터 미리 패치되어 있다. 이러한 개념은 매 클록마다 명령을 실행할 수 있게 한다. 또한 프로그램 메모리는 시스템 내에서 프로그램 가능한 FLASH 메모리가 담당한다.

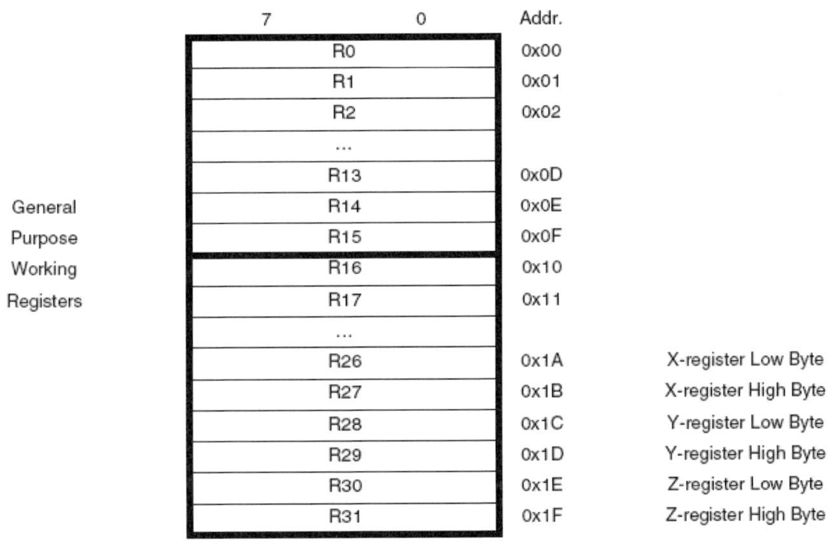

그림 1−10 ATmega32 AVR CPU General Purpose Working Registers

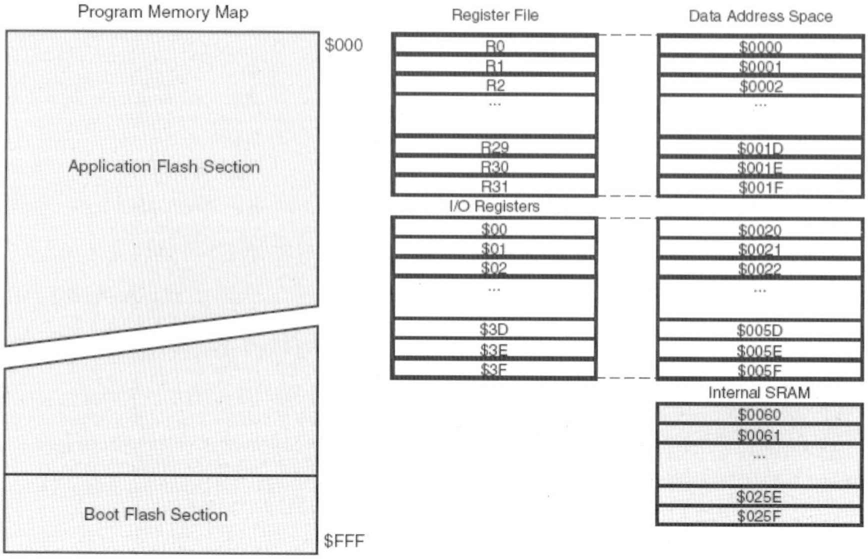

그림 1-11 ATmega32 AVR의 Program Memory Map

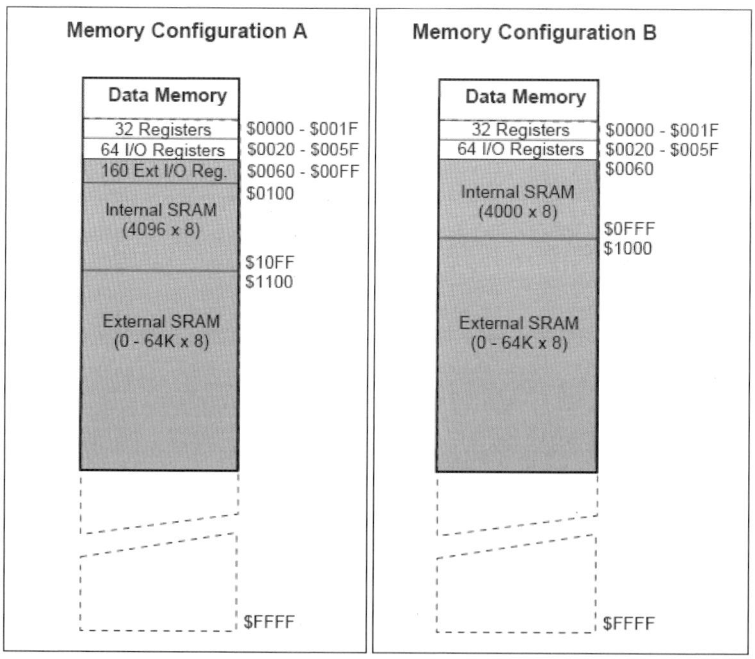

그림 1-12 ATmega32 AVR의 Data Memory Map

ATmega32의 AVR RISC 마이크로컨트롤러의 기본 교육은 5장에서 보다 더 자세하게 다루기로 하고, 다음 장에서는 마이크로컨트롤러 제어를 위한 기초 전자공학 및 전자 소자와 디지털 기초에 관한 내용을 먼저 익히도록 하자.

CHAPTER

02

디지털 기초

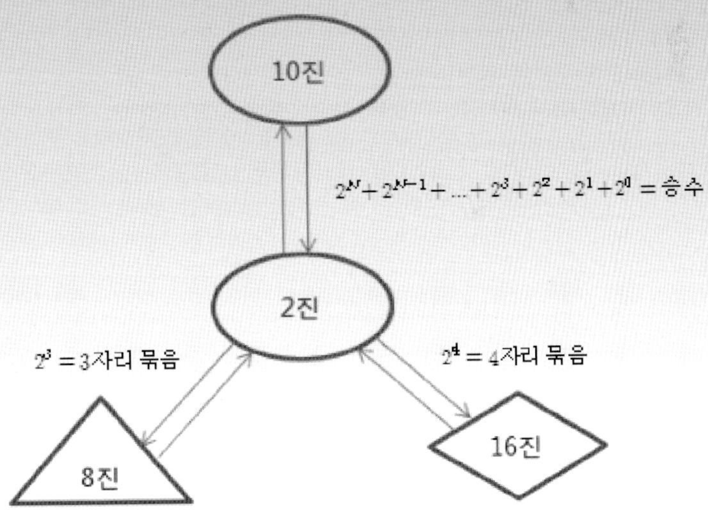

1 진수의 표현

1) 10진수 표현

0에서 9까지의 10개의 수로 표시되는 10진수는 우리가 일상에서 사용하는 수를 표시하는 방법이다. 예로써 10진수 456은

표 2-1 10진수 표현

10^2	10^1	10^0	$4\times10^2+5\times10^1+6\times10^0$
100	10	1	
4	5	6	400+50+6
400	50	6	456(10)

으로 표시된다.

2) 8진수 표현

0에서 7까지의 8개의 수로 표시되는 8진수는 일반적으로 컴퓨터에서 많이 사용된다. 예로써 8진수 634를 10진수로 표현하면

표 2-2 8진수 표현

8^2	8^1	8^0	$6\times8^2+3\times8^1+4\times8^0$
64	8	1	
6	3	4	384+24+4
384	24	4	412(10)

으로 표시된다.

3) 16진수 표현

0에서 9까지의 9개의 수와 A에서 F까지의 문자로 표시되는 16진수는 일반적으로 컴퓨터에서 많이 사용된다. 예로써 16진수 A79를 10진수로 표현해보면

표 2-3 16진수 표현

16^2	16^1	16^0	$A\times16^2+7\times16^1+9\times16^0$
256	16	1	
A	7	9	2,560+112+9
2,560	112	9	2,681(10)

으로 표시된다.

4) 2진수 표현

0에서 1까지의 2개의 수로 표시되는 2진수는 일반적으로 컴퓨터에서 많이 사용된다. 예로써 2진수 10101을 10진수로 표현해보면

표 2-4 2진수 표현

2^4	2^3	2^2	2^1	2^0	$1\times2^4+0\times2^3+1\times2^2+0\times2^1+1\times2^0$
16	8	4	2	1	
1	0	1	0	1	16+0+4+0+1
16	0	4	0	1	21(10)

으로 표시된다.

2 각 진수 변환

2진수로 표현된 데이터를 사람이 읽기에는 너무 길다. 그래서 2진수 데이터를 다른 진수로 표현하게 되는데 이때 바로 16진수(2진수의 4자리씩 묶어 표현) 표현을 가장 많이 사용한다. 16진수 이외에도 2진수와의 승수 관계를 갖고 있으면서 우리가 편리하게 읽을 수 있는 10진수와 2진수의 3자리씩 묶어 표현되는 8진수가 있다. 여기서는 각 진수 변환 관계를 알아보자.

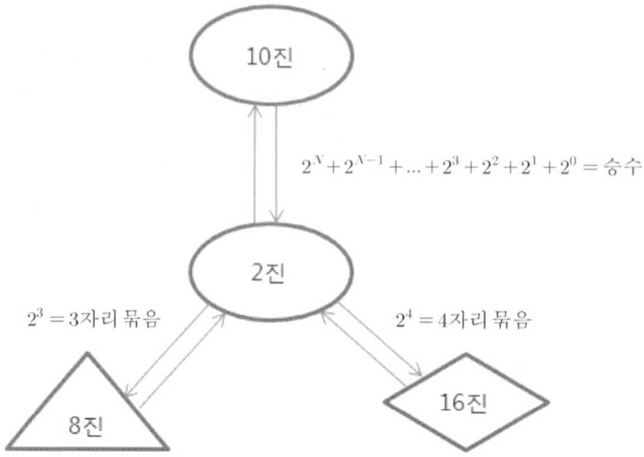

그림 2-1 각 진수 변환 관계도

예 제

다음 10진수를 2진, 8진, 16진수로 각각 변환하시오.
100.625(10)

[풀이]

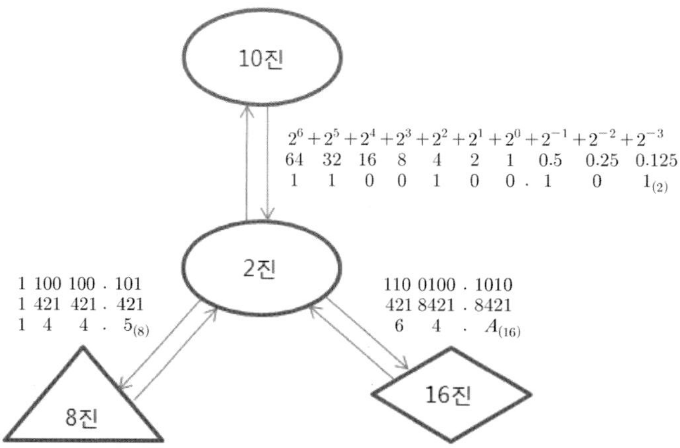

그림 2-2 각 진수 변환 예

2진: 1100100.101(2)

8진: 144.5(8)

16진: 64.A(16)

3 2진수 논리 및 논리 게이트

컴퓨터의 0과 1의 연산의 종류는 2진수의 더하기, 빼기의 산술연산과 0과 1의 진리 연산을 수행하기 위한 게이트 NOT, AND, OR, NAND, NOR, XOR, XNOR 등이 있다. 2진수의 논리연산은 산술 연산과는 다르며 게이트의 논리 값이 각 게이트의 진리표에 따라 정해진다.

1) NOT 반전(Inverter) 게이트

0을 1로 바꾸고, 1을 0으로 값을 변경하는 게이트를 NOT 게이트(혹은 Inverter)라고 한다. 기호와 진리표는 다음과 같이 표시된다.

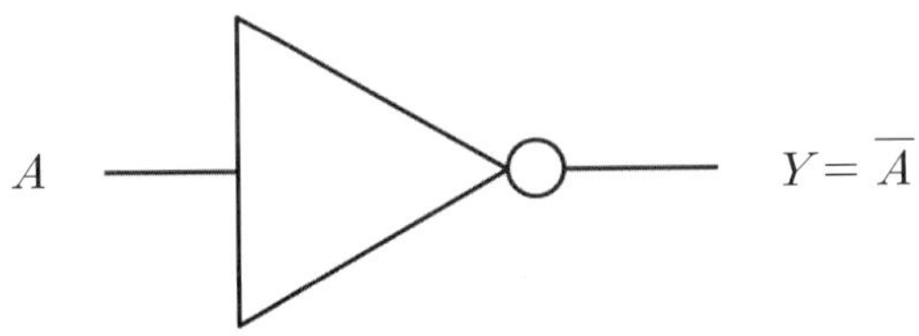

그림 2-3 NOT 기호

입력	출력
A	Y
0	1
1	0

출력 Y는 'A의 보수' 또는 'A not'으로 말하며 불 수식으로 $Y=\overline{A}$로 나타낸다. IC에서 출력단에 버블이 있는 것을 Active Low라고 하는데, 없는 것은 Active High를 의미한다. Active Low인 경우는 항상 High(1)의 논리 값을 갖고 있다가 Low(0)으로 바뀌는 것을 의미한다.

2) AND 게이트

모든 입력이 1인 경우에만 1이 출력되는 게이트로 어느 한쪽의 입력이 0이 들어오면 0의 값이 출력된다. 불 수식으로 $Y=AB$로 표현하고 A AND B라고 읽는다. AND의 기호와 진리표는

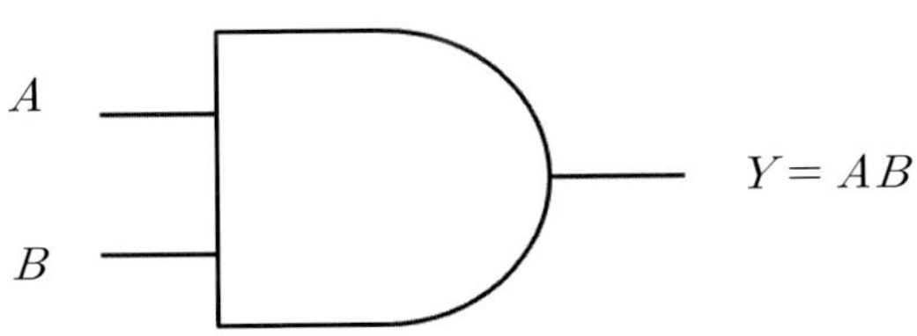

그림 2-4 AND 기호

입력		출력
A	B	Y
0	0	0
0	1	0
1	0	0
1	1	1

로 표시된다. 진리표에서 AND 출력 중에서 0이 되는 경우는 A 또는 B가 하나 이상 0이면 0이 됨을 알 수 있다. AND의 논리는 다른 논리 게이트로 변환하여 생각할 수 있는데, 이를 기호로 표시하면 0 OR 0 입력이면 0이 출력되는데, 이것을 OR 게이트와 활성화 Low의 버블을 이용하면 다음과 같이 표시할 수 있다. 반전 기호가 입력과 출력에 모두 붙어있다.

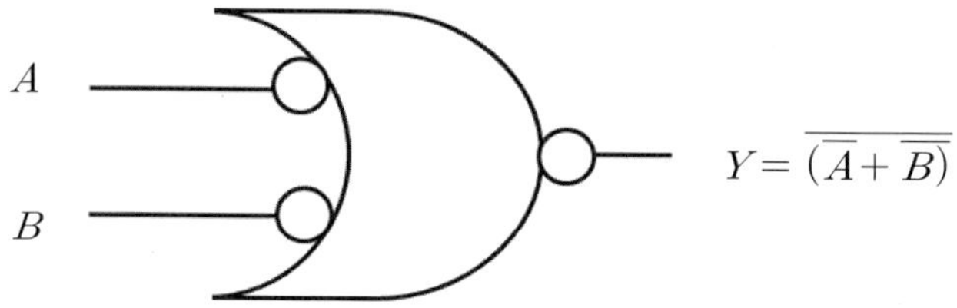

그림 2-5 AND 동등기호

3) OR 게이트

하나의 입력이 1이면 출력이 1인 회로이다. $Y = A + B$라 표현하고 A OR B라고 읽는다. OR 게이트 중에서 A=0 그리고 B=0일 때만 출력이 0으로 유일한 상태를 갖는다. OR의 기호와 진리표는 다음과 같이 표시된다.

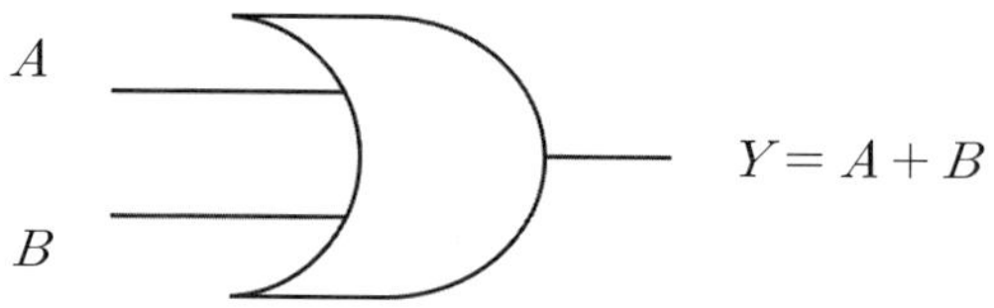

그림 2-6 OR 기호

입력		출력
A	B	Y
0	0	0
0	1	1
1	0	1
1	1	1

OR 게이트도 부의 논리를 이용해 OR 게이트의 동등기호를 만들 수 있다. 유일한 상태를 보수를 취하면 된다.

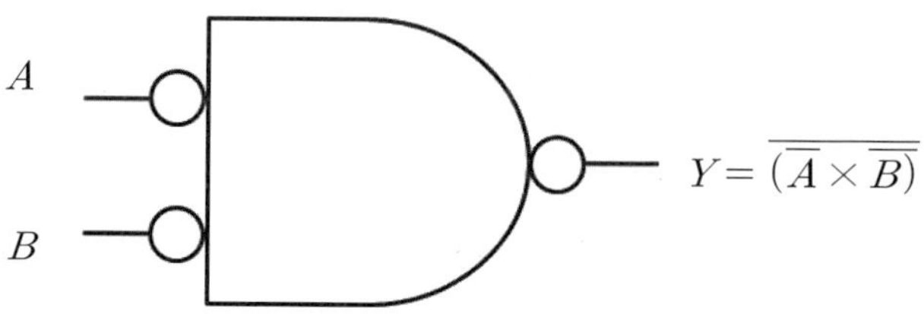

그림 2-7 OR 동등기호

4) NAND 게이트

NAND 게이트는 입력이 모두 1일 때만 0을 출력하는 회로이다. Not AND의 준말로 다음과 같이 표시된다.

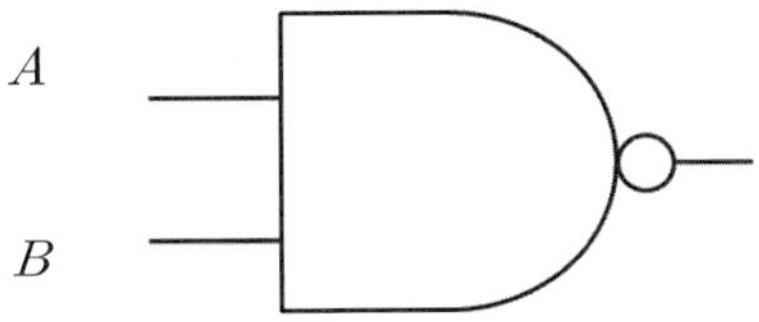

$Y = \overline{AB}$

그림 2-8 NAND 기호

입력		출력
A	B	Y
0	0	1
0	1	1
1	0	1
1	1	0

부의 논리를 이용하면 NAND 게이트의 동등기호를 만들 수 있다. 유일한 상태를 보수를 취하면 된다.

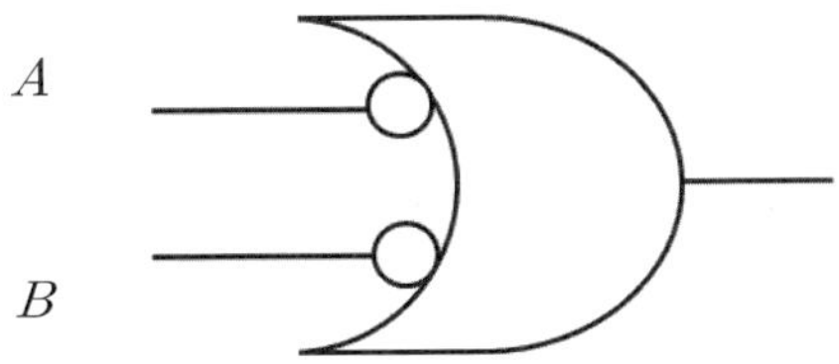

$Y = \overline{A} + \overline{B}$

그림 2-9 NAND 동등기호

즉, $Y = \overline{A \times B} = \overline{A} + \overline{B}$가 성립된다. 이를 드모르간의 법칙이라고 한다.

5) NOR 게이트

하나 이상의 1일 입력되었을 때 0을 출력하는 회로이다. Not OR의 준말로 다음과 같이 표시된다.

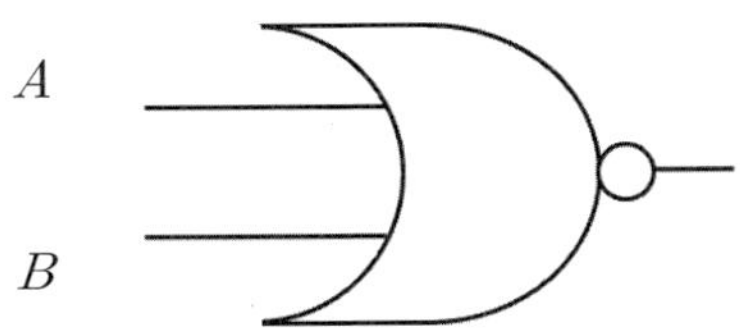

$Y = \overline{A + B}$

그림 2-10 NOR 기호

입력		출력
A	B	Y
0	0	1
0	1	0
1	0	0
1	1	0

부의 논리를 이용하면 NOR 게이트의 동등기호를 만들 수 있다. 유일한 상태를 보수를 취하면 된다.

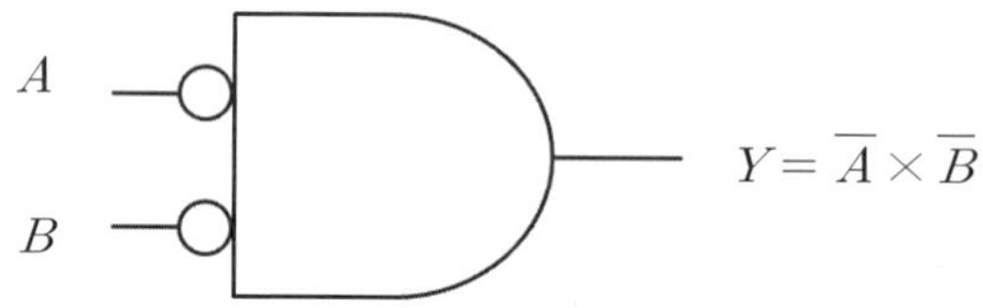

그림 2-11 NOR 동등기호

즉, $Y=\overline{A+B}=\overline{A}\times\overline{B}$가 성립된다. 이를 드모르간의 법칙이라고 한다.

6) XOR 게이트

입력이 서로 다를 때 1을 출력하고, 서로 같은 입력일 때 0을 출력하며 다음과 같이 표시한다.

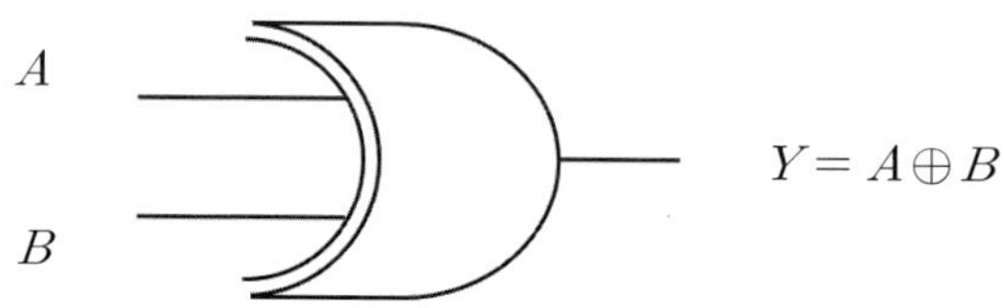

그림 2-12 XOR 기호

입력		출력
A	B	Y
0	0	0
0	1	1
1	0	1
1	1	0

7) XNOR 게이트

입력이 서로 다를 때 0을 출력하고, 서로 같은 입력일 때 1을 출력하며 다음과 같이 표시한다.

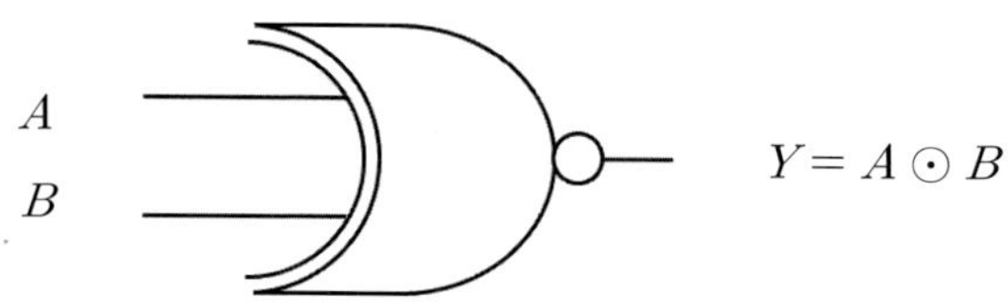

그림 2-13 XNOR 기호

입력		출력
A	B	Y
0	0	1
0	1	0
1	0	0
1	1	1

CHAPTER 03

기초 전자 공학

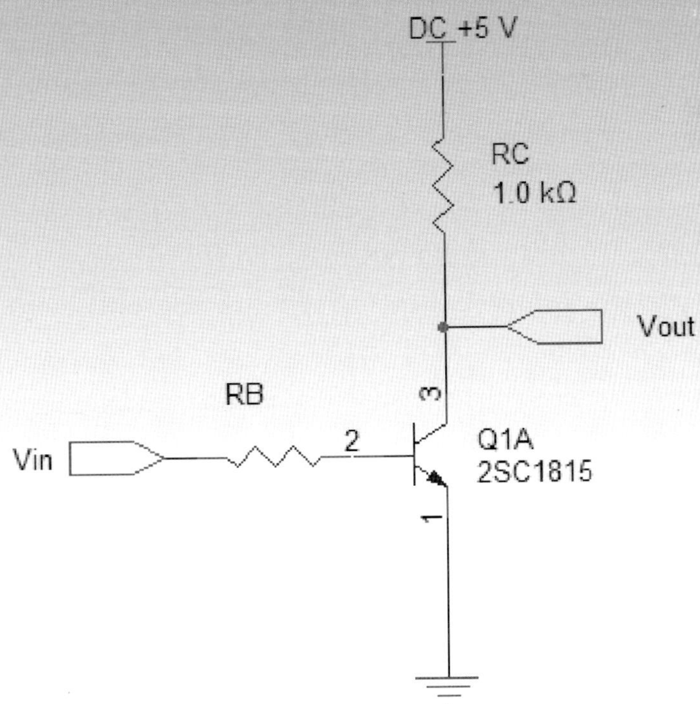

이번 장에서는 마이크로컨트롤러에서 많이 사용되는 전자소자의 특성에 관한 기초 전자공학에 대해 알아보도록 하자.

1 전류, 전압, 저항, 전력의 개념

1) 전류의 개념

1800년 볼타에 의하여 전지가 발명된 후부터는 정전기에 대한 연구 단계에서 탈피하여 전류에 대한 연구가 비약적으로 발전하게 되었다. 오늘날 일상생활에서 많이 쓰이고 있는 전기 기구는 이러한 전류를 이용한 것이다. 도체는 많은 자유전자를 갖고 있으며, 이 전자는 용기 내에 갇혀 있는 기체 분자들처럼 활발하게 운동한다.

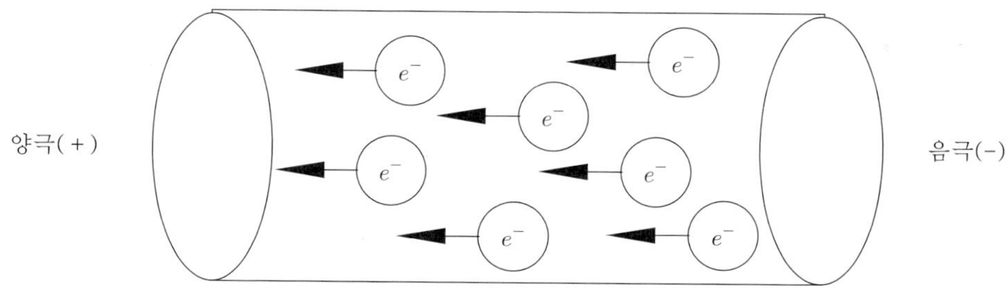

그림 3-1 전기의 흐름과 전자의 흐름

<그림 3-1>과 같이 도체에 전기장을 걸어 주면 자유전자들은 전기장으로부터 힘을 받아 전기장과 반대 방향으로 이동하게 된다.

이와 같이, 도체에서는 자유전자의 이동에 의하여 전류가 흐른다. 여기서 전류의 방향은 관념적으로 오랫동안 양극(+)에서 음극(−)으로 흐르는 것으로 즉, 전위가 높은 곳에서 낮은 곳으로 흐른다라고 정하여 사용하였으나 실제로는 (−) 전하가 반대의 방향으로 흐르는 것이다. 전류단위는 암페어(A)이고 단위 시간당 전하의 흐름으로 정의한다. 전류를 정의하는 공식은 다음과 같이

$$I = \frac{Q}{t}[A]$$

I : 암페어 단위

Q : 쿨롱 단위의 전하량

t : 초 단위

으로 정의한다.

시간당 흐르는 전하량 단위보다 전류단위 암페어를 더 많이 사용한다.

전형적인 전자회로에서의 전류는 1[A]보다 훨씬 작다. 대략 몇 mA($=10^{-3}$)에서 μA($=10^{-6}$)이다. 전자의 전하량 e는 1.60×10^{-19} 쿨롱이므로 1A의 전류가 1초 동안 흐를 때 도선의 단면을 통과하는 전자의 수 N은 $N=1\div e=6.25\times10^{18}$개/s가 된다.

2) 전압의 개념

전압은 가장 중요한 전기량으로 단위 양전하를 음전위에서 더 높은 양전위로 움직이는 데 필요한 일로 정의할 수 있다. 정의를 식으로 나타내면 다음과 같이

$$V=\frac{W}{Q}[V]$$

W : 일 또는 에너지양

Q : 쿨롱 단위의 전하량

으로 정의한다.

전압의 개념은 물의 흐름과 같아 물의 낙차가 커지면 수압이 높아 물이 세차게 흐르는 것과 같이 전압이 높아지면 전류의 세기가 커진다. 따라서 높은 전압이 필요한 경우 전지를 직렬로 연결하면 전체 전압이 전지의 개수에 비례하여 증가한다.

전압은 언제나 회로의 두 지점의 사이에서 측정된다. 그러나 보통은 접지(Ground)로부터 측정하게 된다. 따라서 회로 내의 전원의 기준이 되는 접지점은 항상 같은 높이에 있도록 하기 위해서 반드시 연결되어야 한다.

전압의 단위는 볼트(V)를 사용한다. 전지 한 개의 전압은 보통 1.5V이다. 가정용 전압은 100V와 200V의 두 가지를 사용하여 왔으나, 220V로 모두 바뀌고 있는 추세이다. 볼트는 전압 · 전위차 · 기전력 등에 쓰이며, 1/1000V를 1mV, 1000V를 1kV라고 한다.

3) 저항의 개념

포장이 되어 있지 않은 울퉁불퉁한 도로나 진흙길에서 자동차는 속력을 내서 달릴 수 없다. 도로 사정이 자동차의 진행을 방해하기 때문이다. 전기 용어로 표현한다면 자동차의 진행에 저항을 주고 있다고 말할 수 있다. 이러한 방해의 양과 저항이 소비하는 전력의 양을 저항으로 규정한다. 저항과 전압, 전류 사이의 관계식은 다음과 같이

$$R = \frac{V}{I}[\Omega]$$

V : 전압

I : 전류

으로 정의한다.

전기저항은 옴의 법칙에 따라 전류를 제한하거나 전압을 내리거나 한다. 또 중요한 성질로서 전기 에너지를 열에너지로 바꾸기도 하는데, 이를 주울열을 발생시킨다고 한다. 전열기나 다리미 등의 히터가 설치되어 있는 전기기기는 모두 저항에 의한 주울열을 이용한 것이다.

일반적으로 도선의 전기저항은 도선의 길이에 비례하고 단면적에 반비례한다. 도선의 길이를 l(m), 단면적을 S(m^2)라고 하면 저항 R은

$$R = \rho\frac{l}{S}[\Omega]$$

로 표시할 수 있다. 이때 비례상수 ρ을 저항률이라고 하는데, 물질에 따라 정해지는 상수로 그 단위는 옴미터(기호는 $\Omega \cdot$ m)로 나타낸다. 그런데 도체의 저항은 온도에 따라 또한 변한다. 금속의 저항은 온도가 올라가면 커진다. 그것은 금속원자의 열진동이 심해져서 자유전자의 운동을 방해하기 때문이다.

5) 옴의 법칙

전압, 전류와 그리고 저항 사이의 관계는 옴(ohm)의 법칙으로 요약된다. 옴은 회로 내의 전류는 회로에 걸린 전압에 직접 비례하고 회로의 저항에 반비례한다는 것을 발견하였다. 식으로 표시하면

$$I = \frac{V}{R} \text{ 또는 } V = IR$$

으로 나타낸다. 회로에 저항이 주어지면 전류와 전압은 서로 비례한다. 즉, 전압이 두 배이면 두 배의 전류가 흐른다. 전압이 더 커지면 전류는 더 커진다. 그러나 저항은 크기가 두 배가 되면 전류는 반으로 작아진다. 저항이 클수록 작은 전류가 흐르게 된다.

따라서 아래와 같이 옴의 법칙으로 도선에 흐르는 전류의 양을 계산할 수 있다.

$$V = IR$$

예 제

$$1\,V = 1\,A \times 1\Omega,\ \ 24\,V = 6\,A \times 4\,\Omega$$

6) 전력의 개념

전원에서 나온 전하는 높은 에너지를 가지고 있다. 이 전하(전자)는 전류로서 회로를 움직여 여러 가지 형태로 에너지를 쏟아낸 다음, 에너지가 저하되어 전원으로 돌아간다. 전기가 열, 빛, 힘이라고 하는 여러 가지 형태의 일을 해주는 것이다.

전력은 에너지가 열 혹은 소리나 빛 등과 같은 형태로 전환되거나 변환되는 속도를 가리킨다. 전력의 단위는 와트(W)로 표기한다. 흔히 500W의 전열기라던가 30W의 형광등이란 식으로 표현한다.

일반적으로 1초간에 하는 작업을 일의 능률이라고 하듯이 전류가 1초간에 하는 일. 즉, 전류의 작업 능률을 전력이라고 한다. 일반적으로 저항기와 같은 부품에 대한 전력은 그 부품이 열에너지를 얼마나 빨리 소비할 수 있는지를 설명한다. 전력의 정의 식은 다음과 같이

$$P = \frac{W}{t}[W]$$

으로 나타낸다.

7) 와트의 법칙

저항기에 전류가 흐를 때 저항 내의 전자와 원자의 충돌로 인한 운동에너지는 열로 변환된다. 전력의 단위를 주목하면 전력은 단위 시간당 줄로 표현되므로

$$P = \frac{W}{t} = \frac{Q}{t} \times \frac{W}{Q} = IV = VI$$

와 같이 된다.

전력 와트는 열의 생성률이며 도체에 가해지는 전압을 V(V), 전류를 I(A)라고 하면 1초간에 발생하는 열에너지 W는

$$W = VI \times 1 = VI[J]$$

이 된다. 따라서 전기가 1초 동안에 하는 일, 곧 전력을 P라고 하면, $P = VI[W]$가 된다. 또 저항을 R(Ω)이라 하면 옴의 법칙 $V = IR$에서 다음과 같이 표시할 수 있다.

$$P = VI = I^2R = \frac{V^2}{R}$$

위 식을 와트의 법칙이라 한다. 전기가 하는 일의 양은, 전력(1초 동안에 하는 일)에 일을 한 시간을 곱하면 된다. 이것을 전력량이라고 한다. 따라서 전력량 = (전력) × (시간)이 된다. 전력량의 단위는 와트 · 시(기호는 Wh)로 표시하는데, 보통은 킬로와트 · 시(기호는 kWh)가 사용된다. 이것은 1킬로와트의 전력을 1시간 사용했을 때의 전력량이다.

2 전자 소자

1) 저항

전류의 흐름을 방해하는 기능을 가진 전자부품이다. 단위는 옴을 사용한다. LED등을 달 때 전류를 조절해 주기 위해 저항을 직렬로 달아 주는데 그 저항의 값은 그 저항에 인가해 줄 전압(V)/전류(I)로 구한다.

저항의 분류는 크게 나누어 고정저항과 가변저항으로 나눈다. 또 재료에 따라 탄소계 저항과 금속계 저항으로 나눈다. 정격전력으로는 1/8, 1/4, 1/2W 등이 많다.

저항 값의 표시는 저항이 크기가 작기 때문에 1/2W 이하의 저항은 대부분 색깔띠(컬러코드)로 한다. 일반적으로 사용되는 저항의 컬러 띠는 4개이며, 허용 오차가 ±5%인 것이 많고, 특별히 정밀도를 필요로 하는 경우에는 허용오차가 ±1%인 금속 피막 형을 많이 쓰는데, 이는 컬러 띠가 5개이다.

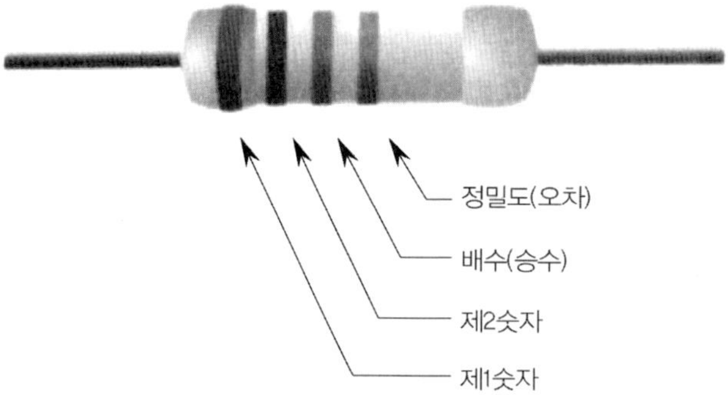

그림 3-2 저항 컬러 코드 4색 띠

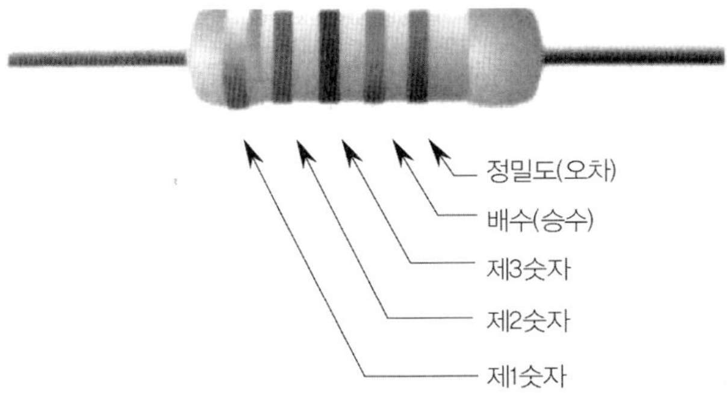

그림 3-3 저항 컬러 코드 5색 띠

표 3-1 저항의 컬러 띠 관계

색	자리 수	승수	허용오차
검정색	0	10^0	
갈색	1	10^1	1%(5색띠)
빨강색	2	10^2	2%(5색띠)
주황색	3	10^3	
노란색	4	10^4	
초록색	5	10^5	
파란색	6	10^6	
보라색	7	10^7	
회색	8	10^8	
흰색	9	10^9	
금색	±5%	10^{-1}	±5%(4색띠)
은색	±10%	10^{-2}	±10%(4색띠)
띠 없음	±20%		

(2) 컬러 코드 적용방법

저항기의 색대 순서는 제1색대, 제2색대, 제3색대, 제4색대 순으로 배열되어 있다. 읽는 방법은

첫째, 제1색대의 컬러 수치(x), 제2색대의 컬러에 해당하는 수치(y)를 찾아 순서대로 나열하여 유효숫자 2자리(xy)를 만든다.

둘째, 제3색대의 컬러에 해당하는 수치(k)를 찾아 10의 승수(10^k)를 구한다.
셋째, 제4색대의 컬러에 해당하는 수치(보통의 경우 ±5%, ±10%)를 구한다.

최종적으로, 저항기의 값은 다음과 같이 구하면 된다(여기서 x, y, k는 0에서 9사이의 수치).

$$\text{저항 값} = xy \times 10^k \pm \text{오차}$$

3) 저항의 계산

(1) 직렬 저항의 계산

직력 연결된 저항들에는 같은 크기의 전류가 흐르면서 전류를 제한하는 저항의 효과는 증가한다. 직렬로 연결된 총 저항 값은 산술적인 합으로 구한다.

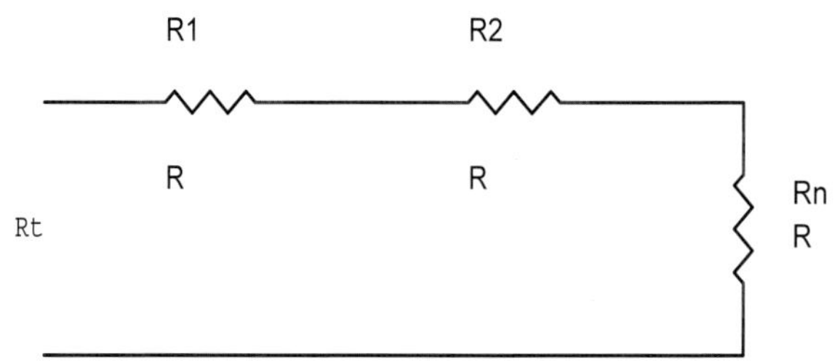

그림 3-4 저항의 직렬연결 회로도

$$R_T = R_1 + R_2 + \ldots + R_n$$

예 제

다음 회로에서 직렬회로에 흐르는 전류 I와 각 저항에 걸리는 전압을 구하시오.

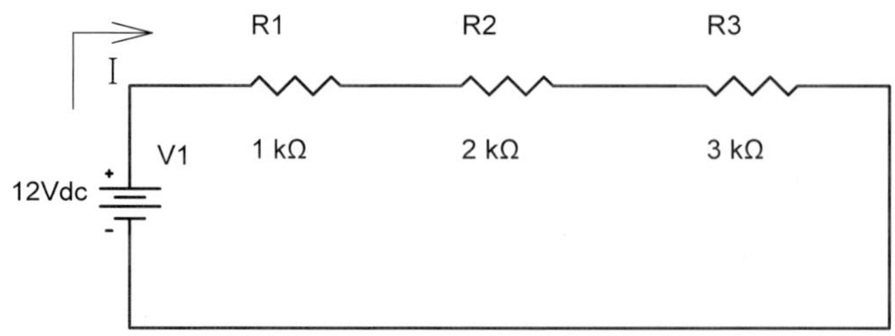

그림 3-5 저항의 직렬연결 예제

[풀이] 회로를 가장 간단히 만드는 것이 최우선이다. 우선 전원전압과 직렬로 연결된 저항을 한 개의 총 저항으로 만든다.

1. 총 저항 R_T는

$$R_T = R_1 + R_2 + R_3 = 1\,k + 2\,k + 3\,k = 6\,k\Omega$$

2. 총 직렬 전류 I는 옴의 법칙에 의해

$$I = \frac{V}{R_T} = \frac{12\,V}{6\,K\Omega} = 2\,mA$$

3. 전류 I에 의해 각 저항에 흐르는 전압은

$$V_1 = IR_1 = 2\,mA \times 1\,K\Omega = 2\,V$$

$$V_2 = IR_2 = 2\,mA \times 2\,K\Omega = 4\,V$$

$$V_3 = IR_3 = 2\,mA \times 3\,K\Omega = 6\,V$$

전압의 크기를 보면 전원 전압이 저항의 비(1:2:3)로 나누어짐을 알 수 있다.

(2) 병렬 저항의 계산

병렬로 연결된 저항들은 같은 전압이 걸린 상태로 전류가 나눠지는 효과에 의해 전류가 증가함으로 저항의 효과는 감소한다. 병렬로 연결된 총 저항 값은 역수의 합으로 구한다.

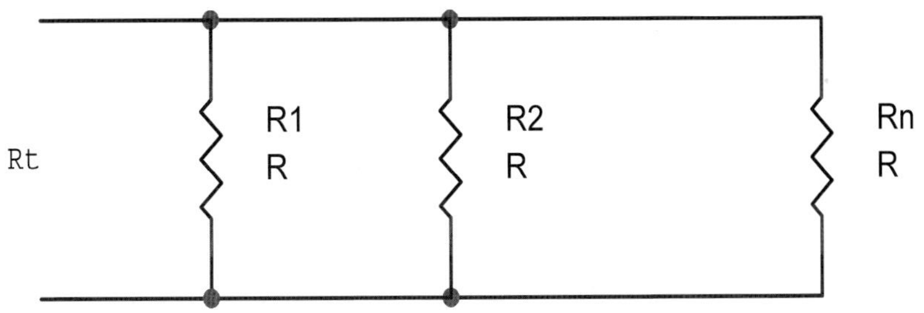

그림 3-6 저항의 병렬연결 회로도

$$R_T = \frac{1}{R_1} + \frac{1}{R_2} + \dots + \frac{1}{R_n}$$

예 제

아래 회로에서 병렬회로에 흐르는 전류 I와 각 저항에 걸리는 전압을 구하시오.

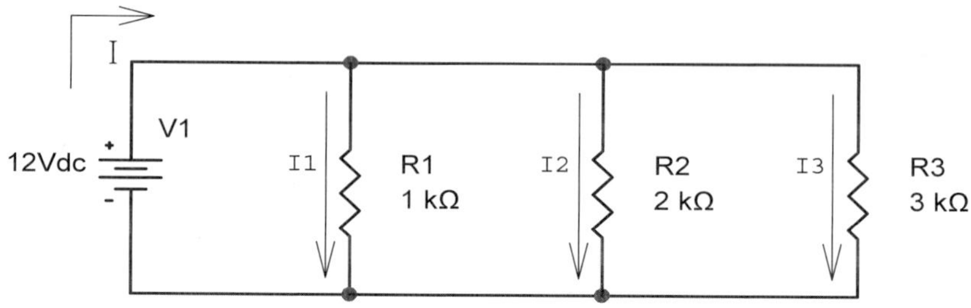

그림 3-7 저항의 병렬연결 예제

[풀이] 회로를 가장 간단히 만드는 것이 최우선이다. 우선 전원전압과 병렬로 연결된 저항을 한 개의 총 저항으로 만든다.

1. 총 저항 R_T는

$$R_T = \frac{1}{R_1} + \frac{1}{R_2} + \frac{1}{R_3} = \frac{1}{1\,k} + \frac{1}{2\,k} + \frac{1}{3\,k} = 0.54\,k\Omega$$

2. 총 직렬 전류 I는 옴의 법칙에 의해

$$I = \frac{V}{R_T} = \frac{12\,V}{0.54\,K\Omega} = 22\,mA$$

3. 전류 I에 의해 각 저항에 흐르는 전압은

$$I_1 = \frac{V}{R_1} = \frac{12}{1\,K\Omega} = 12\,mA$$

$$I_2 = \frac{V}{R_2} = \frac{12}{2\,K\Omega} = 6\,mA$$

$$I_3 = \frac{V}{R_3} = \frac{12}{3\,K\Omega} = 4\,mA$$

각 저항에 흐르는 전류의 크기를 살펴보면 총 전원에 의한 전류 I가 저항의 비(1:2:3)의 반비례

($\frac{1}{1}$: $\frac{1}{2}$: $\frac{1}{3}$= $\frac{6}{6}$: $\frac{3}{6}$: $\frac{2}{6}$)로 나누어짐을 알 수 있다.

4) 콘덴서

콘덴서는 마주보는 금속 전극관 사이에 유전체를 넣어 양전극 간 직류전압을 가하면 전하가 한 전도체 극판에는 +전하가 다른 전도체 극판에는 −전하가 충전되어, 전하끼리 서로 끌어 당기는 전하를 가지게 되어 전하를 축적하는 기능을 가진다. 유전체로는 기체, 액체 및 고체를 사용할 수 있으며 그 유전율에 의하여 콘덴서의 정전용량이 다르게 된다.

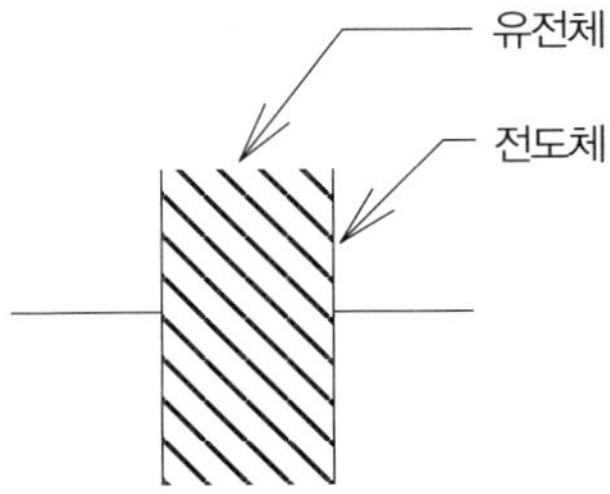

그림 3-8 콘덴서 구조

5) 커패시턴스

커패시턴스는 콘덴서가 주어진 전압에 얼마나 많은 전압을 충전할 수 있는가를 나타낸다. 공식은 다음과 같이

$$C = \frac{Q}{V}[F]$$

Q : 쿨롱

V : 볼트

로 표현된다. 한 번 충전한 전하는 외부 전원이 없더라도 그대로 유지하게 된다. 커패시터의 단위는 μF이나 pF단위로 표시되어 있는데 없는 경우는 다음과 같이 알아낼 수 있다. 예를 들면 0.001이나 0.01은 μF의 단위이고, 50, 330 등의 값은 pF을 나타내며, 103이나 104의 값은 10×10^3과 10×10^4의 pF을 값을 나타낸다는 것을 기억해야 한다.

또한 커패시터 종류 중 다음 그림의 전해 콘덴서에서 유의할 것은 +, −극의 구분이 있어 <그림 3−9>와 같이 −가 표시되어 있는 곳을 음극으로 연결해야 한다.

그림 3-9 전해 콘덴서

6) 콘덴서의 계산

(1) 직렬 콘덴서의 계산

직렬 연결된 콘덴서들에는 같은 크기의 전하가 충전되면서 전도체의 거리가 증가하는 효과가 생겨 전하를 충전하는 커패시턴스가 감소하게 된다. 직렬로 연결된 총 콘덴서 값은 저항의 병렬연결과 같이 역수의 합으로 구한다.

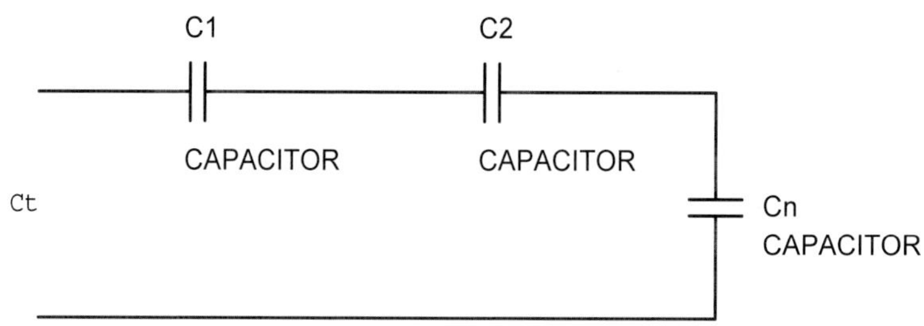

그림 3-10 콘덴서의 직렬연결 회로도

$$C_T = \frac{1}{C_1} + \frac{1}{C_2} + \dots + \frac{1}{C_n}$$

예 제

아래 회로에서 200μF에 걸린 전압을 구하시오.

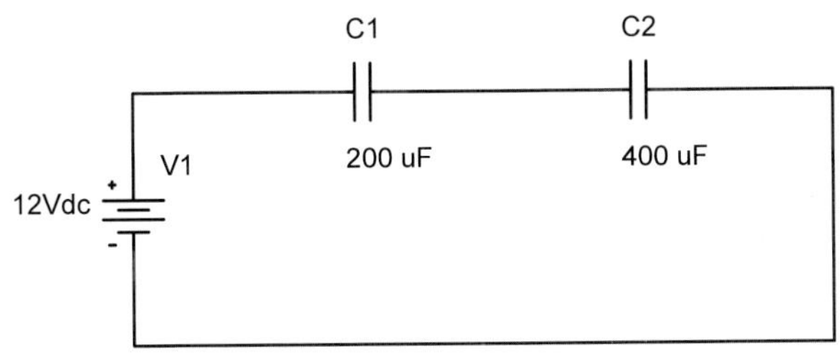

그림 3-11 콘덴서의 직렬연결 예제

[풀이] 각 커패시터에 걸린 전압 V_1, V_2는 직렬로 연결된 전하량 Q가 양 커패시터에 같은 값을 가지므로 총 전하 Q를 먼저 구한 후, 총 커패시터 C_T를 이용해 구한다.

1. 총 전하 Q는

$$Q = VC_T = V \times \frac{1}{C_1} + \frac{1}{C_2} = V \times \left(\frac{C_1 \times C_2}{C_1 + C_2} \right)$$

2. 따라서 커패시터에 걸린 전압 V_1, V_2는

$$V_1 = \frac{Q}{C_1} = V \times \left(\frac{C_1 \times C_2}{C_1 + C_2} \right) \times \frac{1}{C_1} = V \times \left(\frac{C_2}{C_1 + C_2} \right) = 12\,V \times \frac{400\,\mu F}{200\,\mu F + 400\,\mu F} = 8\,V$$

$$V_2 = \frac{Q}{C_2} = V \times \left(\frac{C_1 \times C_2}{C_1 + C_2} \right) \times \frac{1}{C_2} = V \times \left(\frac{C_1}{C_1 + C_2} \right) = 12\,V \times \frac{200\,\mu F}{200\,\mu F + 400\,\mu F} = 4\,V$$

각 커패시터에 걸리는 전압의 크기(8V : 4V)를 살펴보면 총 전원에 의한 전압 12V가 커패시턴스의 비(1:2)의 반비례로 나누어짐을 알 수 있다.

(2) 병렬 콘덴서의 계산

병렬 연결된 콘덴서들은 주어진 전압에 병렬로 같은 전압이 걸리게 되고 유효 면적이 증가하여 많은 전하가 충전되면서 커패시턴스가 증가하게 된다. 병렬로 연결된 총 콘덴서 값은 저항의 직렬연결과 같이 산술적 합으로 구한다.

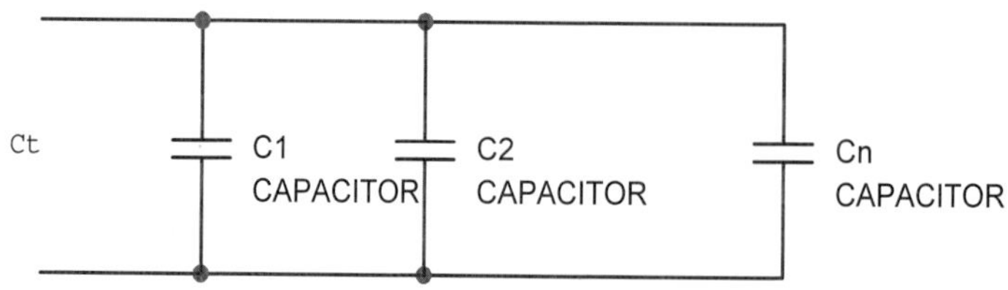

그림 3-12 콘덴서의 병렬연결 회로도

$$C_T = C_1 + C_2 + \ldots + C_n$$

예 제

아래 회로에서 200μF에 걸린 전압을 구하시오.

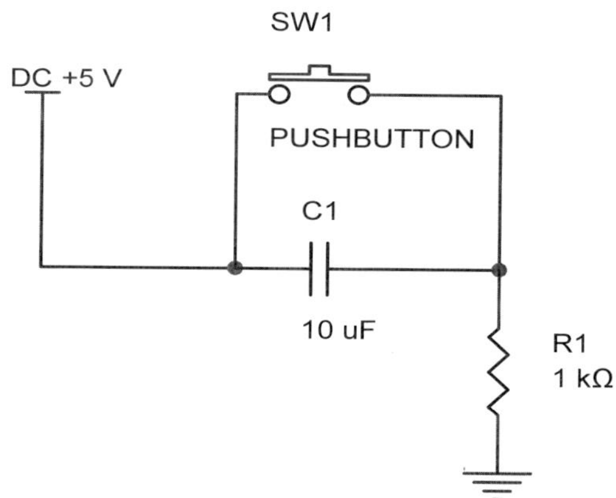

그림 3-13 스위치 입력에 따른 콘덴서 예제

[풀이] SW1이 눌러지면 R1에 전원전압 Vcc이 바로 연결됨으로 $V_{R1} = +5\ V$, SW1이 떨어져 있으면 커패시터에 전원 전압이 충전되어 있고 전원 전압이 직렬로 연결되어 있어 $V_{R1} = +5\ V - 5\ V = 0\ V$이다.

7) 코일(인덕터)

인덕터란 구리선과 같은 재료를 나선 모양으로 감은 것을 말한다. 전류가 흐르기 시작하면 인덕터 주위에 자기장의 변화가 생기는 현상이 생긴다.

인덕터의 성질 정도를 나타내는 단위로 헨리(Henry: H)가 사용된다. 1헨리(H)는 어떤 인덕터에 1A/sec비율로 전류가 변화할 때, 다른 쪽의 인덕터에 1V의 기전력을 유도하는 두 인덕터 간의 상호 인덕턴스로 정의하고, 전류의 변화율이 1A/sec일 때 1V의 기전력을 발생하는 경우의 자기 인덕턴스를 1H로 정하고 있다. 통상 전기회로에서 사용하는 인덕터는 마이크로 헨리(μH)부터 헨리(H)까지 폭넓게 사용되고 있다.

그림 3-14 각종 인덕터의

8) 인덕터의 성질

선재를 나선 모양으로 감으면 원래의 선재가 지닌 특성과는 전혀 다른 여러 가지 특성이 나온다. 여러 특성 가운데서 몇 가지 주요 특성에 대해 그 개요를 쉽게 설명하기로 한다.

전류의 변화를 안정시키려고 하는 성질이 있다. 전류가 흐르려고 하면 인덕터는 전류를 흘리지 않으려고 하며, 전류가 감소하면 계속 흘리려고 하는 성질이다. 이것을 "렌츠의 법칙"이라 부르는데, 전자유도작용에 의해 회로에 발생하는 유도전류는 항상 유도 작용을 일으키는 자속의 변화를 방해하는 방향으로 흐른다는 것이다.

이 성질을 이용하여 교류로부터 직류로 변환하는 전원의 평활회로에 사용된다. 교류를 정류기에 의해 직류로 변환한 경우, 그대로는 맥류(리플:Ripple)라고 하는 교류성분이 많은 직류이며 완전한 직류는 아니다. 플러스의 직류로 정류한 경우, 마이너스 전압 성분은 없어지지만, 0V와 플러스 전압을 왕래하고 있다.

평활회로는 콘덴서와 인덕터를 조합한 회로를 사용하면 인덕터가 전류의 변화를 저지하려는 작용을 하고, 콘덴서가 입력전압이 0V로 되어도 축적한 전기를 그때 토출하기 때문에 안정된 직류를 얻을 수 있다.

간단한 평활회로에서는 인덕터 대신에 저항기를 사용하여, 콘덴서의 평활 기능만 이용하는 경우도 있다.

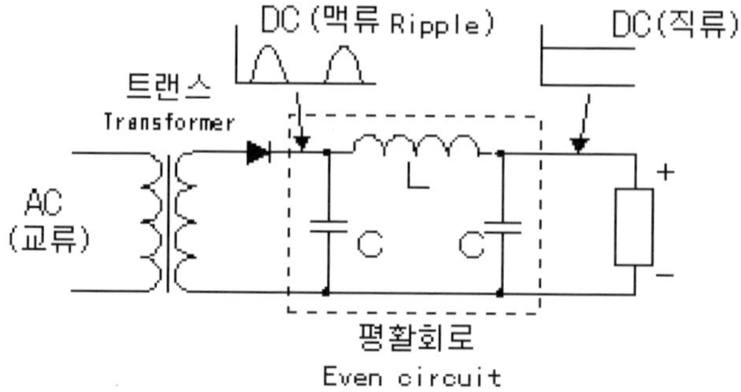

그림 3-15 인덕터를 이용한 트랜스

상호유도작용이 있다. 이것은 앞에서도 언급했지만, 두 인덕터를 가까이 하면 한쪽 인덕터의 전력을 다른 쪽 인덕터에 전달할 수 있다는 것이다.

이 성질을 이용한 것이 트랜스이다. 전력을 공급하는 쪽의 인덕터(입력)를 1차 측, 전력을 꺼내는 쪽(출력)을 2차 측이라고 한다. 1차 측 권수와 2차 측 권수의 비율에 따라 2차 측의 전압이 변화한다.

전원트랜스 등은 2차 측에서 권선의 도중에 선을 내어(tap이라고 한다) 복수의 전압을 얻을 수 있도록 한 것이 많다.

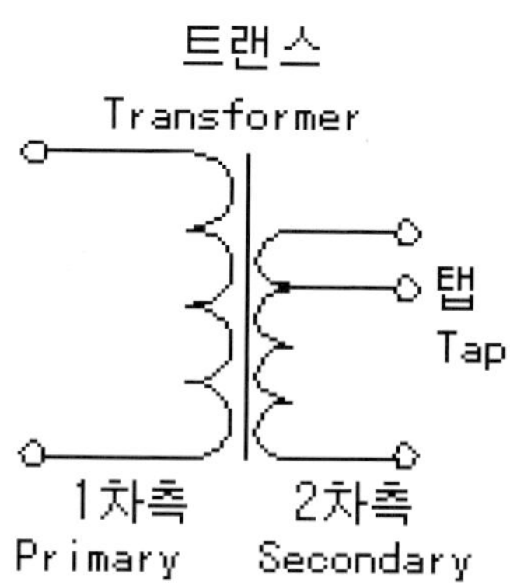

그림 3-16 트랜스

전자석의 성질이 있다. 여러분이 잘 알고 있듯이, 전류가 흐르면 철이나 니켈을 흡착하는 성질이다. 이 성질을 이용한 것으로 계전기(릴레이)가 있다. 전류가 흐를 때에 철판을 끌어당겨 철판에 부착된 스위치를 닫도록 하는 것이다. 차임벨도 전자석의 성질을 이용한 것이다.

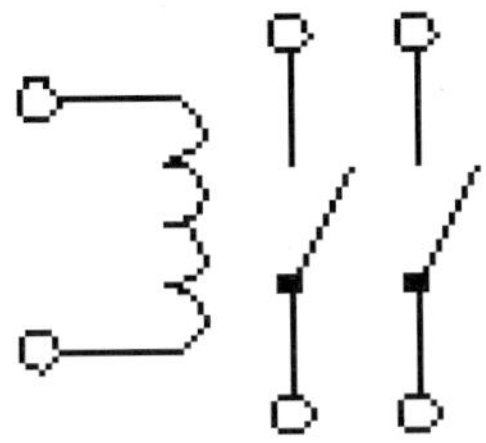

그림 3-17 전자석

공진하는 성질이 있다. 인덕터와 콘덴서를 조합하면 어떤 주파수의 교류전류가 흐르지 않거나, 쉽게 흐르기도 한다. 라디오의 방송국을 선택하는 튜너는 이 성질을 이용하여 특정한 주파수만을 선택하고 있는 것이다.

공진(共振)에 대하여 설명하기 시작하면 점점 깊은 부분까지 빠져들기 때문에 더 자세하게 알고 싶다면 전문서적을 참고하기 바란다.

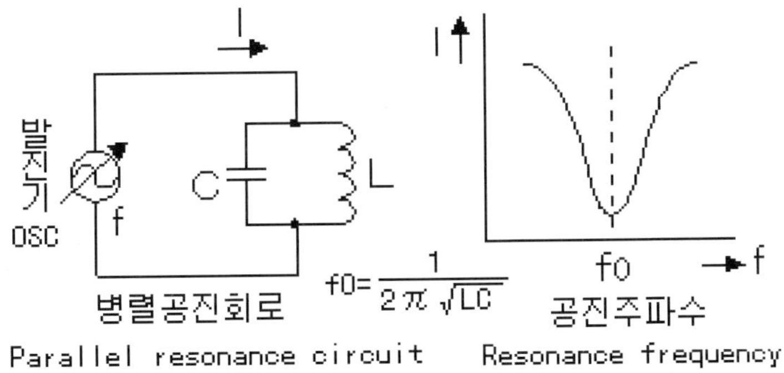

그림 3-18 병렬 공진회로와 공진 주파수

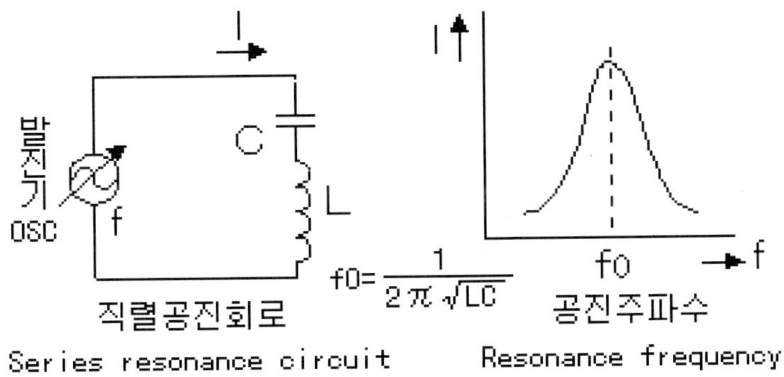

그림 3-19 직렬 공진회로와 공진 주파수

9) 인덕턴스의 계산

(1) 직렬 인덕터의 인덕턴스 계산

직렬 연결된 인덕터의 성질은 한 번에 직접 나선으로 연결된 인덕터와 효과와 같다. 따라서 직렬 연결된 인덕터의 인덕턴스는 각각의 합으로 구할 수 있다.

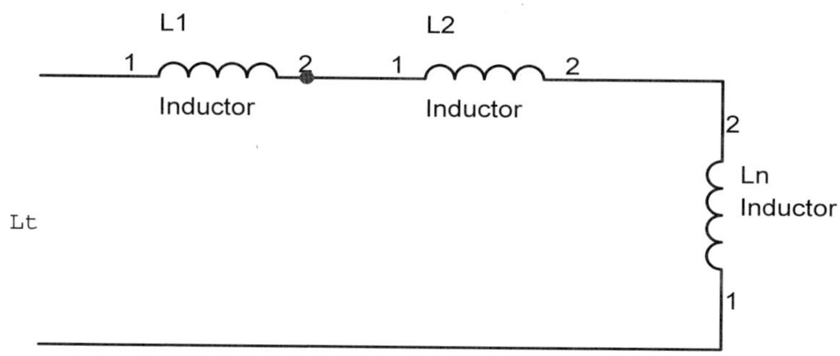

그림 3-20 직렬 인덕터 회로도

$$L_T = L_1 + L_2 + \ldots + L_n$$

(2) 병렬 인덕터의 인덕턴스 계산

병렬로 연결된 인덕터의 경우 전체 인덕턴스는 감소한다. n개의 인덕터가 병렬로 연결되었을 경우는 역수의 합으로 구한다.

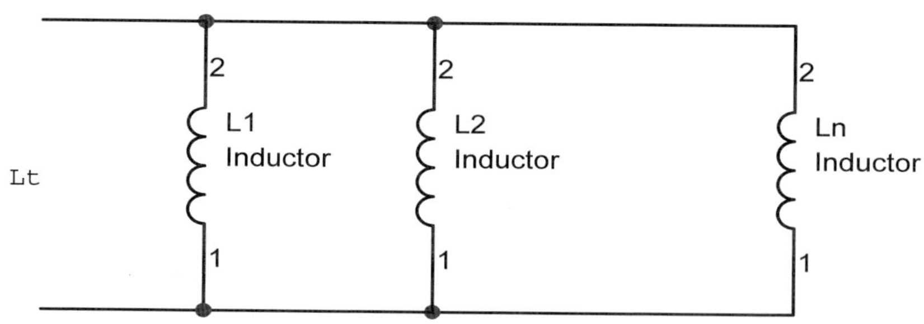

그림 3-21 병렬 인덕터 회로도

$$L_T = \frac{1}{L_1} + \frac{1}{L_2} + \ldots + \frac{1}{L_n}$$

3 기타 반도체 전자소자

1) 다이오드(Dioade)

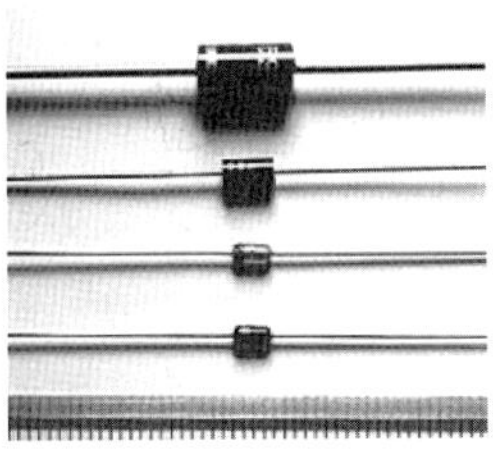

그림 3-22 각종 다이오드

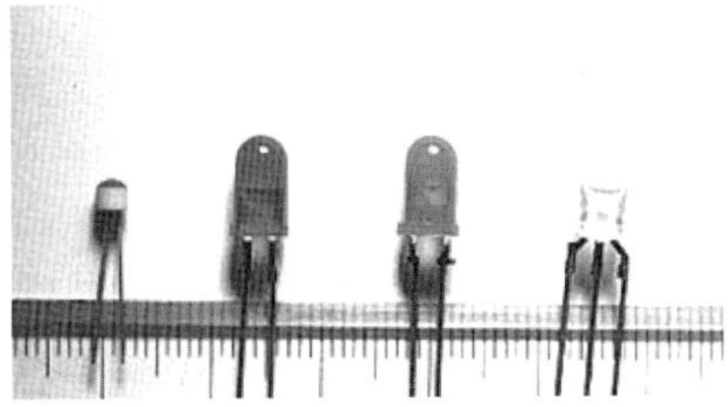

그림 3-23 각종 LED

반도체는 전자의 수가 4개로 본질적으로는 전류를 잘 흐르게 하지 않는 물체이지만 불순물을 첨가함으로써 전류를 흐르는 성질을 조절할 수 있다. 불순물의 종류 중에 전자의 수가 3인 불순물(알루미늄 붕소, 인듐, 갈륨)을 첨가시켜서 만든 반도체를 P(Positive, 정공다수)형 반도체라 하고, 전자의 수가 +5인 불순물(비소, 비스무스, 안티몬) 등을 첨가해 만든 반도체를 N(Negative, 전자다수)형 반도체라 한다.

이러한 P형과 N형 반도체를 접합시켜 만든 것이 다이오드이다<그림 3-24>. PN접합으로 연결된 P형 쪽을 애노드(Anode)라 하고, N형 쪽을 캐소드(Cathode)라 한다.

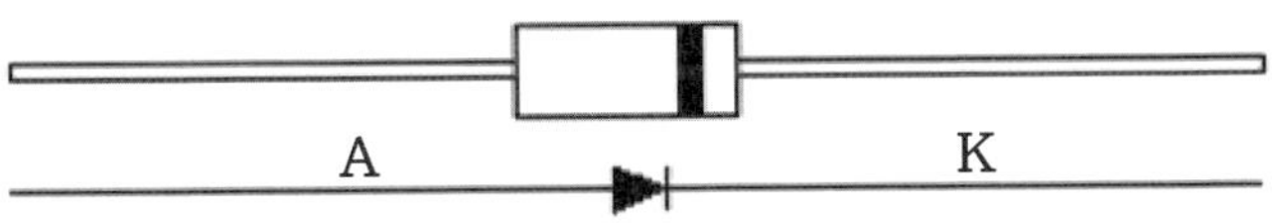

그림 3-24 반도체 모형 및 기호

2) 다이오드의 순방향 바이어스

다이오드의 중요한 특성은 인가해 주는 전압의 극성에 따라 스위치 역할을 한다는 것이다. 회로에서 다이오드에 전원 전압(바이어스) 전원을 가하는데 애노드에 +극을 연결한 것을 순방향 바이어스라 한다. 다이오드의 경우는 순방향 바이어스 경우 도통되어 닫힌 스위치 같은 역할을 한다. 따라서 순방향 전류 I_f는

$$I_f = \frac{V_f}{R_1}$$

로 표현된다.

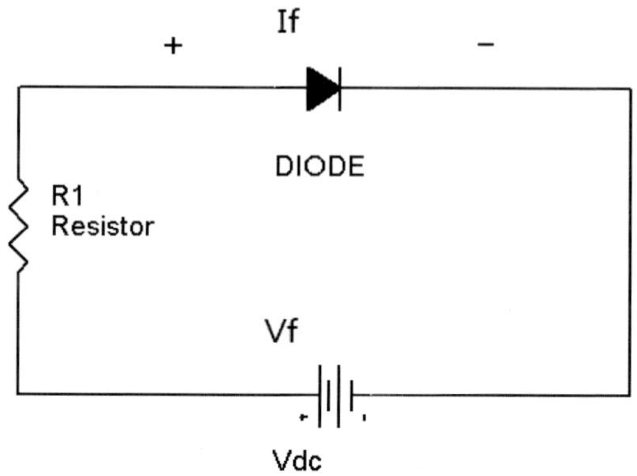

그림 3-25 순방향 바이어스

3) 다이오드의 역 바이어스

역 방향 바이어스는 애노드에 −극을 연결한 것으로 역바이어스라고 한다. 역바이어스인 경우는 오픈된 스위치 같은 역할을 해서 역방향 전류 I_f는 0이 된다.

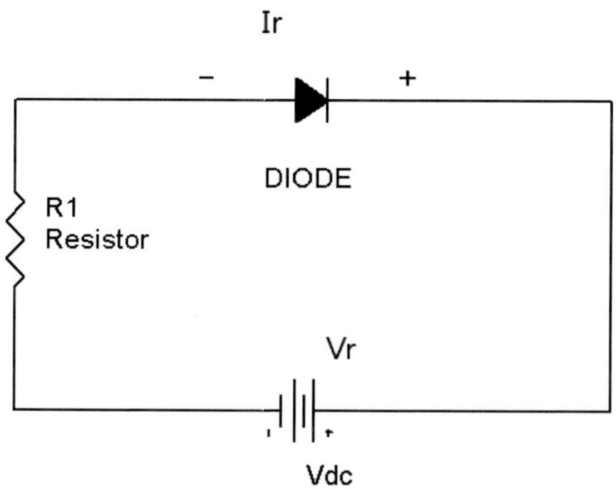

그림 3-26 역방향 바이어스

역방향 바이어스의 전압을 증가시키면 다이오드 전류는 거의 미소한 일정 값을 유지하지만, 어떠한 일정한 전압에서 항복현상(Breakdown)이 생긴다. 특히 이와 같은 목적으로 설계 제작된 다이오드를 정전압 다이오드라고 한다.

발광 다이오드(Light Emission Diode: LED)는 PN접합에서 주입된 전류 캐리어가 재결합하거나 에너지준위를 바꿀 때 빛을 방출하는 소자로 전광판 등 각종 표시장치에 쓰인다.

4) 반파 정류기

다이오드를 이용해 반파 정류기에 적용할 수 있다.

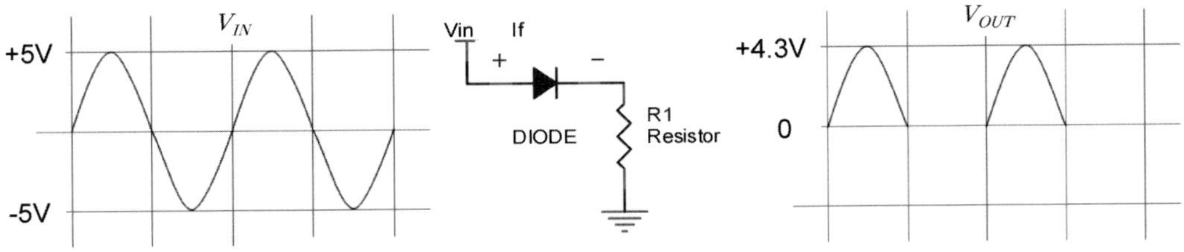

그림 3-27 반파 정류기에 적용된 다이오드

5) 다이오드 응용 예

컴퓨터 기판에 LED를 사용하는 것을 많이 보게 되는데, 위와 같이 구성된 회로에서 +전압이 걸리면 불이 켜지는 것을 이용해 신호의 움직임을 확인하고자 할 때 많이 이용된다. 아래의 회로는 Port의 출력에 LED를 연결해 빛을 내게 하는 간단한 회로에 많이 사용된다.

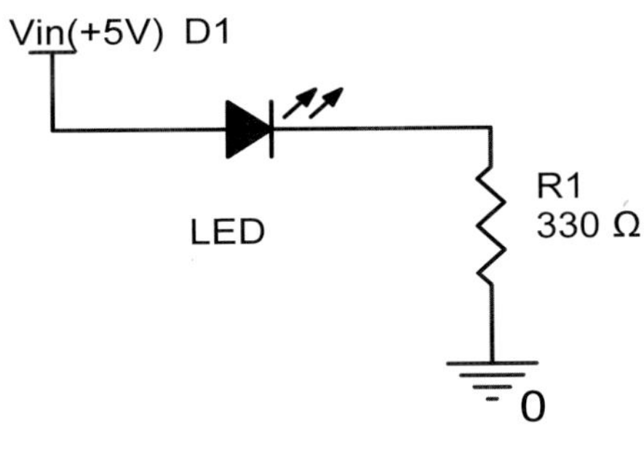

그림 3-28 LED 예

예 제

LED의 전압강하가 보통 2Volt이다. 이때 전류를 10mA로 제한하기 위한 저항 값 R1을 구하라.

[풀이] 저항의 양단의 전압 = Vcc − 발광 다이오드 양단 전압

= 5[V] − 2[V]

= 3[V] 이므로

$$R1 = \frac{V_{CC} - V_{diode}}{I} = \frac{5-2}{10\,mA} = 300\,\Omega$$

일반적으로는 제일 가까운 저항 값인 330Ω을 선택한다.

6) 트랜지스터(Transistor)

(1) 트랜지스터 종류

반도체의 대표적인 부품으로 현재 사용되는 것은 실리콘이다. 트랜지스터는 NPN과 PNP의 두 종류가 있다. PNP형은 얇은 N형 반도체를 2개의 P형 반도체 사이에 끼우는 것이고, 반대로 N형 사이에 P형을 끼우는 것이 NPN형 트랜지스터이다. 이 두 가지를 접합한 것을 접합형 트랜지스터라고 하며 현재 쓰이는 것의 대부분이 이것이다. 각각의 트랜지스터는 아래의 구조를 갖는다.

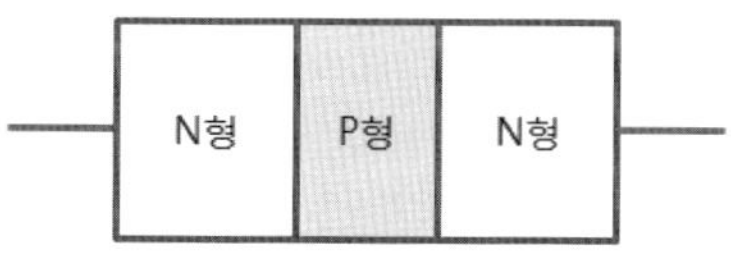

그림 3-29 NPN형 트랜지스터

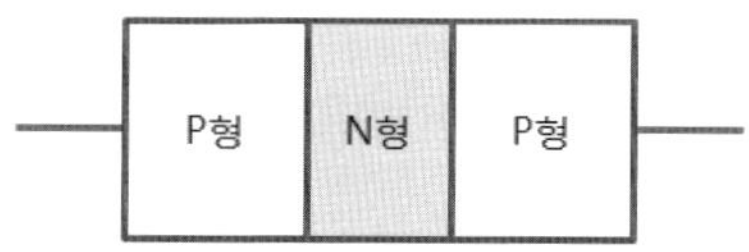

그림 3-30 PNP형 트랜지스터

트랜지스터에 3개의 단자가 있는데, 이를 이미터(Emitter), 베이스(Base), 컬렉터(Collector)라고 한다. PNP형의 경우 왼쪽의 P형을 이미터(E), 중앙의 N형을 베이스(B), 오른쪽의 P형을 컬렉터(C)라고 한다. 이것은 각각에 전극을 붙여 밖으로 끌어낸 단자로 각각 E.B.C 또는 E.C.B 단자라 한다.

(2) 트랜지스터의 용도와 타입

표 3-2 트랜지스터 명칭과 용도

명칭	용도
2SAxxx	PNP 타입의 고주파용
2SBxxx	PNP 타입의 저주파용
2SCxxx	NPN 타입의 고주파용
2SDxxx	NPN 타입의 저주파용

(3) 트랜지스터의 특징

NPN 타입과 PNP 타입에서는 전류의 방향이 다르다.

마이너스 전압 측을 접지로, 플러스 전압 측을 전원으로 하는 회로의 경우, NPN 타입 쪽이 사용하기 쉽다. 디지털 회로에서 트랜지스터를 사용하는 경우는 릴레이라고 하는 전자석 스위치를 동작시킬 때(릴레이는 많은 구동전류를 필요로 하기 때문에 IC만으로는 감당하기 어려운 경우가 있다)나, 발광 다이오드를 제어하는 경우 등에 사용된다. 회로 기호는 <그림 3−31>과 <그림 3−32>와 같다.

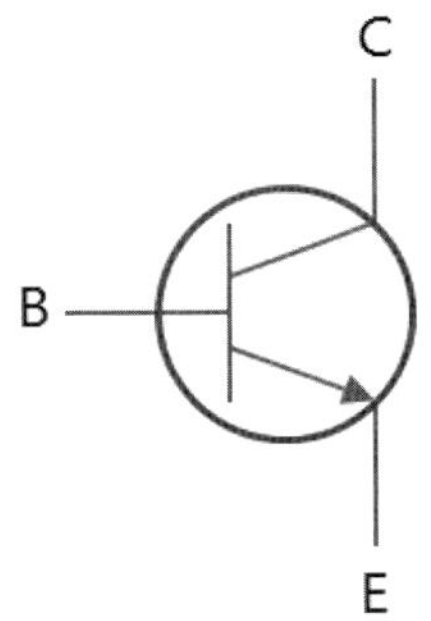

그림 3−31 NPN형 기호

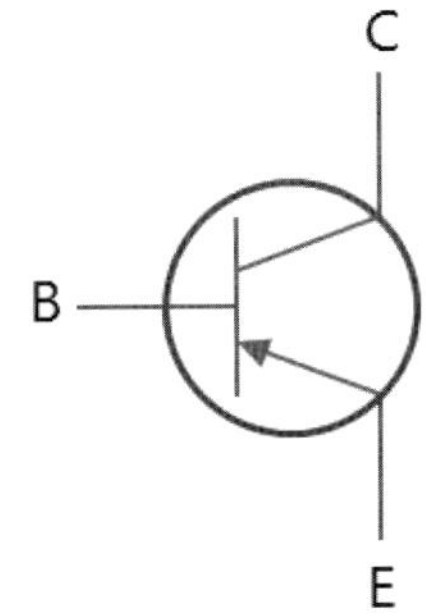

그림 3−32 PNP형 기호

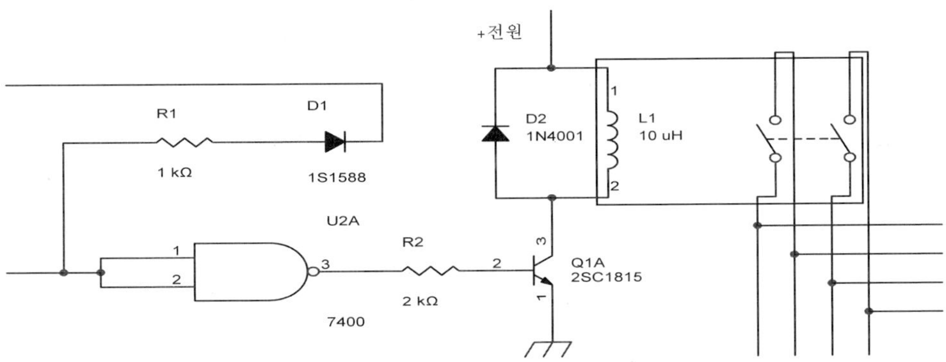

그림 3−33 NPN형 트랜지스터의 예

트랜지스터의 외관은 여러 가지가 있지만, 여기서는 가장 일반적인 두 종류만 소개한다. <그림 3−34>에서 좌측의 트랜지스터는 2SC1815이라고 하는 것으로, 흔히 디지털 회로에 사용한다. 여러 용도에 사용할 수 있으므로 몇 개씩 낱개로 구입하기보다는 200개가 들어 있는 팩으로 구입하면 경제적이다. 사진 우측의 트랜지스터는 2SD880으로 큰 전류를 취급하려는 경우에 많이 사용한다.

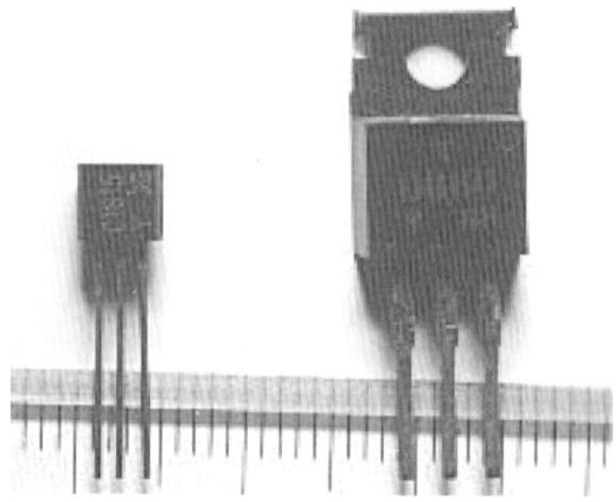

그림 3-34 트랜지스터의 외관

트랜지스터(2SC1815, 2SD880)는 전기적 특성을 갖는다. 트랜지스터(2SC1815, 2SD880)의 전기적 특성은 <표 3-3>과 같다.

표 3-3 트랜지스터(2SC1815, 2SD880)의 전기적 특성

항 목	2SC1815	2SD880
$V_{CEO}[V]$	50	60
$I_C[mA]$	150	3A
$P_C[mW]$	400	30W
h_{FE}	70 ~ 700	60 ~ 300
$f_T[MHz]$	80	3

- $V_{CEO}[V]$
  베이스(B)를 오픈했을 때에 컬렉터(C)와 이미터(E)에 걸리는 최대전압(단순히 V_{CE}로 표시하는 경우도 있다)
- $I_C[mA]$
  최대 컬렉터(C) 전류
- $P_C[mW]$
  주위온도(T_a)=25℃에서 연속해서 소비시킬 수 있는 최대 컬렉터(C) 손실(방열기 없음)
- h_{FE}
  이미터(E) 접지에서의 직류에 대한 전류증폭률($\frac{I_C}{I_B}$)

- $f_T[MHz]$
  주파수를 높이면 증폭 능력이 저하되는데, 베이스 전류(I_B)와 컬렉터 전류(I_C)가 같아지는 주파수(직류증폭을 할 수 없게 되는 주파수(트랜지션 주파수))

트랜지스터는 기본적으로는 전류를 증폭할 수 있는 부품이다. 아날로그 회로에서는 매우 많은 종류의 트랜지스터가 사용되지만, 디지털 회로에서는 그다지 많은 종류를 사용하지는 않는다. 디지털 회로에서는 ON 아니면 OFF의 2위치 신호를 취급하기 때문에 트랜지스터의 증폭 특성에 대한 차이가 별로 문제가 되지 않는다.

(4) 트랜지스터(2SC1815, 2SD880)의 리드

트랜지스터의 종류에 따라 리드의 내용이 다르기 때문에 매뉴얼 등을 참조하여 확인할 필요가 있다.

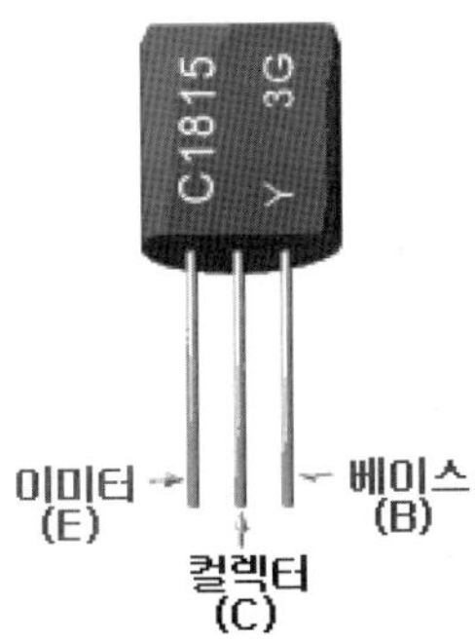

그림 3-35 2SC1815의 리드

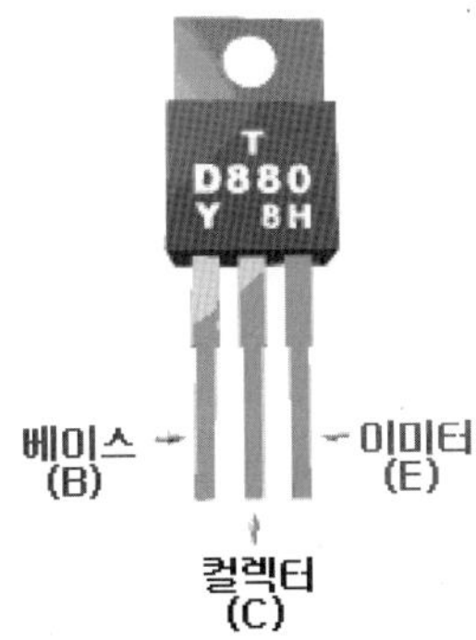

그림 3-36 2SD880의 리드

(5) 트랜지스터의 동작

트랜지스터의 대포적인 작용은 증폭 작용과 스위칭 작용이 있다. 증폭이란 작은 전기 신호를 수백 배까지 크게 할 수 있다. 예를 들면 증폭작용에 의해 베이스에 전류를 100배 증폭하여 이 베이스 전류를 몇 배로 늘렸느냐에 따라 증폭률이 결정된다.

스위칭 작용은 이미터와 컬렉터 간의 베이스 전류가 다량으로 흐를 때 ON 상태가 되며, 베이스 전류가 전혀 흐르지 않게 하면 OFF 상태가 된다. 이 동작의 상태는 1초당 1000번 정도의 반복 동작이 가능하다. 즉 베이스 전류를 가감하여 컬렉터 전류를 조절할 수 있는데, 이것을 스위치 작용이라 한다.

(6) 트랜지스터의 전류 관계식

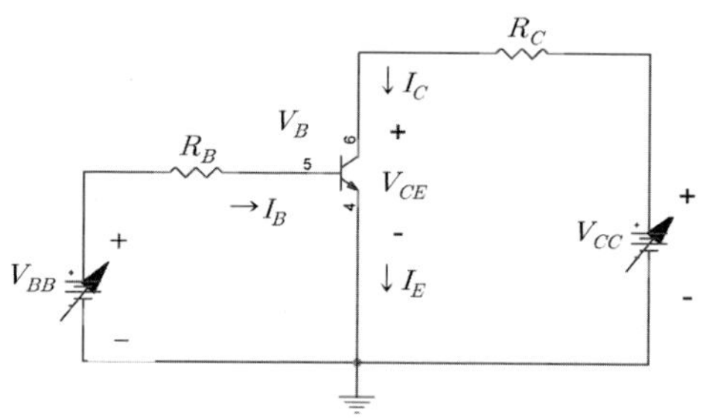

그림 3-37 트랜지스터의 전류 회로도

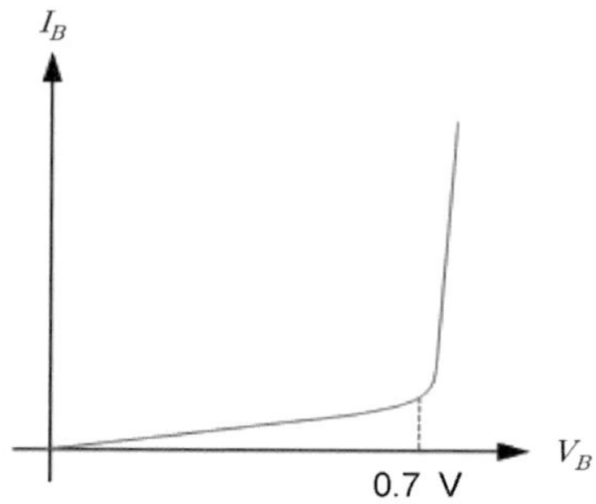

그림 3-38 트랜지스터의 전류 특성곡선

트랜지스터를 아래와 같이 구성하고 서서히 V_{BB}를 증가시키면 베이스 전압(V_B)이 0.7V될 때까지는 전류가 흐르지 않고 그 이상이 되어야 전류가 흐른다. 그 특성곡선(I_B 대 V_B)은 위의 <그림 3-38>과 같다. 또한 전류 I_B가 결정된 이후 V_{CC}를 변경하면 특성곡선(I_C 대 V_{CE})은 아래 <그림 3-39>와 같게 된다.

$$I_{B1} < I_{B2} < I_{B3} < I_{B4} < I_{B5} < I_{B6} < I_{B7} < I_{B8}$$

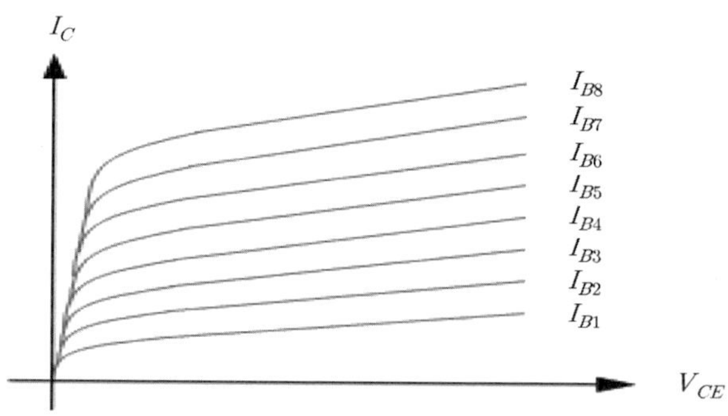

그림 3-39 트랜지스터의 I_B 특성곡선

트랜지스터의 동작을 결정하는 전류의 관계식은 다음과 같이 정의할 수 있다.

$$I_E = I_B + I_C$$

$$I_E \cong I_C$$

$$I_C = \beta_{DC} I_B$$

β_{DC} : 직류 전류 이득

β_{DC}의 값은 데이터 시트를 통해 확인해야 한다. 이것을 이용하여 스위치 역할을 하는 트랜지스터의 동작 조건을 결정할 수 있다.

예 제

아래 트랜지스터를 스위치로 사용하기 위한 다음의 회로에서 전류 I_B의 최소값과 R_B의 최대값을 구하시오(단, $V_{CE} = 0\,V$, $\beta_{DC} = 200$이다).

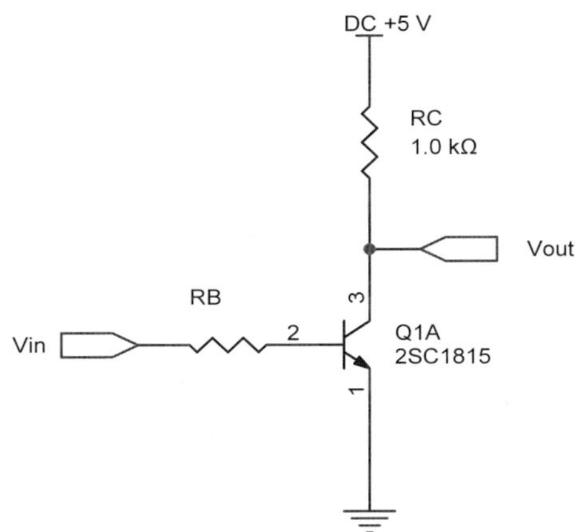

그림 3-40 트랜지스터 스위치 사용 예

[풀이]

$$I_{C(sat)} = \frac{V_{CC} - V_{CE}}{R_C} \cong \frac{V_{CC}}{R_C} = \frac{5\ V}{1.0\,K\Omega} = 5\,mA$$

$$I_{B(\min)} = \frac{I_{C(sat)}}{\beta_{DC}} = \frac{5\ mA}{200} = 0.025\,mA$$

$$V_{IN} - V_{BE} = 5 - 0.7 = 4.3\ V$$

$$R_B = \frac{V_{RB}}{I_B} = \frac{4.3\ V}{0.025\,mA} = 172\,K\Omega$$

7) 정류기

우리가 일반적으로 사용하는 전자기기에서는 직류 전류를 필요로 하는데 정류기는 교류 전류를 직류 전류로 바꾼다. 아래 <그림 3-41> 정류기의 예는 AC전원을 이용해 트랜스포머로 12V를 전압강하하여 다이오드 회로를 통해 정류를 한 후 IC 정류기(7805)를 통해 +5V로 바꾸는 정류기이다.

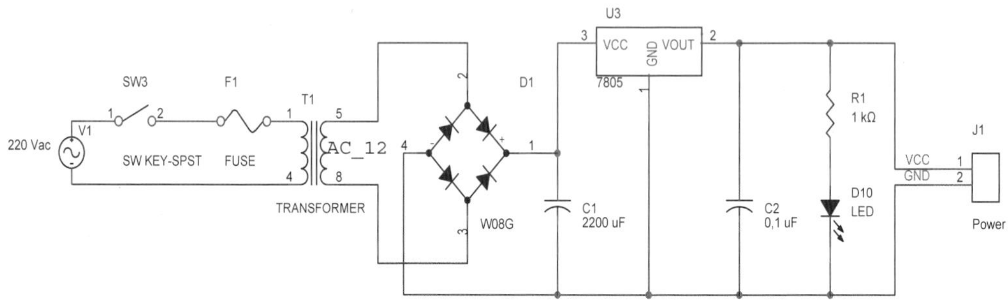

그림 3-41 정류기의 예

CHAPTER

04

CodeVision C 컴파일러

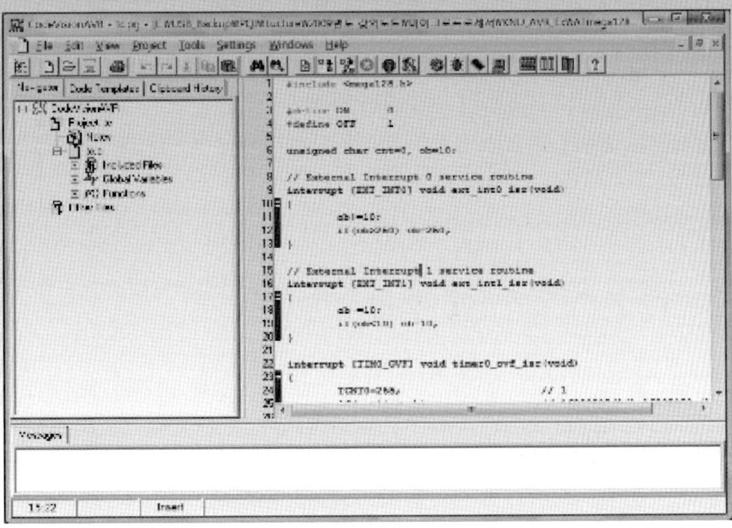

1 CodeVisionAVR C 컴파일러

1) CodeVisionAVR 특징

CodeVisionAVR은 ATMEL社의 AVR 마이크로-컨트롤러 패밀리를 위해 설계된 통합개발환경 및 자동 프로그램 생성기를 내장한 C 크로스 컴파일러이다. 이 프로그램은 윈도즈 95, 98, NT 4.0, 2000 그리고 XP와 Vista OS에서 실행되는 32비트 어플리케이션 프로그램이다. C 크로스 컴파일러는 AVR 구조와 임베디드(Embedded) 시스템에 특별한 장점을 갖고 ANSI C 언어의 모든 구성요소와 거의 가깝게 구현되었다. CodeVisionAVR C 컴파일러는 다음과 같은 라이브러리를 가지고 있다.

① 표준 C Library
② 캐릭터 LCD 모듈
③ Philips I2C 버스
④ National Semiconductor LM75 온 센서
⑤ Philips PCF8563, PCF8583, Dallas Semiconductor DS1302와 DS1307 리얼타임 클록
⑥ Dallas Semiconductor 1-Wire 프로토콜
⑦ Dallas Semiconductor DS1820/DS1822 온도센서
⑧ Dallas Semiconductor DS1621 온도계/온도조절장치
⑨ Dallas Semiconductor DS2430과 DS2433 EEPROM
⑩ SPI
⑪ 전원 관리
⑫ 시간지연 함수
⑬ 그레이코드 변환

2) CodeWizardAVR 자동프로그램 생성기의 기능

CodeWizardAVR 자동프로그램 생성기를 통해 자동으로 설정되는 기능은 다음과 같다.

① 외부 메모리 액세스 설정
② 칩 리셋 소스 확인
③ 입/출력 Port 초기화
④ 외부 인터럽트 초기화
⑤ 타이머/카운터 초기화
⑥ 워치독 타이머 /초기화
⑦ USART 초기화

⑧ 아날로그 비교기 초기화
⑨ AD 컨버터 초기화
⑩ SPI 인터페이스 초기화
⑪ I2C bus, LM75 온도센서, DS1621 온도계/온도조절 장치와 PCF8563, PCF8583. DS1302, DS1307 리얼 타임 클록 초기화
⑫ 1-wire bus와 DS1820/DS1822 온도센서 초기화
⑬ LCD 모듈 초기화

3) CodeWizardAVR의 Help topic

다음과 같은 Help topic이 주어지므로 컴파일러를 사용하기 전에 관련 제목들을 클릭하여 읽어보는 것이 중요하다.

① CodeVisionAVR Integrated Development Environment
② CodeVisionAVR C Compiler Reference
③ CodeVisionAVR C Compiler Library Functions
④ CodeWizardAVR Automatic Program Generator
⑤ License Agreement
⑥ Technical Support
⑦ Bug Reports

4) CodeVisionAVR C 컴파일러 설치 순서

인터넷에서 CodeVision C 컴파일러 평가버전(Version: 1.25.7 Evaluation)을 다운 받아

Setup.exe

를 클릭한다(HP 사이트: http://www.hpinfotech.ro/). 만약, 아래 <그림 4-1>과 같은 실행 창이 나타나면 [실행]을 클릭하여 계속 진행한다.

그림 4–1 파일 열기 – 보안 경고

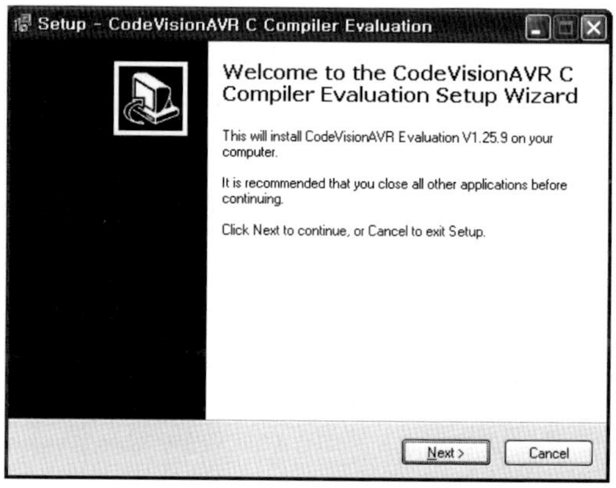

그림 4–2 Setup – CodeVisionAVR C Compiler Evaluation

위의 <그림 4–2>와 같은 창이 나타나면 [Next]를 클릭하여 계속 진행한다. 다음 <그림 4–3>과 같은 화면이 나타나면 “I accept the agreement”를 선택한 후 [Next]를 클릭하여 계속 진행한다.

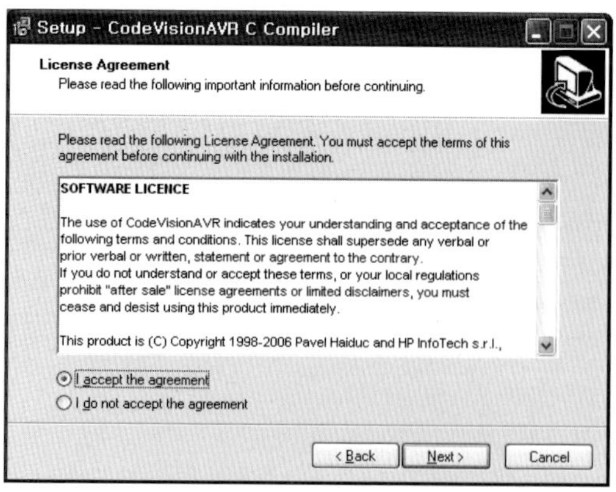

그림 4–3 Setup – CodeVisionAVR C Compiler (License Agreement)

다음 화면은 설치할 경로를 설정하는 것으로 특별한 경우를 제외한 설치 경로를 그대로 둔 상태에서 [Next]를 클릭하여 계속 진행한다.

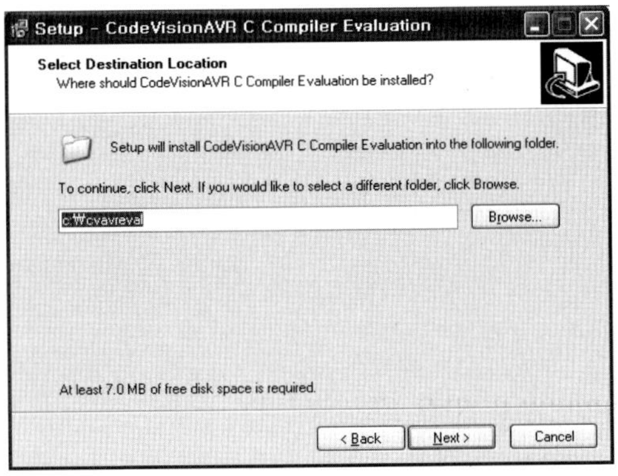

그림 4-4 Setup - CodeVisionAVR C Compiler Evaluation(Select Destination Location)

만약, 아래 <그림 4-5>와 같은 창이 나타난다면 이미 경로가 존재한다는 뜻이므로 CodeVision C Compiler가 이미 설치되어 있는지 제어판-프로그램 추가 및 삭제에서 확인한다.

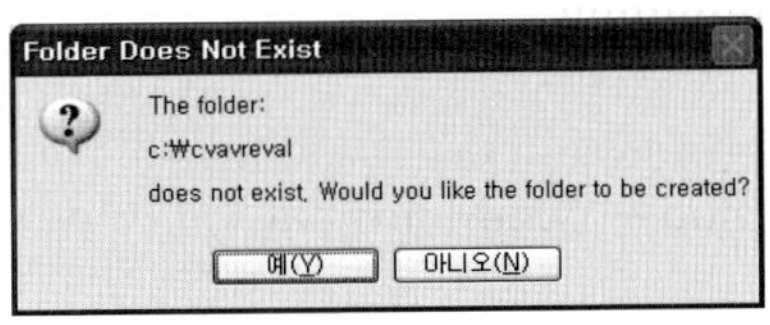

그림 4-5 Folder Does Not Exist

처음으로 설치한다면 다음과 같은 창이 나타난다. 이 창은 프로그램 바로가기 이름을 설정하는 것으로 그냥 [Next]를 클릭하여 계속 진행한다(사용자가 원하는 바로가기 이름을 변경할 수도 있다).

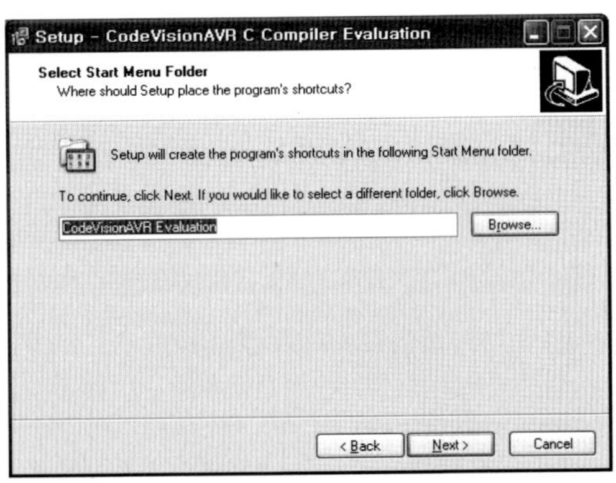

그림 4-6 Setup - CodeVisionAVR C Complier Evaluation(Select Start Menu Folder)

이제 기본 설정이 모두 끝났으므로 [Install]을 클릭하여 설치를 진행한다.

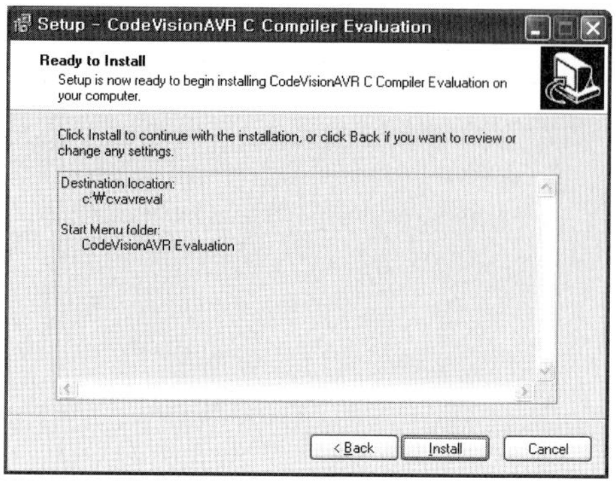

그림 4-7 Setup – CodeVisionAVR C Complier Evaluation(Ready to Install)

CodeVision AVR C Complier가 설치되는 진행과정을 보여 준다.

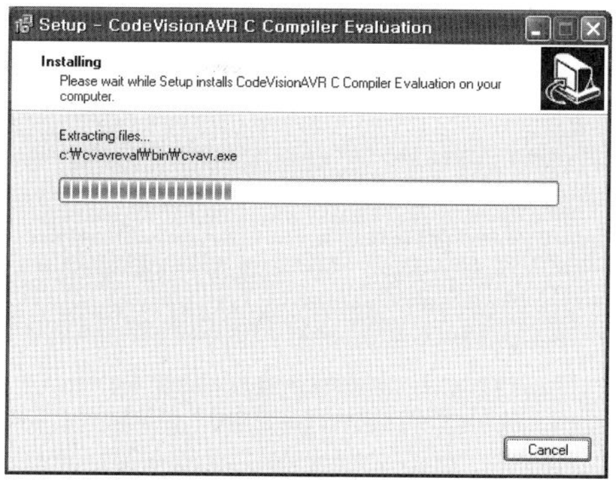

그림 4-8 Setup – CodeVisionAVR C Complier Evaluation(Installing)

설치가 완료되어 다음과 같은 창이 나타나면 [Next]를 클릭하여 설치를 완료한다.

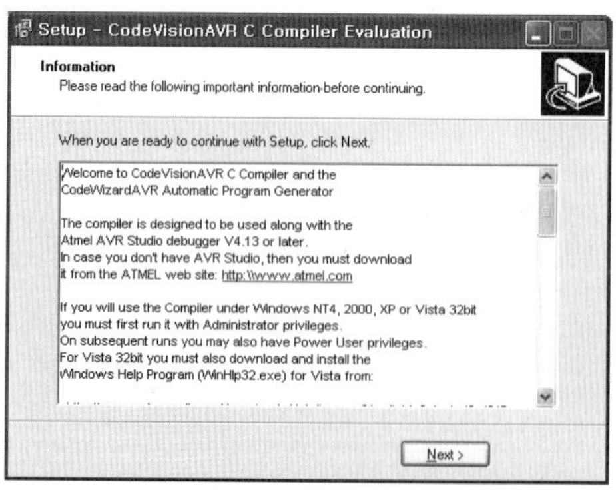

그림 4-9 Setup – CodeVisionAVR C Complier Evaluation(Information)

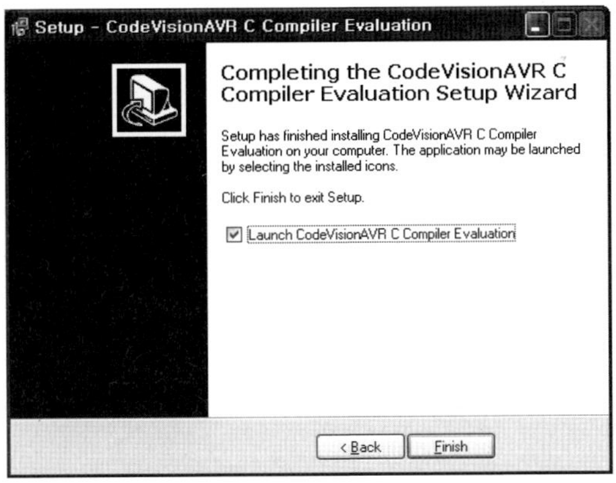

그림 4-10 Setup – CodeVisionAVR C Complier Evaluation(Click Finish to exit Setup)

완료되면 위의 <그림 4-10>과 같이 CodeVisionAVR C Complier를 실행할 것인지 유무를 확인한 후 [Finish]를 클릭한다(여기서 Launch 항목을 체크한 후 클릭하면 바로 실행된다).

CodeVisionAVR C Complier가 실행된 화면은 아래 <그림 4-11>과 같다.

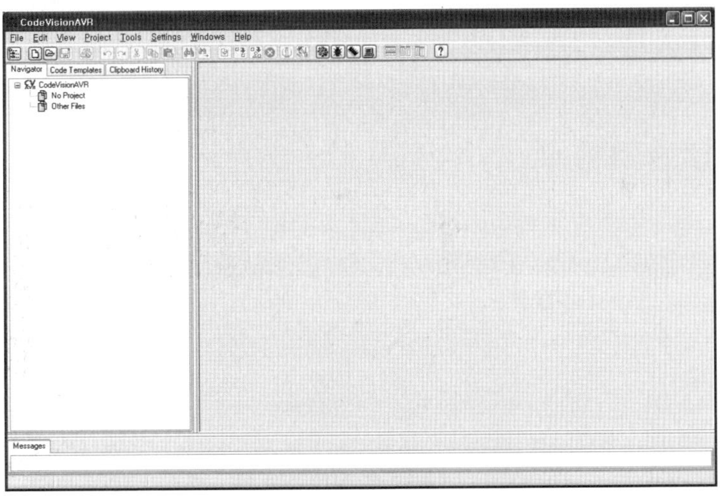

그림 4-11 CodeVisionAVR 실행 화면

5) CodeVisionAVR 환경 설정하기

아래 <그림 4−12>와 같이 선택한다.

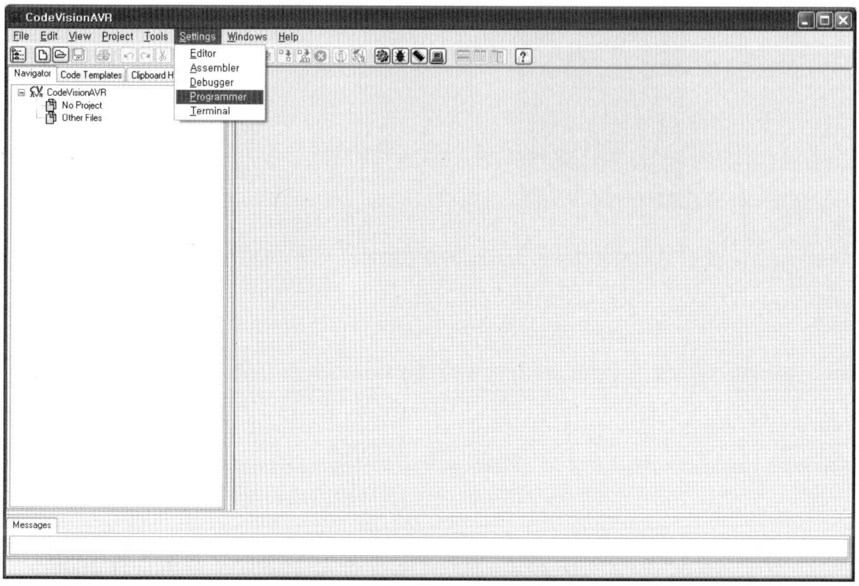

그림 4−12 Settings 화면

아래 <그림 4−13>과 같이 설정하고 [OK]를 클릭한다.

USBISP을 사용하여 다운로드할 경우는 <그림 4−13>과 같이 설정하고, 프린터 Port를 사용하여 다운로드할 경우는 <그림 4−14>와 같이 구분하여 설정해야 한다.

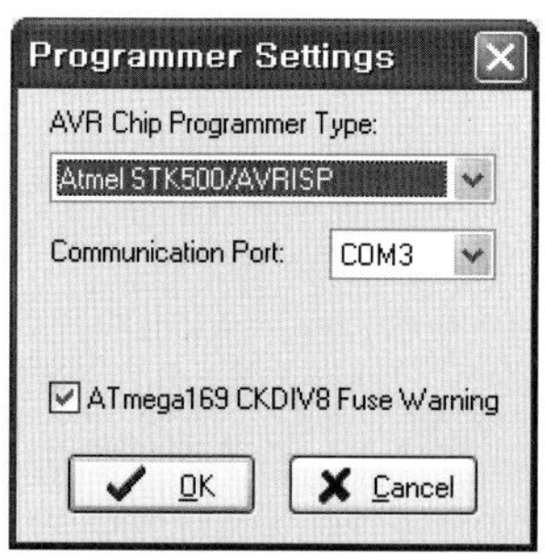

그림 4−13 Programmer Settings(ATmelSTK500/AVRISP)
USBISP를 사용할 때의 설정

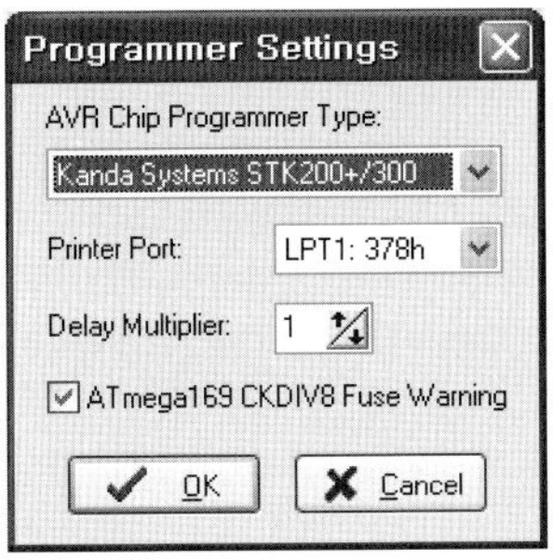

그림 4-14 Programmer Settings(Kanda Systems) 프린터 Port를 사용할 때의 설정

6) CodeVisionAVR C 컴파일러 사용법

프로그램을 저장할 폴더를 임의의 위치에 만든다(예: test1).

CodeVisionAVR 아이콘을 실행시킨다.

그림 4-15 바탕화면

새 프로젝트를 실행하기 위해서 File메뉴에서 New를 선택한다.

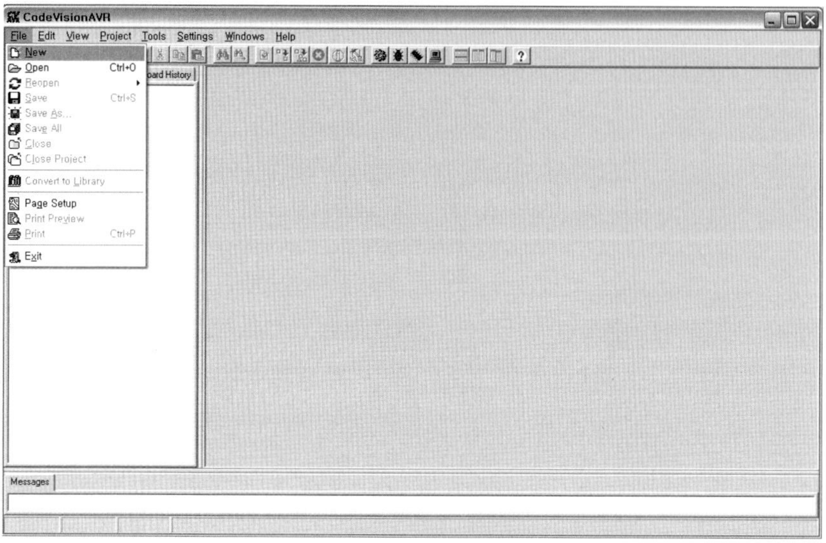

그림 4-16 New 선택 화면

Create New File에서 File Type에서 Project를 선택하고 OK를 누른다.

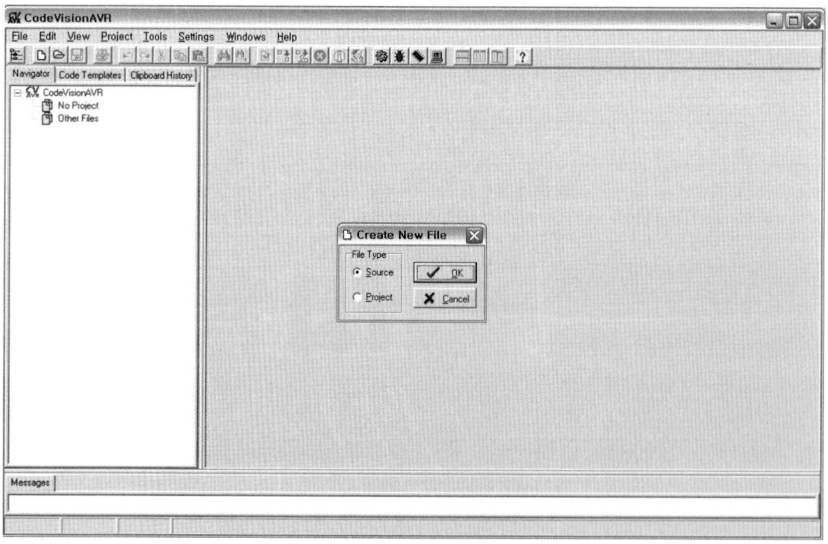

그림 4-17 Create New File 대화 상자

Confirm에서 No를 선택한다(Yes 선택 시 Wizard 모드로 들어간다).

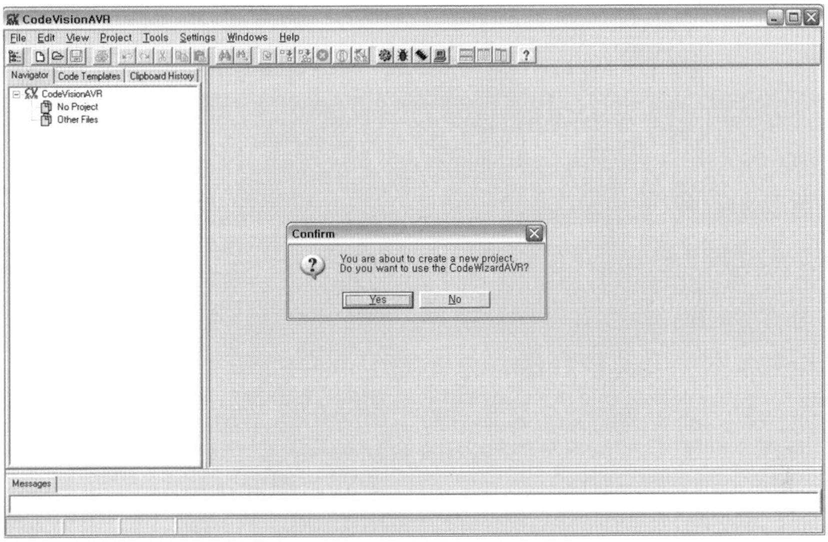

그림 4-18 Confirm 대화 상자

처음에 만든 폴더(예:test1)에 저장 위치를 선택하고, 프로젝트 이름(예:test1.prj)을 정한 후 저장을 누른다(반드시 폴더 안에 저장해야 한다).

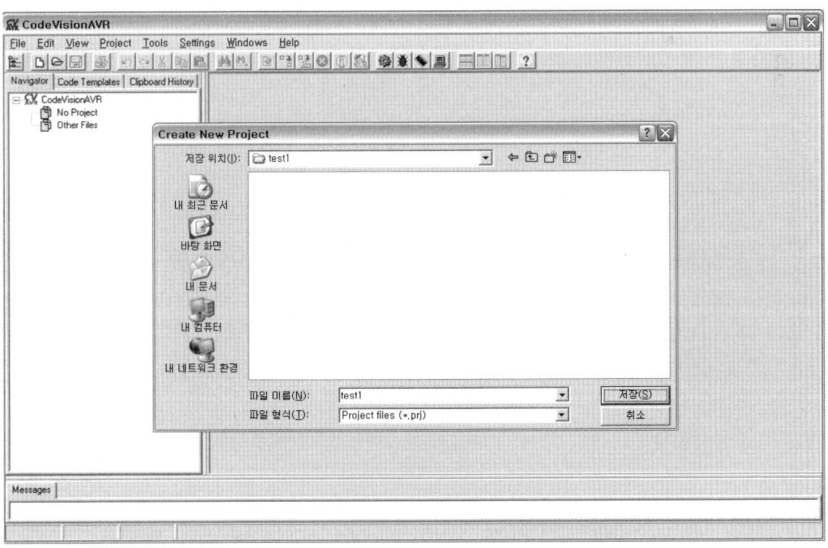

그림 4-19 Create New Project 대화 상자

다음과 같은 창이 뜨는 것을 확인할 수 있다.

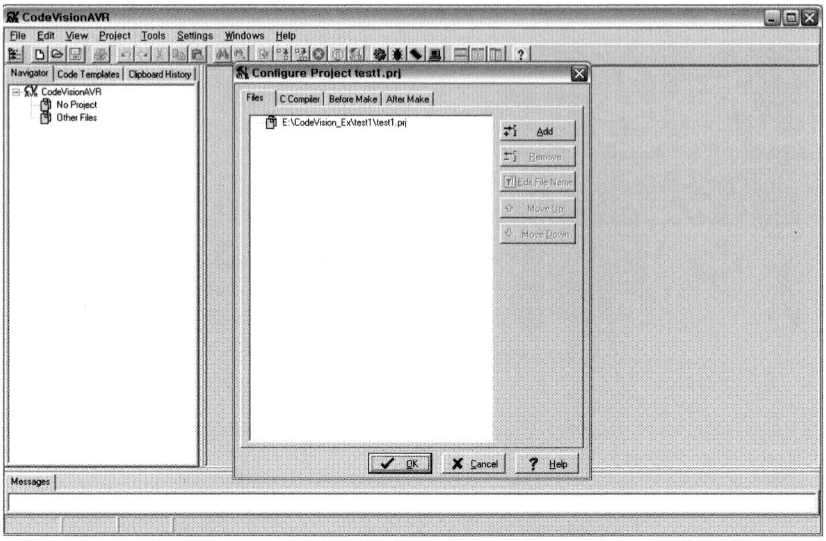

그림 4-20 Configure Project(Files) 대화 상자

C Compiler 탭을 선택하고, 사용하고자 하는 Chip과, Clock을 설정한 후 OK를 누른다(Chip은 ATmega32이며, Clock은 16MHz이다).

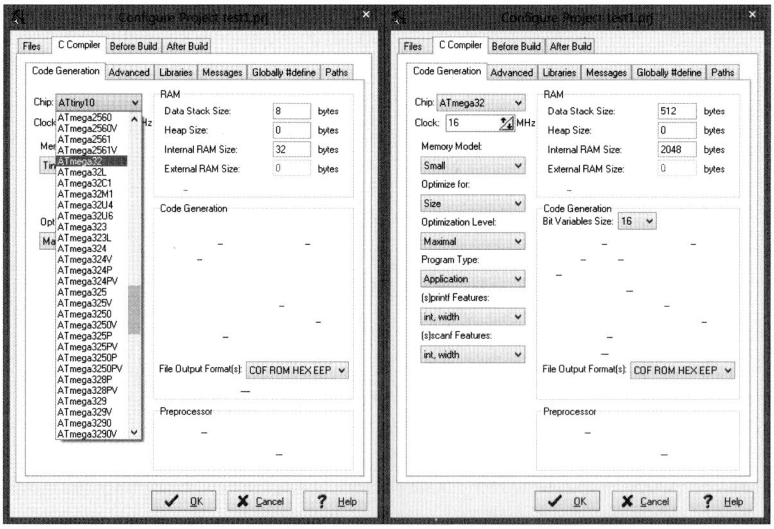

그림 4-21 Configure Project(C Compiler) 대화 상자

설정이 끝나고 OK를 누르면 다음과 같은 창이 뜬다.

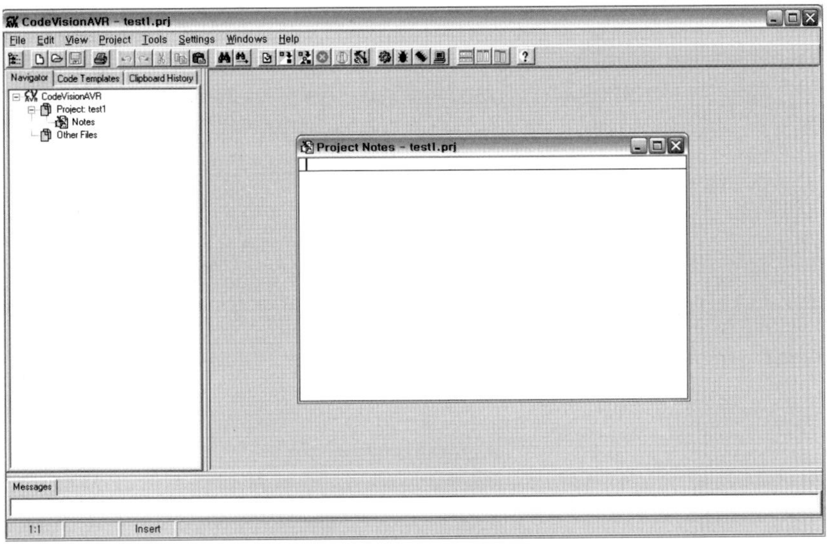

그림 4-22 Project Notes

프로그램을 저장한 폴더에 다음과 같은 파일이 생성된 것을 볼 수 있다(ex. text1.prj).

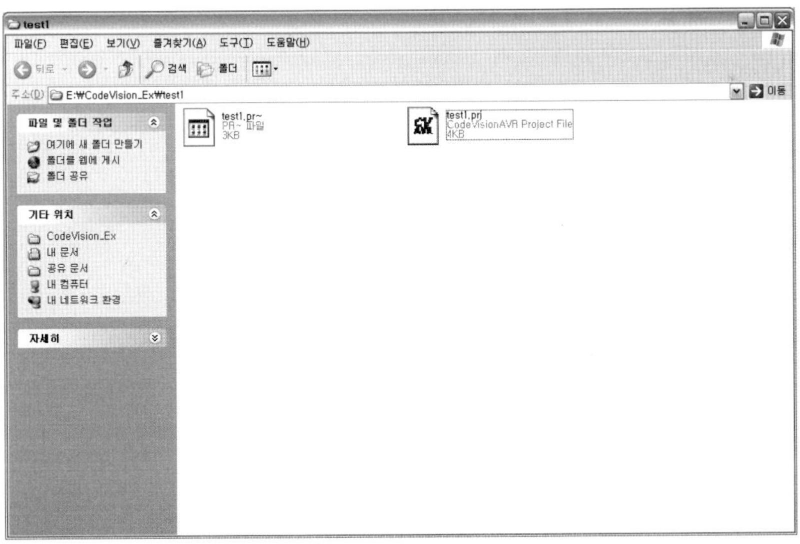

그림 4-23 임의로 생성한 폴더(test1)

이제 프로젝트 파일을 생성하였다. 프로그램 틀이 완성된 것이다.

다음으로 실제 프로그램을 쓸 수 있는 공간을 만들어야 한다.

File메뉴에서 New를 선택하고, 이번에는 Project가 아닌 Source를 선택한 후 확인을 누른다.

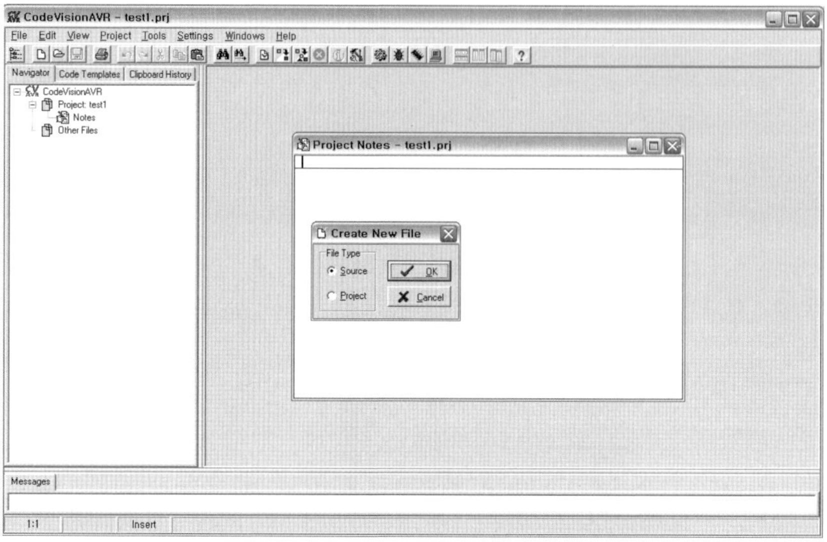

그림 4-24 Create New File(Source) 선택 대화 상자

왼쪽의 Other File에 untitled.c가 생긴 것을 볼 수 있고, 화면 중앙에 다른 폼이 하나 더 생성된 것을 볼 수 있는데, 이곳이 프로그램을 작성할 수 있는 곳이다.

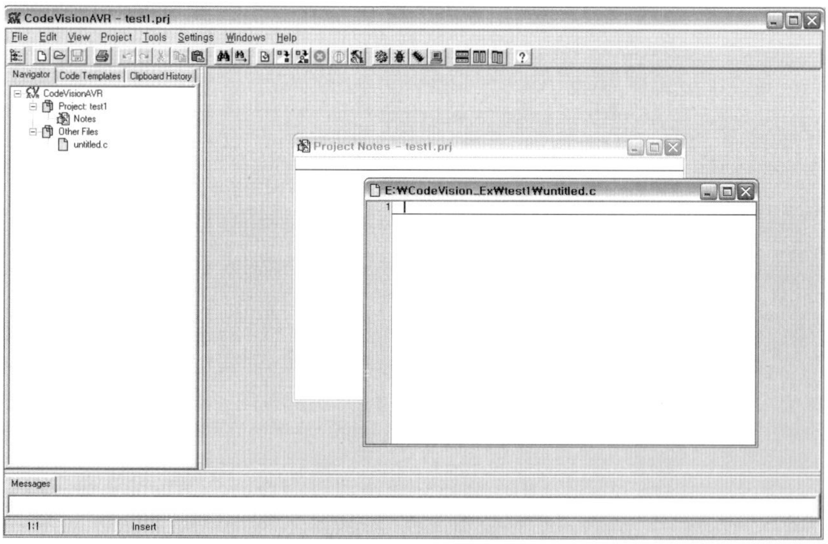

그림 4-25 Project

File에서 Save As를 누른다. 만들어진 untitled.c 파일을 test1.prj가 저장되어 있는 같은 폴더에 저장한다. 파일명은 프로젝트 이름(예:test1.c)과 같게 쓴다.

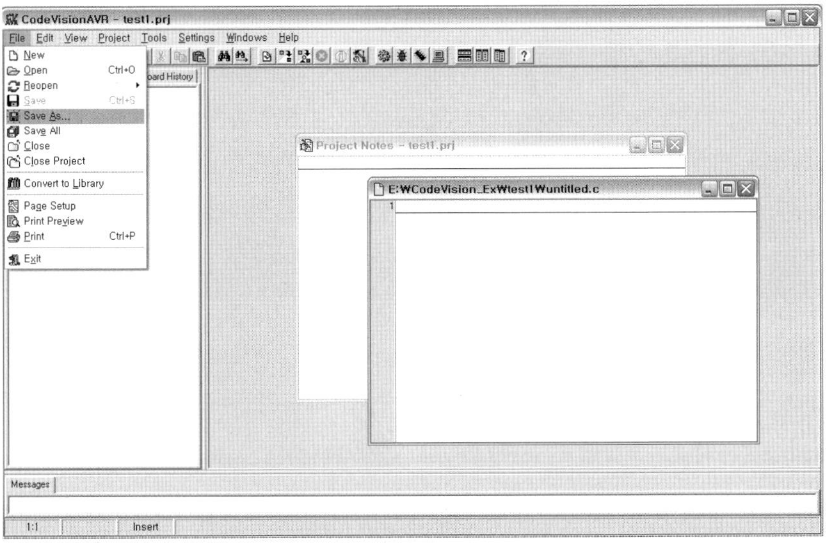

그림 4-26 Save As...

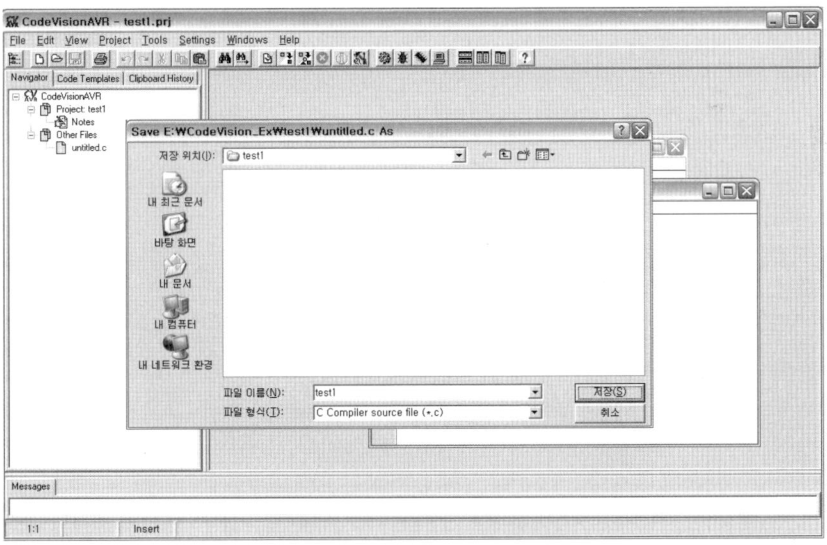

그림 4-27 Save 대화 상자

저장하고 나면 화면 왼쪽에 test1.c로 파일이름이 바뀐 것을 볼 수 있다.

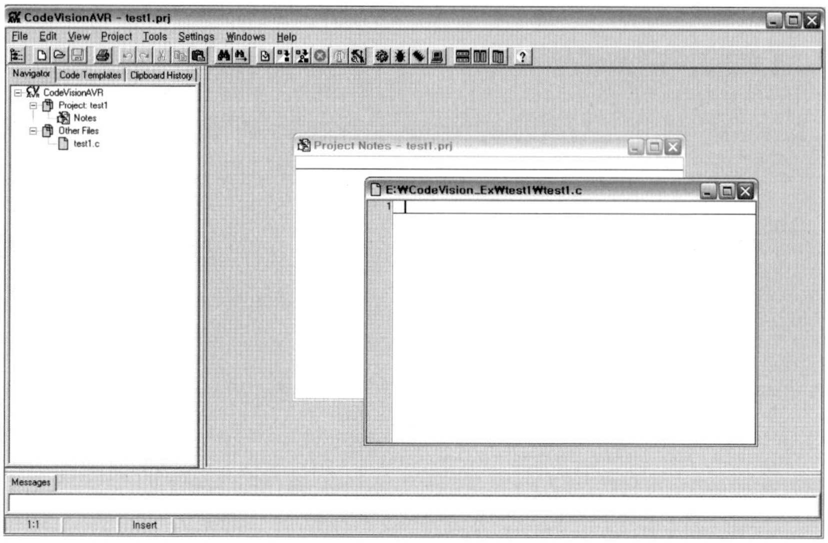

그림 4-28 Navigator

이제 생성된 test1.c파일을 프로젝트에 추가하여야 한다. 추가하기 위해서 다음과 같이 Project 메뉴에서 Configure를 선택한다.

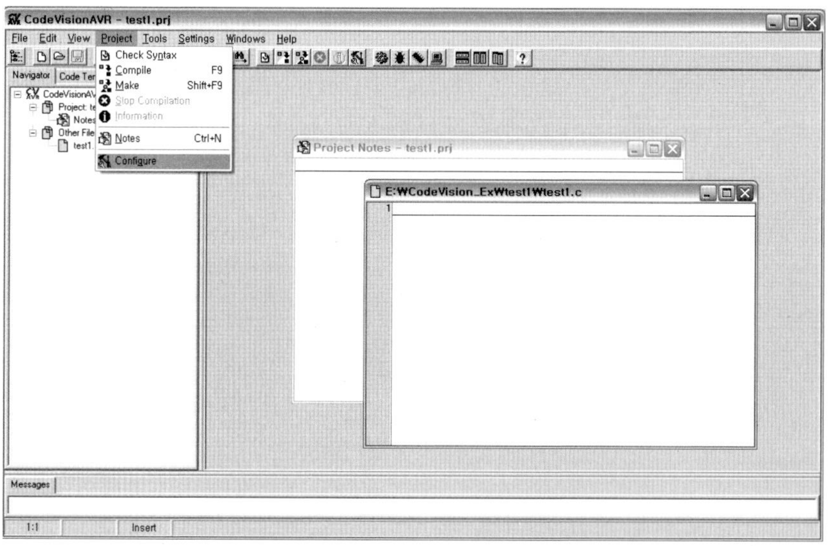

그림 4-29 Project - Configure

파일을 추가하기 위해서 Add를 선택한 후 Add File to Project에서 저장한 test1.c 파일을 선택하여 열기를 클릭한다.

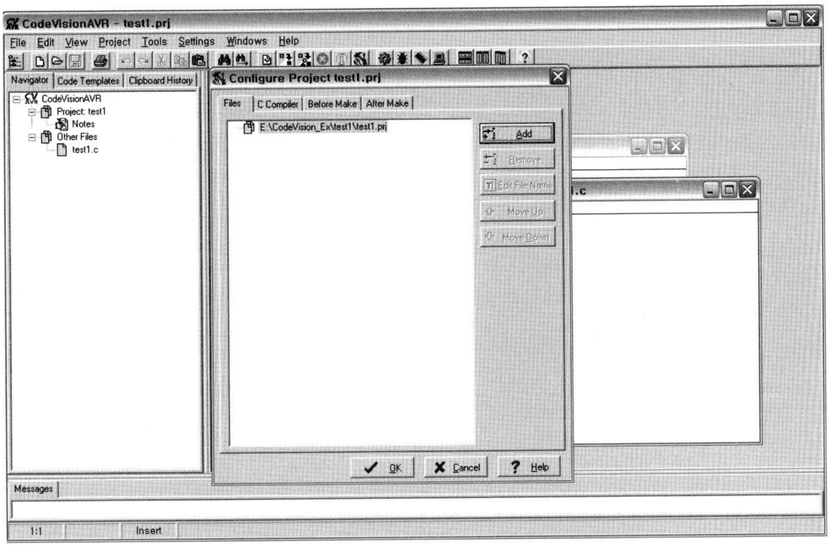

그림 4-30 Configure Project 대화 상자

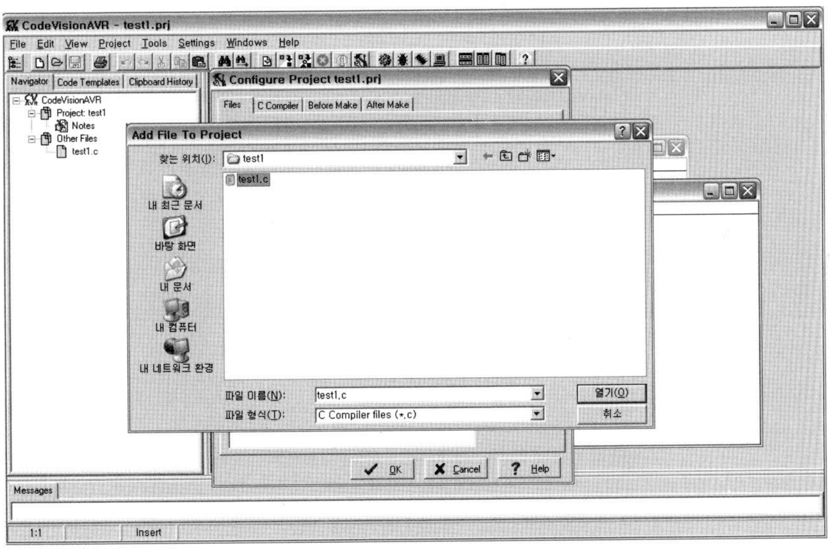

그림 4-31 Add File to Project 대화 상자

아래 <그림 4-32>와 같은 화면을 확인할 수 있다.

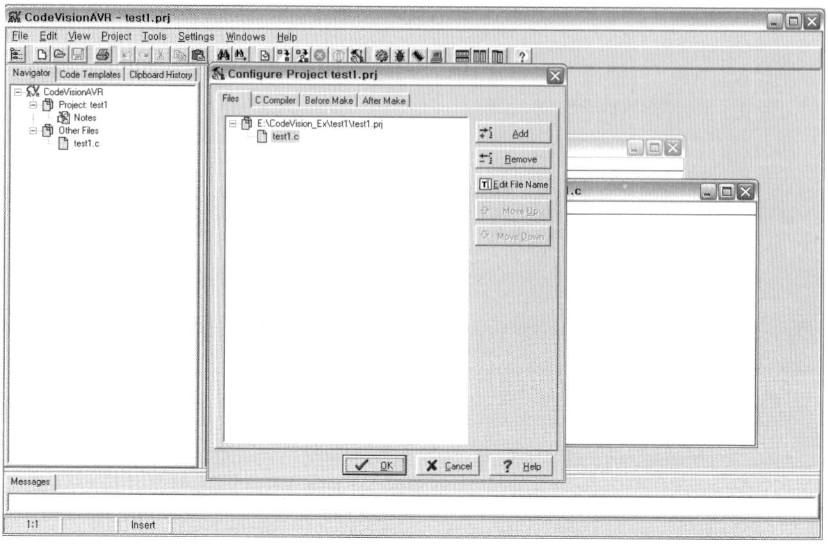

그림 4-32 Configure Project 대화 상자

그리고 OK를 누르면 아래 <그림 4-33>처럼 Project test1에 test1.c 파일이 첨부된 것을 확인할 수 있다.

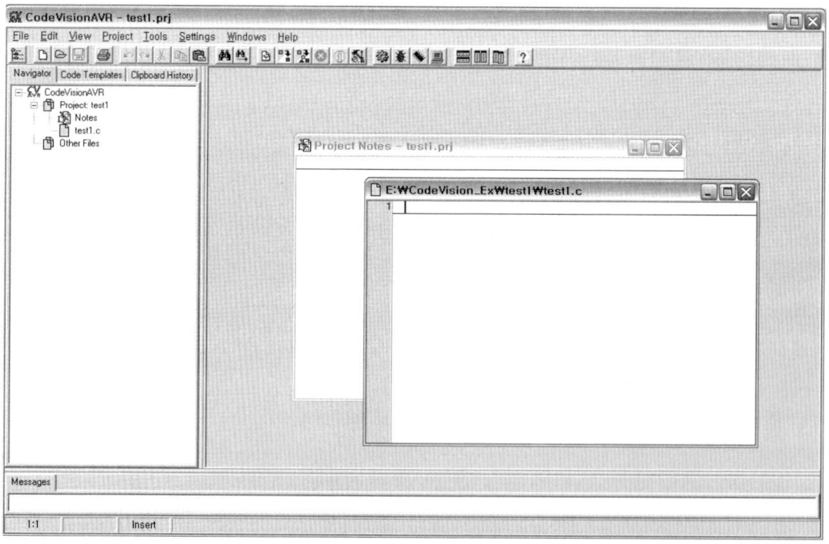

그림 4-33 Navigator

OK를 눌렀을 때 생성되는 폼에 프로그램을 작성하면 된다. 다음은 작성된 예제 프로그램을 첨부한 것이다.

```
#include <mega32.h>
#include <delay.h>

void main(void)
{
     DDRA=0xff;
     PORTA=0xff;

     while(1)
     {
          PORTA=0x55;
          delay_ms(500);
          PORTA=0xaa;
          delay_ms(500);
     }
}
```

그림 4-34 예제 프로그램

프로그램을 작성했다면 Compile을 한다. Project 메뉴에서 Compile로 가면 된다(단축키로 F9를 누르면 컴파일된다).

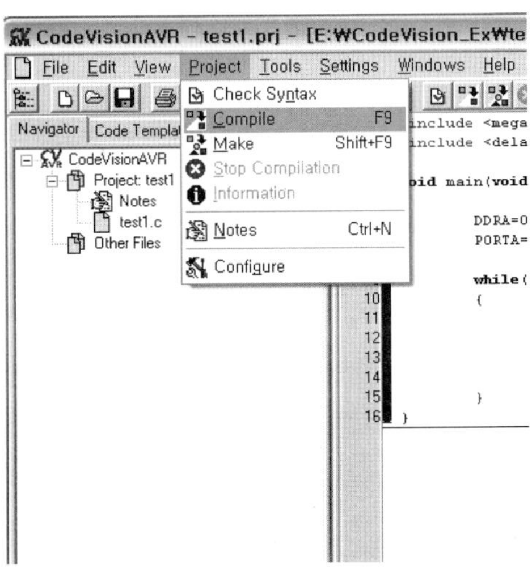

그림 4-35 Project – Compile

컴파일을 완료하면 다음과 같은 폼이 뜨는데, 만약 프로그램에 오류가 없다면 "No errors, No warnings"을 확인할 수 있다. 오류가 있다면 1 errors라고 나타난다.

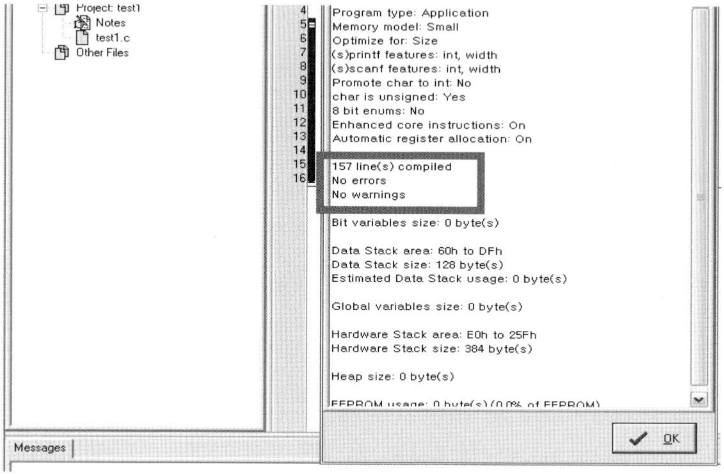

그림 4-36 Compiler – Information

이제 error가 없는 것을 확인했다면, 프로그램을 Chip에 다운로딩하기 위한 Hex 파일을 만들어야 하는데, 그 과정이 Make File이다.

Make File은 Project 메뉴에서 Make를 선택하면 된다(단축키 Shift + F9).

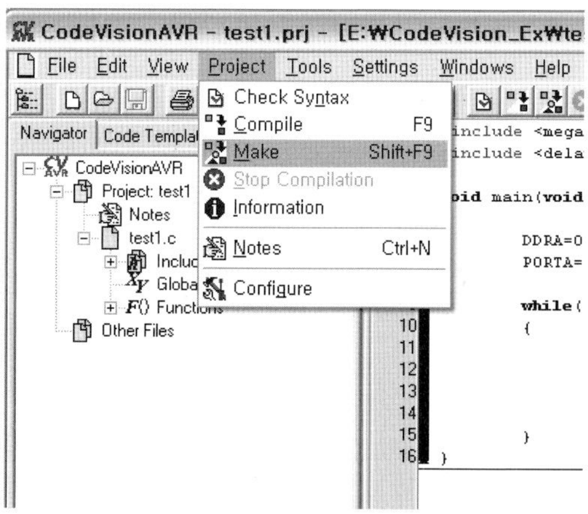

그림 4-37 Project – Make

Make를 누르면 Compile했을 때와 비슷한 폼이 뜬다. errors와 warnings를 확인할 수 있고, Assembler를 누르면 Make가 제대로 되었는지 알 수 있다. Make가 제대로 되었다면 "Assembly complete with no errors."라는 메시지를 확인할 수 있다.

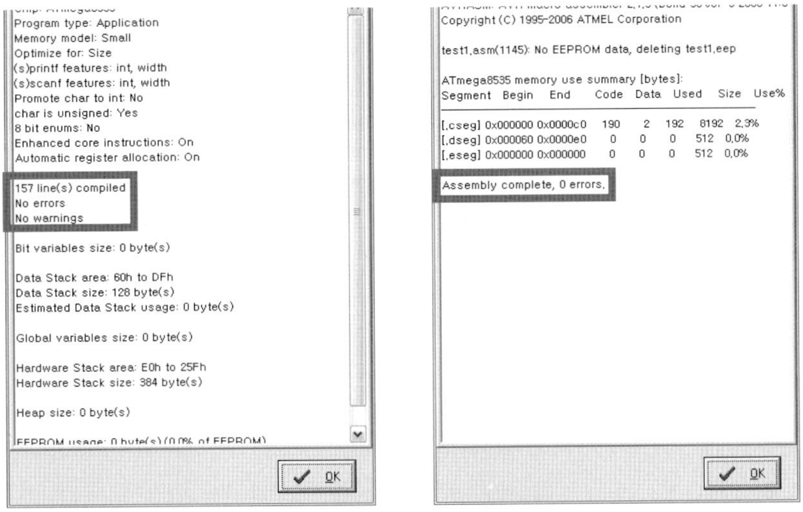

그림 4-38 Make – Information

마지막으로 프로그램을 저장한 폴더(ex. test1)로 가보면 확장명이 Hex로 된 파일을 찾을 수 있다. 이렇게 하면 프로그램을 Chip에 다운로딩하기 위한 준비는 모두 완료된 것이다.

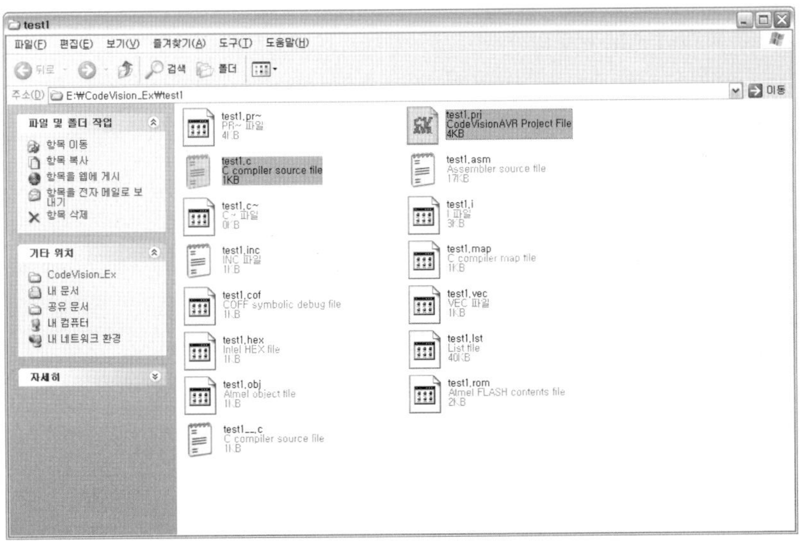

그림 4-39 다운로딩 파일 선택

2 자료형태 및 변수

여기서는 C언어를 어느 정도 알고 있다는 것을 전제하여 설명하도록 한다. 자세한 것은 C 프로그래밍 전문서적을 참고하기 바란다.

1) 설명문(Comments)

① 시작 표시 : /*
② 종료 표시 : */
③ 한라인 설명문 : //

사용 예)

```
/* This is a comment */
          /* This is a
               multiple line comment */
          // This is also a comment
```

2) 예약어(Reserved keywords)

```
break, bit, case char, const, continue, default, do, double, eeprom,
else, enum, extern, flash, float, for, funcused, goto, if, inline, int,
interrupt, long, register, return, short, signed, sizeof, sfrb, sfrw,
static, struct, switch, typedef, union, unsigned, void, volatile, while
```

3) 변수(Variable)

① 변수의 규칙은 다음과 같다.
② 변수명은 영문자(a~z, A~Z)와 숫자(0~9), _(underscore)를 사용한다.
③ 첫 글자는 반드시 영문자 혹은 _(underscore)이어야 한다.
④ 영문자의 대문자와 소문자는 구별되어 사용한다.
⑤ 예약어는 변수명으로 사용할 수 없다.
⑥ 모든 변수는 사용되기 전에 반드시 선언되어야 한다.

4) CodeVision 컴파일러에서 제공하는 자료형태

표 4-1 CodeVision 컴파일러에서 제공하는 자료형

Type	Size (Bits)	Range
bit	1	0, 1
char	8	-128 ~ 127
signed char	8	-128 ~ 127
unsigned char	8	0 ~ 255
int	16	-32768 ~ 32767
short int	16	-32768 ~ 32767
signed int	16	-32768 ~ 32767
unsigned int	16	0 ~ 65535
long int	32	-2147483648 ~ 2147483647
signed long int	32	-2147483648 ~ 2147483647
unsigned long	32	0 ~ 4294967295
float	32	-3.4e38 ~ 3.4e38
double	32	-1.7e308 ~ 1.7e308

5) 상수표시

- 2진수(접두어 0b) : 0b10101
- 8진수(접두어 0) : 074
- 10진수 : 1234
- 16진수(접두어 0x) : 0xa7
- Unsigned integer(접미어 U) : 1234U
- Long integer(접미어 L) : 1234L
- Unsigned long integer(접미어 UL) : 1234UL
- Floating point(접미어 F) : 1234F
- Character(single quotation marks ') : 'a'
- String(double quotation marks ") : "Hello"

3 연산자(Operator)

C언어에서의 연산자는 여러 가지 형태로 나누어지는데, 이들은 산술, 논리, 조건, 나열 연산자로 구분된다.

1) 산술 연산자(Arithmetic Operator)

(1) 이항 연산자(binary operator): 2개의 data(항)를 대상으로 산술 처리

예
```
+(덧셈), - (뺄셈)
* (곱셈), / (나눗셈), % (나머지, 실수 형에서는 적용 불가능)
```

우선순위	*, /, %	→	+, -
결합 순위	왼쪽	→	오른쪽

(2) 단항 연산자(unary operator): 증가(increment)와 감소(decrement)의 연산자

예
```
a++; // 1만큼 증가
a--; // 1만큼 감소
```

(3) 대입 연산자(assignment operator)

예
```
a=b;       // = 중심으로 b(우변)의 값이 a(좌변)로 대입(기억)
a+=b;      // a=a+b;와 같은 의미
a-=b;      // a=a-b;와 같은 의미
a*=b;      // a=a*b;와 같은 의미
a/=b;      // a=a/b;와 같은 의미
a%=b;      // a=a%b;와 같은 의미
```

2) 관계 연산자와 논리 연산자(relational and logical operator)

(1) 관계 연산자

예

```
>  : 크다
<  : 작다
>= : 크거나 같다
<= : 작거나 같다
== : 같다
!= : 같지 않다
```

(2) 논리 연산자

예

```
&& :  논리곱(그리고)
|| :  논리합(또는)
!  :  논리 부정
```

3) 기타 연산자

(1) 조건 연산자

예

```
b=(a>5)?(c):(d);    /* ? 앞의 연산을 판단하여 참이면 : 앞, 거짓이면 : 뒤의
                              값을 b에 기억 */
```

(2) 나열 연산자

예)

예

```
a=5;
b=a+3, c=b*2, d=c%2;
```

(3) 비트 연산자(bitwise logical operator): bit 단위로 처리하는 연산자

예

```
&  : 비트 논리곱(AND)
|  : 비트 논리합(OR)
^  : 비트 배타적 논리합(Ex-OR)
~  : 비트 논리 부정, 보수(one's complement)
```

(4) 시프트 연산자(shift operator): 데이터의 비트 단위로 시프트 하는 연산자

예

`>>` : 비트 우 시프트
`<<` : 비트 좌 시프트

4 제어구조

프로그래밍 언어에서 문(statedment)이란 프로그램 실행을 최소 구성단위로서 공문(empty stated), 단순 문(single statedment), 복합 문(compound statedment) 또는 블록(block)이 있다. 공문은 아무것도 없는 세미콜론(;)으로 표현된 문이고, 단순문은 한 개의 식이나, 명령으로 표현된 문이다. 복합문 또는 블록은 여러 개의 단순 문이 중괄호({...})로 묶인 그룹을 나타낸다.

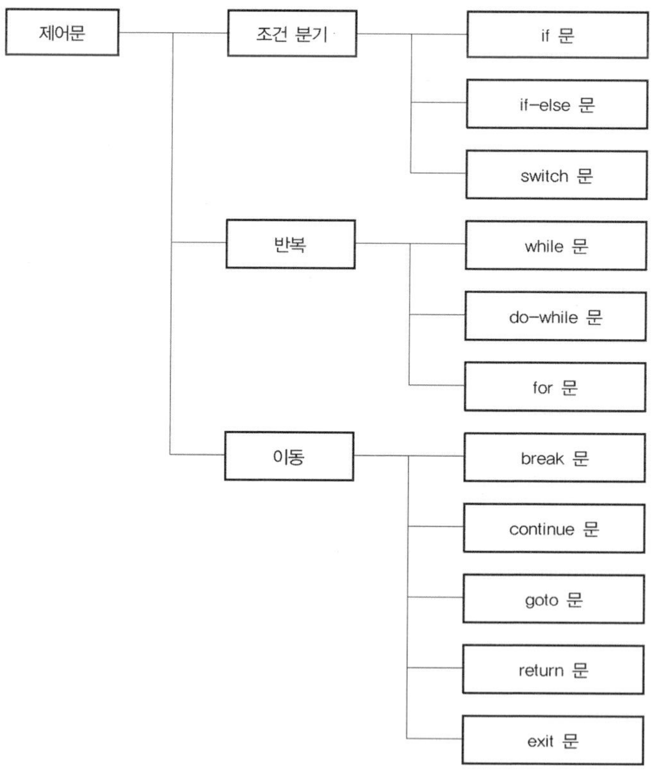

그림 4-40 제어구조

제어문은 프로그램의 실행순서를 변경시키는 문으로 매우 중요한 명령구조이다. 일반적으로 프로그램의 실행은 문장이 나오는 순서대로 수행되지만 경우에 따라선 어떤 조건에 따라 수행할 부분과 수행하지 않을 부분으로 나눈다든지 또는 반복해서 수행해야 한다든지, 특정부분으로 직접 이동하여 계속 수행한다든지 하는 여러 가지 상황이 발생할 수 있다. 이러한 경우에 적절하게 이용될 수 있는 제어흐름에 관련된 명령들이 있는데 다음과 같다.

1) if 문

(1) 동작

조건식을 평가한 후 그 결과 값이 참(true)이면 실행문1을 수행한 후 실행문2로 넘어가고, 거짓(false)이면 실행문1을 수행하지 않고 실행문2로 바로 넘어간다.

(2) 형식

```
if(조건식)
        실행문1;
        실행문2;
```

(3) 순서도

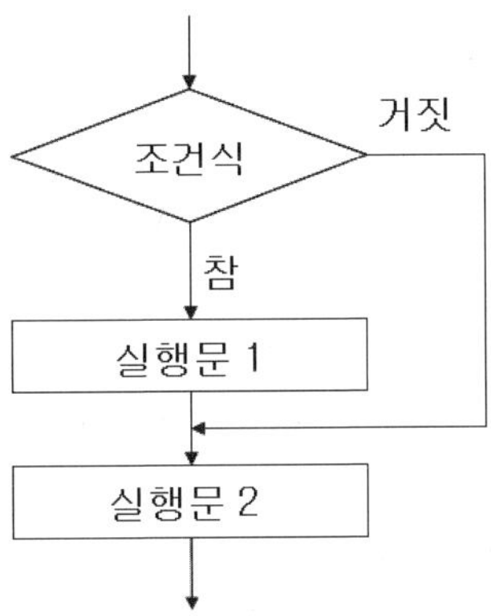

그림 4-41 if문의 제어구조

(4) 사용 예

```
#include <mega32.h>

```

```
unsigned char x=0; // x변수를 부호 없는 char형 선언, 초기화

main()
{     // main() 프로그램 시작
      DDRA=0x00;      // input mode
      DDRC=0xFF;      // output mode
      while(1)        // 무한 loop
      {               // 무한 loop 시작 block
            x=~PINA.0 // PINA.0으로부터 입력, 논리 부정
            if(x)     PORTC=0x00;    // 참일 때만 실행
            PORTC=0xFF;              // 참 및 거짓일 때 모두 실행
      }                              // 무한 loop 끝 block
}                                    // main() 프로그램 끝
```

2) if-else 문

(1) 동작

if문의 변형으로 양자택일을 하는 경우에 이용하는 제어문이다.

(2) 형식

```
if(조건식)
      실행문1;
else
      실행문2;
```

(3) 순서도

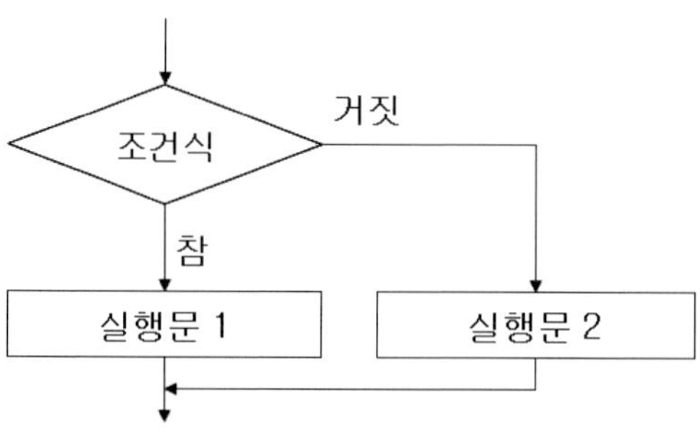

그림 4-42 if-else문의 제어구조

(4) 사용 예

```
#include <mega32.h>

unsigned char x=0;                          // x변수를 부호 없는 char형 선언, 초기화

main()
{                                           // main() 프로그램 시작
      DDRA=0x00;
      DDRC=0xFF;
      while(1)
      {
            x=~PINA.0                       // PINA.0으로부터 입력, 논리 부정
            if(x)     PORTC=0x00;           // 참일 때만 실행
            else PORTC=0xFF;                // 거짓일 때만 실행
      }
}                                           // main() 프로그램 끝
```

3) 다중 if-else 문

(1) 동작

여러 개의 조건에 따라 수행할 수 있는 제어문이다.

(2) 형식

```
if(조건식1)
      실행문1;
else if(조건식2)
      실행문2;
      :
else if(조건식n)
      실행문n;
else
      실행문n+1;
실행문n+2;
```

(3) 순서도

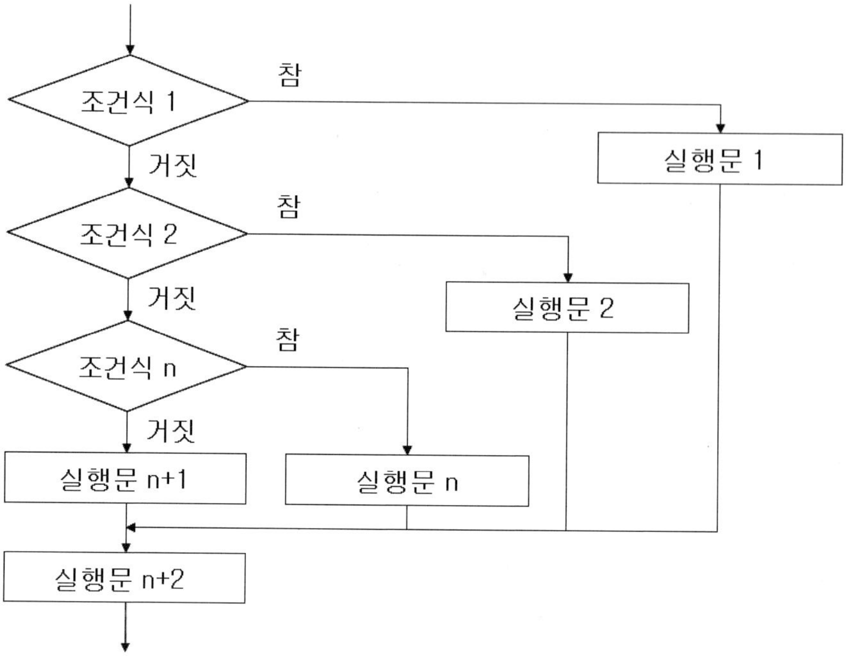

그림 4-43 다중 if문의 제어구조

(4) 사용 예

```
#include <mega32.h>

unsigned char x=0;              // x변수를 부호 없는 char형 선언, 초기화

main()
{
    DDRA=0x00;
    DDRC=0xFF;
    while(1)
    {
        x=~(PINA) & 0x0F;   // PINA를 Mask Off
        if(x == 1)          // 0000 0001
            PORTC=0xFE;
        else if(x == 2)     // 0000 0010
            PORTC=0xFD;
        else if(x == 4)     // 0000 0100
            PORTC=0xFB;
```

```
            else if(x == 8)      // 0000 1000
                PORTC=0xF7;
            else
                PORTC=0xFF;
        }
    }
```

4) switch-case문

(1) 동작

여러 가지 선택의 상황에서 사용할 수 있는 구문이다. 우선 괄호 안의 수식을 계산해 보고 계산된 결과 값을 가지고 중괄호로 묶여진 블록 안의 case 문의 값을 위에서 차례대로 비교해 나가다가 일치하면 그 뒤에 있는 실행 문부터 수행하며, break 문을 만날 때까지 모든 문장을 차례로 수행한다(break 문이 없으면 다음 실행 문까지도 실행하므로 주의해야 한다). 만약, 수식의 값이 일치하는 case 문이 없으면 default 문의 마지막 실행문이 수행되게 된다.

(2) 형식

```
switch(조건식)
{
    case 상수식1:
        실행문1;
        break;
    case 상수식2:
        실행문2;
        break;
    case 상수식n:
        실행문n;
        break;
    default:
        마지막 실행문;
}
```

(3) 순서도

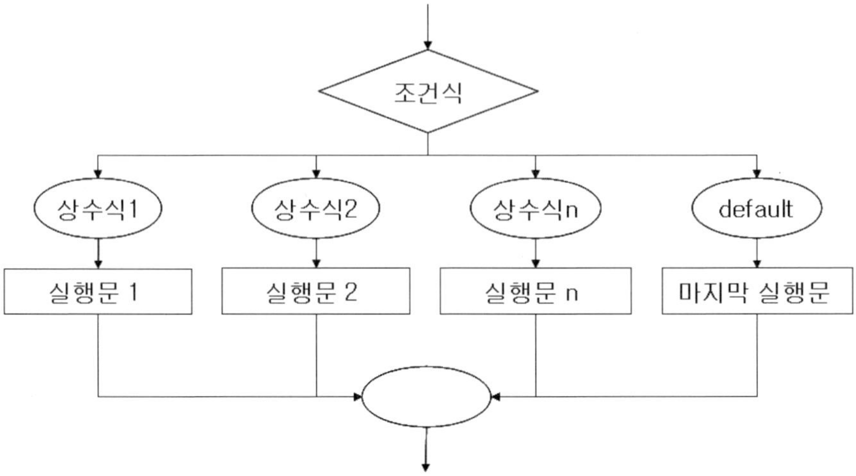

그림 4-44 switch-case문의 제어구조

(4) 사용 예

```
#include <mega32.h>

main()
{
     DDRA=0x00;
     DDRC=0xFF;
     while(1)
     {
          switch(~(PINA) & 0x0F)
          {
               case 1:
                    PORTC=0xFE;    // 1111 1110
                    break;
               case 2:
                    PORTC=0xFC;    // 1111 1100
                    break;
               case 4:
                    PORTC=0xF8;    // 1111 1000
                    break;
               case 8:
                    PORTC=0xF0;    // 1111 0000
                    break;
```

```
                    default:
                        PORTC=0xFF;    // 1111 1111
                }
            }
    }
```

5) while문

(1) 동작

어떤 조건을 만족시키는 경우에 수행하는 반복문이다. 만일 조건식이 처음부터 거짓이면 실행문은 한 번도 수행되지 않는다.

(2) 형식

```
while(조건식)
{
        실행문;
}
다음 실행문;
```

(3) 순서도

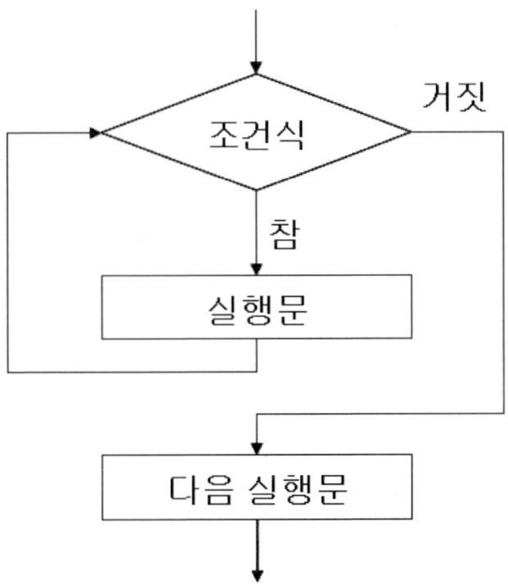

그림 4-45 while문의 제어구조

(4) 사용 예

```
#include <mega32.h>
#include <delay.h>

main()
{
        DDRB=0xFF;
        while(1)                        // 무한 반복
        {                               // 8421 8421 (BCD Code)
                PORTB=0xaa;             // 1010 1010 (2진수)
                delay_ms(500);          // 0.5 sec. delay
                PORTB=0x55;             // 0101 0101
                delay_ms(500);
        }
}
```

6) do-while문

(1) 동작

while문과 같은 성격을 갖고 있으나 문장이 수행된 뒤에 조건식이 계산된다. 즉, 조건식이 거짓이라도 적어도 한 번은 do-while문을 수행하게 된다.

(2) 형식

```
do
{
        실행문;
}while(조건식);
다음 실행문;
```

(3) 순서도

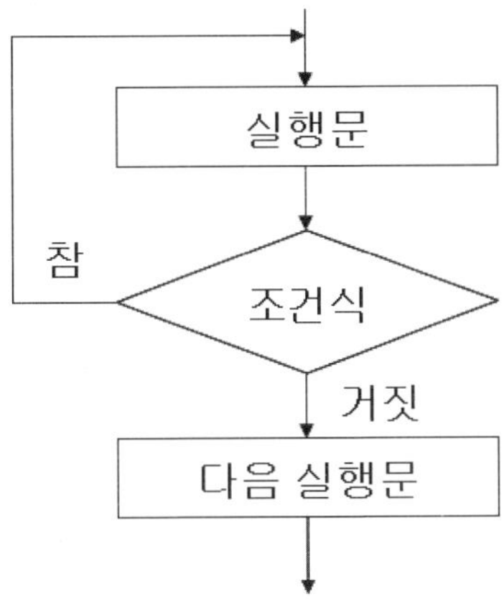

그림 4-46 do-while문의 제어구조

(4) 사용 예

```
#include <mega32.h>
#include <delay.h>

main()
{
     DDRB=0xFF;
     int cnt=10;
     do
     {
          PORTB=0xaa;
          delay_ms(500);
          PORTB=0x55;
          delay_ms(500);
     } while(cnt--);           // do-while문을 10회 반복
     PORTB=0xff;
}
```

7) for문

(1) 동작

초기 값에서 증감식에 따라 변화하기 시작하여 조건식에 만족되면 실행문을 수행하고 조건식에 불만족하면 for문을 빠져나온다.

(2) 형식

```
for(초기값; 조건식; 증감식)
{
        실행문;
}
```

(3) 순서도

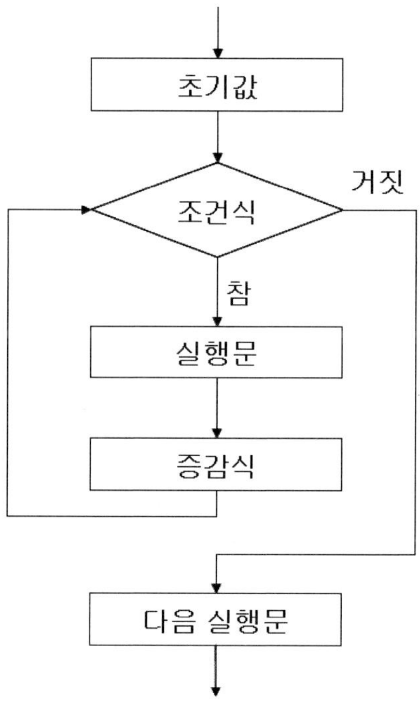

그림 4-47 for문의 제어구조

(4) 사용 예

```
#include <mega32.h>
#include <delay.h>

main()
{
     DDRB=0xFF;
     int i;
     for(i=0; i<10; i++)
```

```
        {
            PORTB=0x0f;
            delay_ms(500);
            PORTB=0xf0;
            delay_ms(500);
        }
        PORTB=0xff;
}
```

8) goto문

(1) 동작

프로그램 제어를 지정된 라벨(label)을 갖는 문장으로 강제로 이동하는 제어문이다.

(2) 형식

```
goto 라벨;
        :
라벨:
        실행문;
```

(3) 순서도

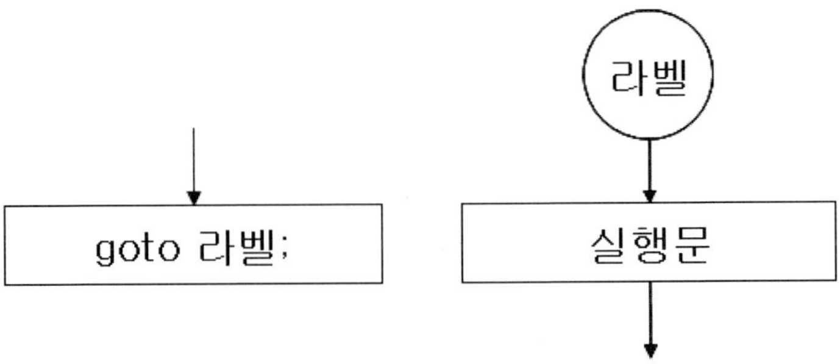

그림 4-48 goto문의 제어구조

(4) 사용 예

```
#include <mega32.h>
#include <delay.h>

```

```
main()
{
     DDRB=0xFF;
     int i;
     for(i=0; i<10; i++)
     {
          PORTB=0x0f;
          delay_ms(500);
          if(i>5) goto LEDOFF;
          PORTB=0xf0;
          delay_ms(500);
     }
LEDOFF:
     PORTB=0xff;
}
```

5 배열과 포인터

배열이란 동일한 자료형으로 구성된 기억장소들의 모임을 말한다. 배열에서 특정 기억장소를 지칭하는 방법으로 첨자를 이용한다.

1) 1차원 배열

기억장소가 행 또는 열 방향으로 연속적으로 확보되는 것을 의미한다.

(1) 형식

```
자료형 배열명[첨자 개수];
```

(2) 구조

```
char A[10];     // char 기억장소에 10개가 연속적으로 확보
```

위와 같이 배열을 선언하면 다음과 같은 구조를 갖게 된다.

	A[0]	A[1]	A[2]	A[3]	A[4]	A[5]	A[6]	A[7]	A[8]	A[9]
A										

(3) 사용 예

배열 선언 후 초기값 설정

```
#include <mega32.h>
#include<delay.h>
void main()
{
     DDRC=0xff;
     PORTC=0xff;

     char A[4];
     A[0]=0x00;
     A[1]=0x01;
     A[2]=0x04;
     A[3]=0x08;

     PORTC=A[0];
     delay_ms(1000);
     PORTC=A[1];
     delay_ms(1000);
     PORTC=A[2];
     delay_ms(1000);
     PORTC=A[3];
}
```

배열 선언과 함께 초기화

```
#include<mega32.h>
#include<delay.h>

void main()
{
     DDRC=0xff;
     PORTC=0xff;
```

```

        char M[4] = {2,9,4,1 };          // 배열 선언과 동시에 초기화
                                         // 이때 첨자 개수는 생략 가능
        while(1)
        {
              for(int i=0; i<4; i++)     // 제어변수 선언 및 사용
              {
                    PORTC=A[i];
                    delay_ms(1000);
              }
        }
}
```

(4) 1차원 배열과 포인터 관계 1

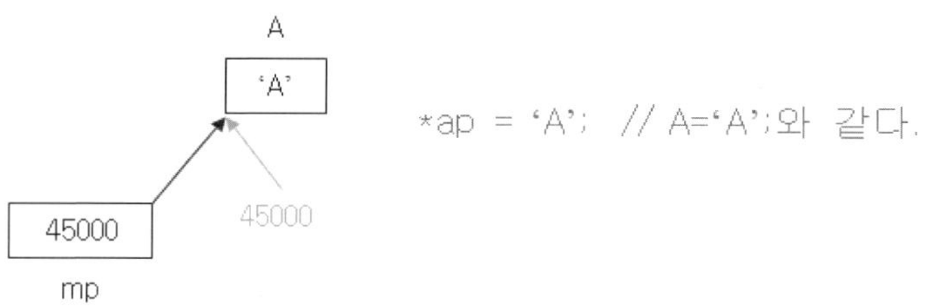

그림 4-49 1차원 배열과 포인터 관계 1

(5) 사용 예

```
              :
        char A = 'A';          // 변수 A(45000 번지, 가정)에 'A'기억
        char *ap  ;            // 포인터 ap 선언
        ap = &A;               // 변수 A의 주소를 ap에 기억
        *ap = 'B';             // 포인터 ap가 갖고 있는 주소에 'B'를 기억
        printf("%c", A);       // 변수 A의 값을 출력
        printf("%c", *ap);     // 포인터 ap가 갖고 있는 값을 출력
              :
```

(6) 1차원 배열과 포인터 관계 2

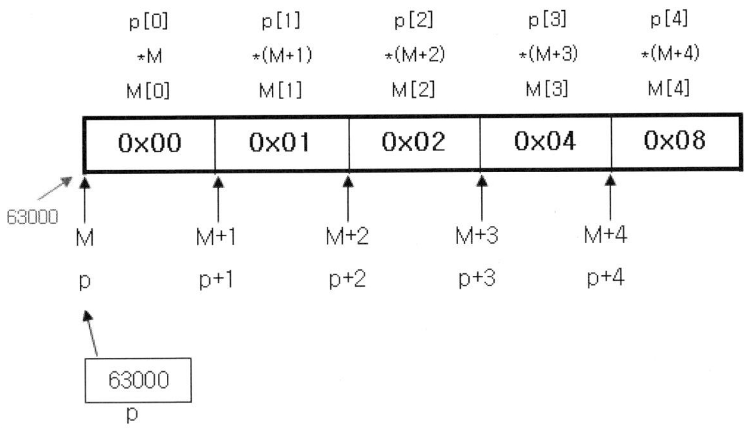

그림 4-50 1차원 배열과 포인터 관계 2

위 <그림 4−50>은 모두 같은 표현 방법을 그린 것이다. 예제를 통하여 살펴보도록 하자.

(7) 사용 예

```
            :
        int M[5]= {0x00,0x01,0x02,0x04,0x08}
        int * p = M;              // 배열 M의 모든 구조를 포인터 p에 초기화
            :
        for(int a=0; a<5; a++)
             PORTC = *(p+a);      // 포인터 p에서 a번째 위치의 값
        for(int a=0; a<5; a++)
             PORTC = p[a];        // 포인터 p에서 a번째 위치의 값
        for(int a=0; a<5; a++)
             PORTC = *(M+a);      // 배열 M에서 a번째 위치의 값
        for(int a=0; a<5; a++)
             PORTC = M[a];        // 배열 M에서 a번째 위치의 값
            :
```

2) 1차원 배열과 포인터

배열의 초기화와 포인터는 <그림 4−51>과 같다.

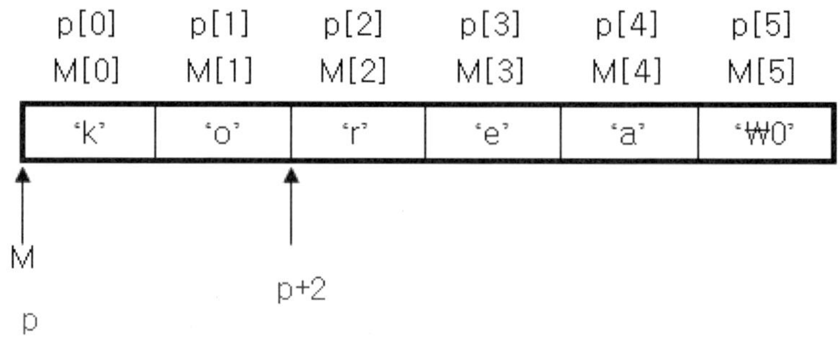

그림 4-51 배열의 초기화와 포인터

- **프로그램(Visual C++ 6.0을 활용하여 아래 프로그램을 실행)**

```
#include<stdio.h>

void main()
{
     char M[ ] = "korea";// 배열 첨자 수 생략
     char *p = M;
     printf("%s\n", M);       // korea
     printf("%s\n", &M[0]);   // korea
     printf("%s\n", p);       // korea
     printf("%c\n", *(p+2) ); // r
     printf("%c\n", p[2] );   // r
}
```

- **프로그램 결과**

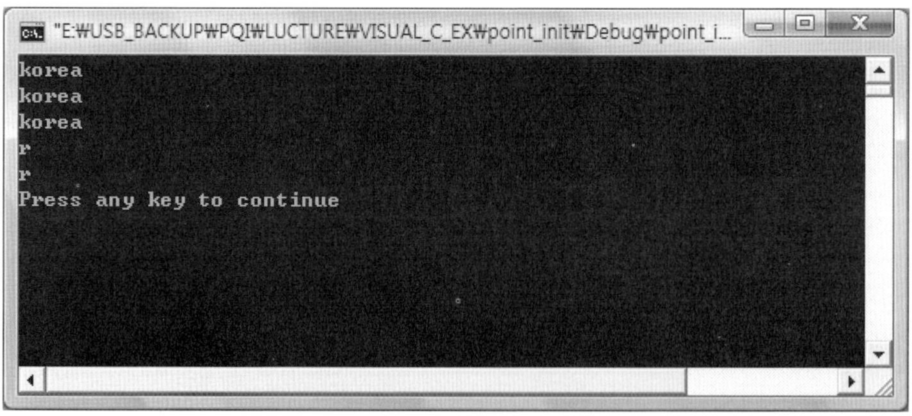

3) 배열의 포인터 이동

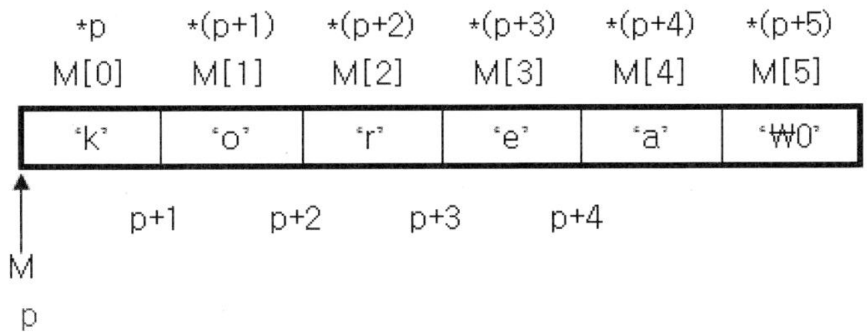

그림 4-52 배열의 포인터 이동

- **프로그램(Visual C++ 6.0을 활용하여 아래 프로그램을 실행)**

```
1:  #include<stdio.h>
2:
3:  void main()
4:  {
5:       char M[] ="korea";
6:       char *p = M;
7:
8:       for(int i=0; i<=4; i++)
9:            printf("%c", *(p+i) );
10:
11:      printf("\n<<포인터이동>>\n");
12:
13:      for(i=0; i<=4 ; i++)
14:           printf("%c", p++);        // 64 65 66 67 68
15:           // *(p++) 로 변경하면 9번 줄과 동일한 결과로 출력된다.
16:      putchar('\n');
17: }
```

- **프로그램 결과**

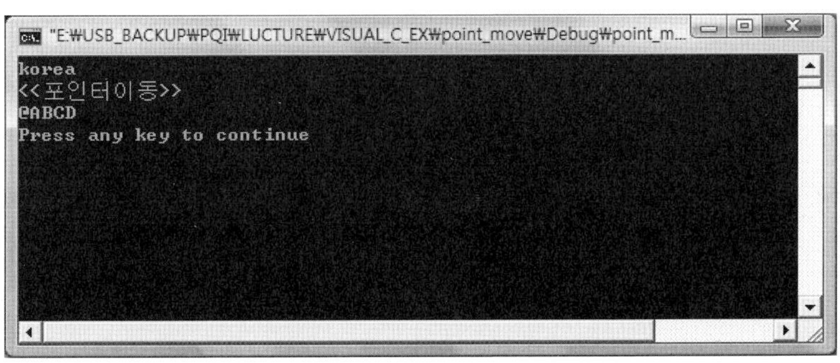

예 제

임의의 정수를 5개 입력하여 최대값을 구하는 프로그램이다.
다음 실행결과와 같이 완성하시오.

```
[실행결과]
1번째 수 입력→ 7
2번째 수 입력→ 8
3번째 수 입력→ 5
4번째 수 입력→ 9
5번째 수 입력→ 3

입력된 수중 최대값은 9입니다.
```

[풀이] 화면으로부터 출력되는 프로그램이므로 2가지 전처리부가 필요하다.

#include <stdio.h> : 표준 입출력 명령 사용

#include <sonio.h> : 콘솔 명령 사용

- **프로그램**

```
#include<stdio.h>
#include<conio.h>

void main()
{
     int su[5], max=0;
     clrscr();                          // 화면 지우기
     for(int a=0; a<5; a++)
     {
          printf("\n %d번째 수 입력 ", a+1);
          scanf("%d", &su[a]);      // su[a]번째 주소에 입력

          if( max < su[a] )         // 최대값 비교
               max = su[a];
     }
     printf("\n입력된 수중 최대값은 %d입니다.", max);
}
```

예 제

포인터에 기억된 문자 'a'의 개수를 구하는 프로그램이다.
다음 실행결과와 같이 완성하시오.

```
[실행결과]

Alphabet
>>> a문자 수 찾기 <<<
찾은 개수는 2개
```

[풀이] 화면으로부터 출력되는 프로그램이므로 선처리부는 다음의 2가지가 필요하다.

#include <stdio.h> : 표준 입출력 명령 사용

#include <sonio.h> : 콘솔 명령 사용

- **프로그램**

```
#include<stdio.h>
#include<conio.h>

void main()
{
      char *str="Alphabet";
      int count=0;

      printf("%s\n", str);

      printf(">>> a문자 수 찾기 <<<\n");

      for(int i=0; i<5; i++)
      {                                                  // '{' 생략 가능
           if( *(str+i) == 'a' || *(str+i) == 'A' ) // 소문자 또는 대문자
                count++;
      }                                                  // '}' 생략 가능
           printf("찾은 개수는 %d개\n", count);
}
```

4) 다차원 배열

C 언어에서는 배열의 차원에 제한이 없다. 다차원 배열이라 할지라도 포인터를 이용한 접근에는 차이가 없다는 것이다. 2차원 배열에서 행의 숫자는 생략할 수 있다.

(1) 형식

```
자료형 배열명[행 첨자 개수][열 첨자 개수];
```

(2) 구조

```
char A[2][3];  // char 기억장소에 6개가 연속적으로 확보
```

위와 같이 배열을 선언하면 다음과 같은 구조를 갖게 된다.

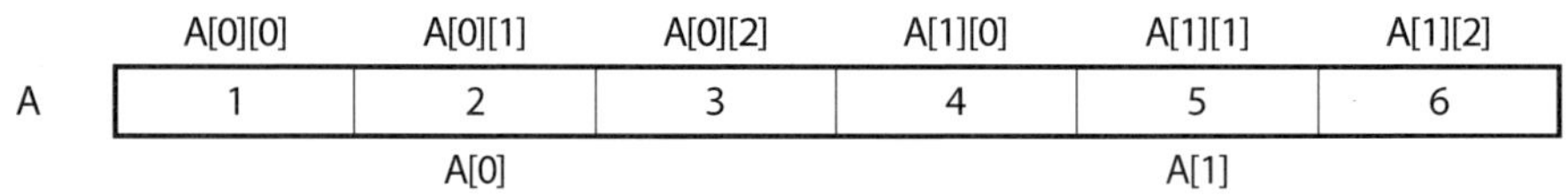

5) 2차원 배열의 초기화와 포인터

```
char  M[2][3]= { {1,2,3} , {4,5,6} };    // '{ }' 구분하여 초기화
char  M[2][3]= { 1,2,3,4,5,6 };          // 연속적으로 초기화
```

6) 2차원 배열의 초기화(숫자 값)

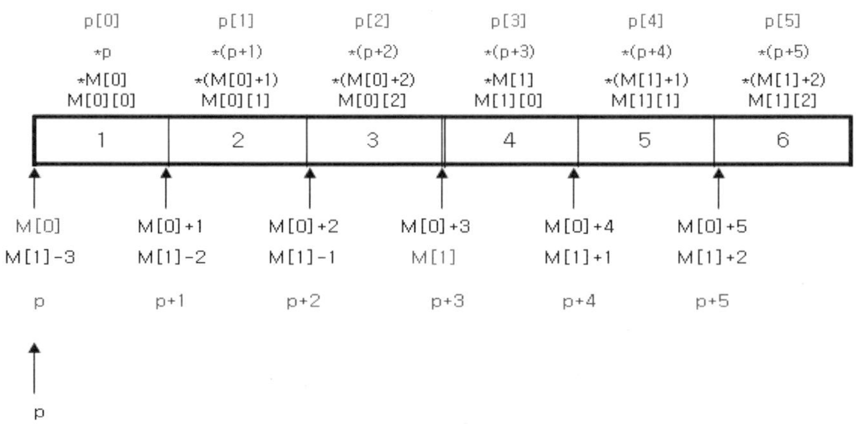

그림 4-53 2차원 배열과 포인터 관계

```
            :
    int M[2][3] = {1,2,3,4,5,6};
    int *p = M[0];
            :
```

위 <그림 4-53>은 모두 같은 표현 방법을 그린 것이다. 예제를 통하여 살펴보도록 하자.

- **프로그램**

```
#include<stdio.h>

void main()
{
    int Array[2][3]= {1,2,3,4,5,6 };
    int hab=0;
    for(int i=0; i<2; i++)
    {
        printf("<<%d행>>\t", i);
        for(int j=0; j<3; j++)
        {
            printf("Array[%d][%d]=%d ", i, j, Array[i][j]);
            hab += Array[i][j];
        }
        putchar('\n');
    }
    printf("\n배열의 합은 %d\n", hab);
}
```

7) 2차원 배열 초기화(문자 값)

```
char M[8]= {'d','i','g','i','t','a','l','\0'};
char M[ ] = "digital";    // 주소가 아닌 초기 값으로 인식
```

8) 자료형에 따른 포인터 변수

포인터 변수에 숫자를 더하는 것은 포인터 변수의 자료형에 따라 실제 증가되는 번지가 다르다.

- char *p1;　　　　// 1증가할 때마다 1번지가 늘어난다.
- int *p2;　　　　// 1증가할 때마다 2번지가 늘어난다.
- double *p3;　　　// 1증가할 때마다 8번지가 늘어난다.

즉, 포인터 변수의 자료형이 포인터 변수(주소)에 1을 더할 때 증가하는 번지를 결정짓게 된다.

예 제

아래 배열과 같이 정의하여 출력되는 프로그램을 완성하시오.

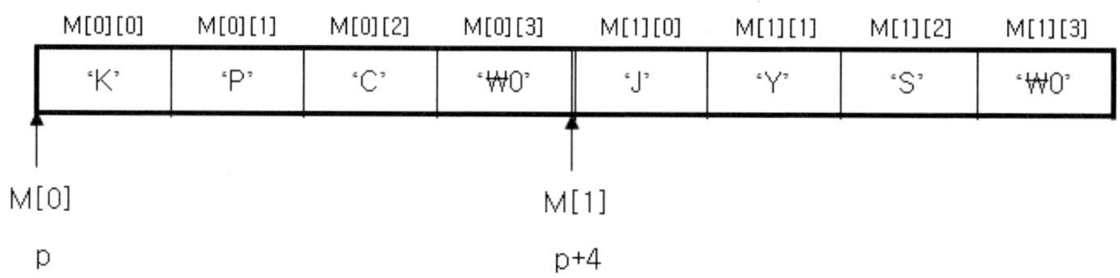

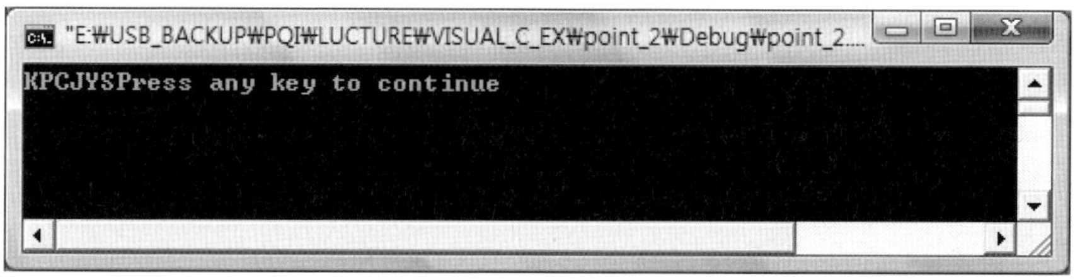

- **프로그램**

```
#include<stdio.h>

void main()
{
    char M[2][4] = {"KPC","JYS"};

    for(int i=0; i<2; i++)
        for(int j=0; j<=2; j++)
            printf("%c", *(M[i]+j)); // M[i] 배열의 j위치 값
}
```

• **위 프로그램과 동일 방법**

```
#include<stdio.h>

void main()
{
      char M[][4] = {"KPC","JYS"};
      char * p = M[0];            // 배열 M[0] 위치를 포인터 p에 기억

      printf("%s", p);            // 포인터 p+0(M[0])위치의 값
      printf("%s", p+4);          // 포인터 p+4(M[1])위치의 값
}
```

6 기억 클래스(Storage Class)

기억장소(변수)가 생성, 소멸되는 시기와 기억장소의 생성위치(메모리, Register)를 결정짓는 예약어이다. 기억 클래스가 생략된 것은 auto라는 기억 클래스가 생략된 것을 의미한다.

1) 형식

```
기억 클래스  자료형 변수명;              // auto int tot;
```

2) 기억 클래스 종류

표 4-2 기억 클래스 종류

종류	생성위치	변수구분	변수의 특징
auto	메모리	지역변수	초기 값으로는 쓰레기 값이 들어간다. 함수 밖에서는 선언할 수 없으며 함수 안에서 선언하면 해당 함수 안에서만 사용 가능한 지역변수가 된다.
register	레지스터	지역변수	auto 기억 클래스와 동일하다.
static	메모리	전역 및 지역변수	자동 초기화, 함수 밖에서 선언 가능하며 함수 밖에서 선언하는 경우 선언 이후 어디서든 사용가능한 전역변수가 되고 함수 내에서 선언하는 경우에는 해당 함수 안에서만 사용가능한 지역변수의 역할을 하게 된다.
extern	메모리	전역 및 지역변수	주로 여러 개의 파일을 묶어 프로젝트를 구성할 때 사용한다. 단일 파일 내에서는 static을 더욱 많이 사용하게 된다.

위의 4가지 기억 클래스는 모두 특정 블록({ }) 안에서 변수가 선언된 경우에는 해당 블록 안에서만 그 변수를 사용할 수 있다.

3) auto 기억 클래스

(1) 특징

- 함수 안이나 블록 안에서 선언할 수 있으며 해당 함수나 블록을 벗어나게 되면 해당 변수가 소멸된다.
- 실행 시에 기억장소가 준비된다.
- 변수를 선언하면 쓰레기 값을 기억하게 된다.

(2) 사용 예

- **프로그램**

```
#include<stdio.h>

void Sub( int  x )
{
      auto int z = 4;
      printf("Sub x=%d, Sub z=%d\n", x, z);
}

void main()
{
      auto int a = 3;
      {
            auto int b = 5;
            printf("main a=%d, block b=%d\n", a,b);
            a++;
      }

      Sub(9);
      printf("main a=%d\n", a);
}
```

- **프로그램 설명**

  4~7: x, z 변수 사용가능 구간

  12~16: b 변수 사용가능 구간

  10~20: a 변수 사용가능 구간

- **프로그램 결과**

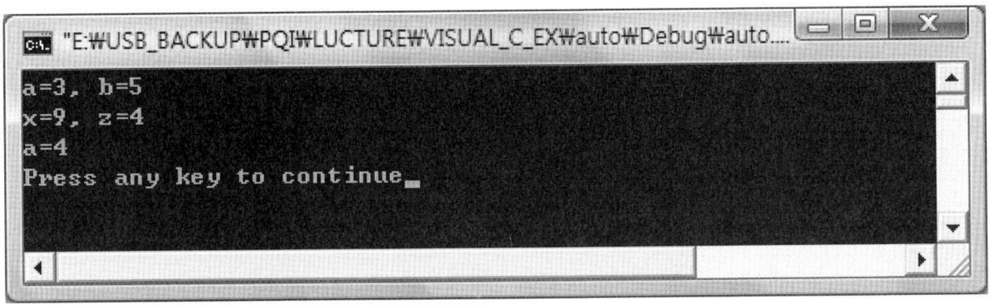

4) register 기억 클래스

(1) 특징

- 기억장소가 CPU 내의 register에 확보되는 것만 다르고 대부분의 사항이 auto 기억 클래스와 동일하다.
- 많은 수의 변수를 register로 선언할 수 없다(register 개수의 한계성 때문).
- &(주소 연산자) 연산자를 사용할 수 없다.
- 작고 빠른 프로그램 제작 시 많이 사용한다.

(2) 사용 예

```
#include<stdio.h>

void Sub(register int x)
{
      register int z = 4;
      printf("x=%d, z=%d\n", x, z);
}

void main()
{
      register int a = 3;
```

```
12:      {
13:            register int b = 5;
14:            printf("a=%d, b=%d\n", a, b);
15:            a++;
16:      }
17:
18:      Sub(9);
19:      printf("a=%d\n", a);
20:  }
```

- **프로그램 설명**

  4~7: x, z 변수 사용가능 구간

  12~16: b 변수 사용가능 구간

  10~20: a 변수 사용가능 구간

- **프로그램 결과**

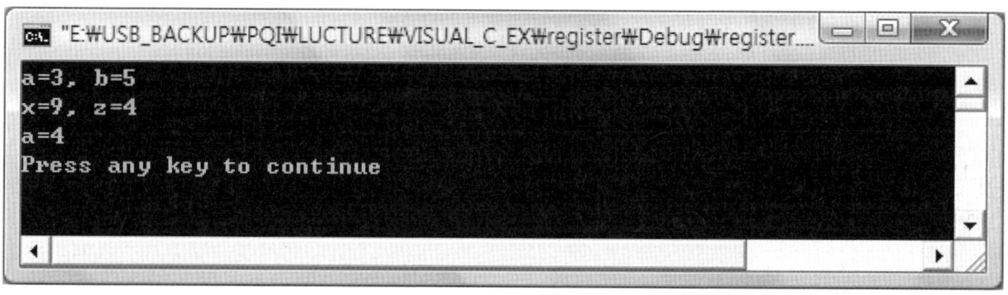

5) static 기억 클래스

(1) 특징

- 컴파일러 시에 기억장소가 확보된다.
- 전역 또는 지역변수로도 사용이 가능하다.
- 함수 밖에서 선언하면 선언 이후 언제나 사용가능한 전역변수가 된다.
- 함수나 블록 내에서 선언하면 선언된 함수나 블록 내에서만 사용가능하다. 하지만 함수나 블록을 벗어나더라도 auto, register와는 달리 기억장소는 소멸되지 않는다.

(2) 사용 예

```
 1:  #include<stdio.h>
 2:
 3:  static int su1 = 20;
 4:
 5:  void Sub(int  x)
 6:  {
 7:       static int  z = 4;
 8:       printf("x=%d, z=%d\n", x,z);
 9:  }
10:
11:  static int su2 = 30;
12:
13:  void main()
14:  {
15:       static int  a= 3;
16:       {
17:            static int b= 5;
18:            printf("a=%d, b=%d\n", a,b);
19:            su1++;
20:            su2++;
21:       }
22:       Sub(9);
23:       printf("a=%d\n", a);
24:       printf("su1=%d\n", su1);
25:       printf("su2=%d\n", su2);
26:  }
```

- **프로그램 설명**

  3~26: su1 변수 사용가능 구간

  5~9: x, z 변수 사용가능 구간

  11:~26: su2 변수 사용가능 구간

  16~21: b 변수 사용가능 구간

  15~26: a 변수 사용가능 구간

- **프로그램 결과**

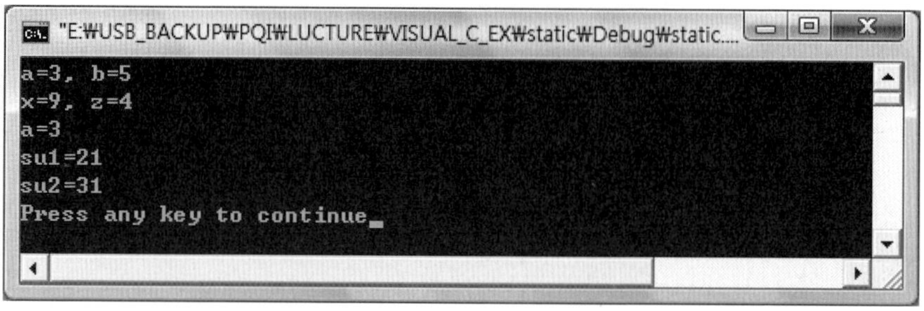

6) extern 기억 클래스

(1) 특징

- 프로그램 간에 변수를 공유할 목적으로 선언한다.
- 프로그램을 묶어 프로젝트로 만들어야 의미가 있다.
- 단일 프로그램에서만 사용하면 static 기억 클래스와 동일하다.
- 선언 시 초기화를 해야 하며 단일 프로그램에서 사용 시에는 함수 밖에서만 선언이 가능하다.

(2) 사용 예

```
#include<stdio.h>

extern int su = 12;

void Sub(int x)
{
     int  z = 4;
     printf("x=%d, z=%d\n", x, z);
}

void main()
{
     int  a= 3;
     {
          int b= 5;
          printf("a=%d, b=%d\n", a, b);
     }
     Sub(9);
```

```
19:         printf("su=%d\n", su);
20:     }
```

- **프로그램 설명**

3~20: su 변수 사용가능 구간

5~9: x, z 변수 사용가능 구간

14~17: b 변수 사용가능 구간

12~20: a 변수 사용가능 구간

- **프로그램 결과**

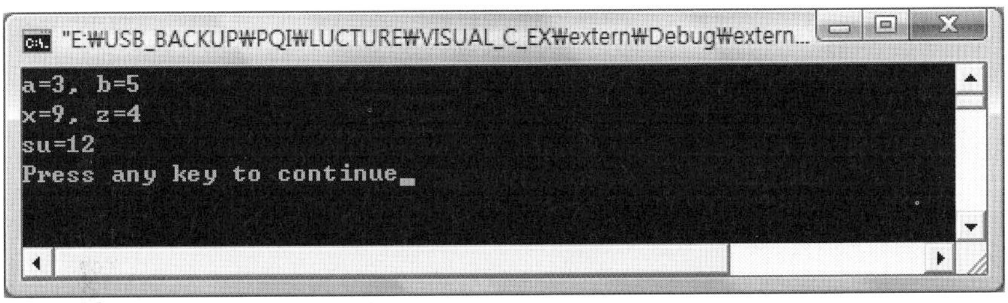

CHAPTER

05

ATmega32 기본 교육

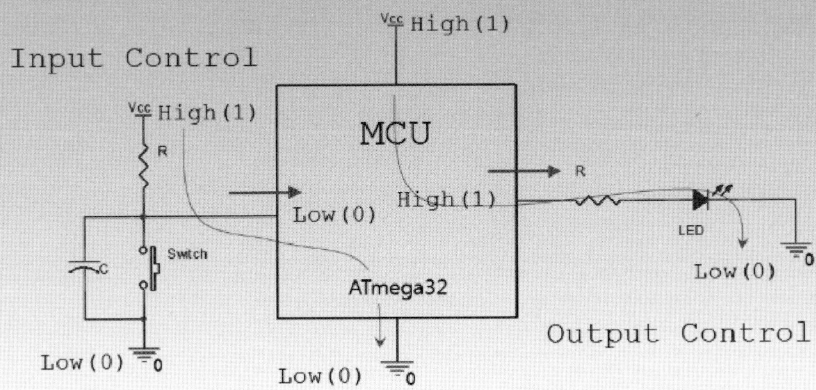

1 입출력 Port(Input/Output Port)

ATmega32에는 32개의 입출력 Port(Port A, B, C, D)를 가지고 있는데 이에 대해 하나씩 살펴보자. 여기서는 Port A에서 Port D까지는 8개의 비트 구조가 모두 동일하므로 Port A 구조만을 설명하기로 한다.

1) 입출력 Port의 이해

앞서 설명하였지만 여기서는 보다 더 자세히 설명하도록 하겠다. 모든 AVR Port는 범용 디지털 I/O Port로 사용될 때 Read-Modify-Write 동작이 모두 가능하다. 각 핀은 LED를 직접 켤 수 있을 정도의 전류를 흘려보낼 수 있다. 각 I/O 핀에는 보호용 다이오드가 붙어 있으며 선택적으로 Pull-up 저항을 설정하여 사용할 수도 있다. 아래 <그림 5-1>의 R_{pu}가 Pull-up 저항이며 P_{xn} 근처에 V_{CC}와 GND에 각각 다이오드가 붙어 있는 것으로 볼 수 있다.

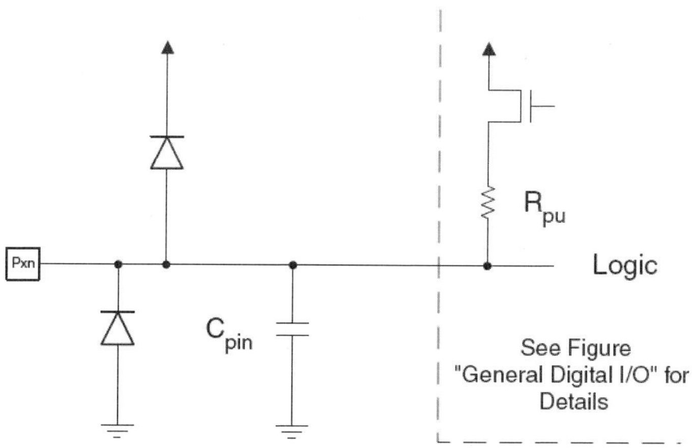

그림 5-1 AVR의 입출력 Port

각 Port는 3개의 I/O 레지스터 영역을 가지는데, 입출력의 방향을 설정하는 DDRx(Data Direction Register), 데이터 출력에 해당하는 PORTx(Data Register), Port 입력 핀에 해당하는 PINx(Port Input Pins Address)가 이에 해당한다.

기본적으로 이 세 가지의 레지스터 영역을 사용하여 일반적인 I/O 기능을 모두 수행할 수 있다. 대부분의 병렬 I/O Port에 있는 비트들은 범용 I/O 핀으로서의 기능 이외에도 부수적인 기능(alternate function)을 가지고 있다. 아래의 <그림 5-2>는 ATmega32의 데이터 시트인데 각 I/O 핀의 괄호 안의 내용을 참조하자.

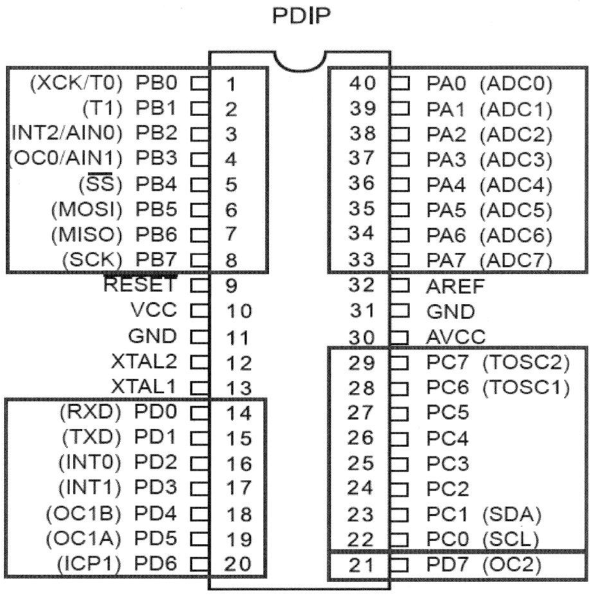

그림 5-2 ATmega32 PDIP의 I/O핀 구성도

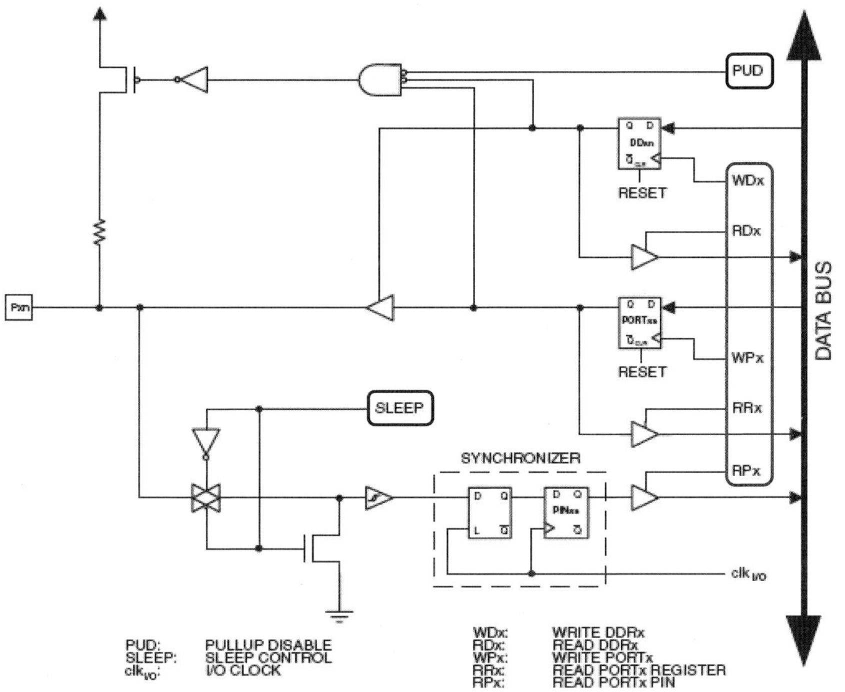

Note: 1. WPx, WDx, RRx, RPx, and RDx are common to all pins within the same port. $clk_{I/O}$, SLEEP, and PUD are common to all ports.

그림 5-3 일반적인 디지털 I/O 구성도

2) 입출력 Port의 활용

I/O Port 관련 레지스터 (x = A ~ D 사이의 임의의 값)

표 5-1 ATmega32의 I/O Port 관련 레지스터

레지스터 이름	기능	R/W 여부
DDRx (Data Direction Register)	입출력 방향 설정, 각 비트로 구분하여 설정 가능 (0: 입력, 1: 출력)	R/W 가능
PORTx (Data Register)	데이터 출력용	W만 가능
PINx (Port Input Pins Address)	데이터 입력용	R만 가능

3) Port A

내부에 Pull-up 기능이 있는 양방향 8비트 Port로 2개의 레지스터(PORTA, DDRA)와 1개의 입력 핀 상태 번지(PINA)로 구성되어 입출력 방향 및 데이터 값을 제어한다. Port A의 다른 (Alternative) 기능으로 외부에 RAM이나 I/O를 확장 사용할 때(MCUCR의 SRE(SRAM Enable=1)) 하위 어드레스/데이터(AD7~AD0)로 사용된다. Port A 출력은 20mA까지 sink할 수 있어 직접 LED를 구동할 수 있다. 또한, 방향설정 레지스터 DDRx의 비트 값이 1이면 출력이 되고, 0이면 입력으로 설정된다.

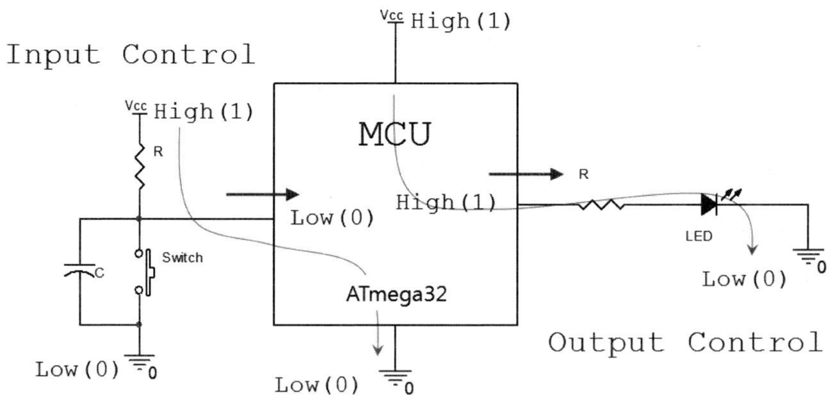

그림 5-4 AVR 입출력 방향

PORTxn은 출력으로 설정된 Port에 데이터를 출력하는 레지스터 비트로서, 각 Port는 내부 pull-up 기능이 있다. 즉, 아래 표와 같이 DDRx 레지스터의 DDxn 비트가 0(입력)으로 설정되고, PORTxn 비트에 1을 출력하면 PORTxn 비트가 내부적으로 풀업된다.

4) Port A 데이터 레지스터(PORTA)

Bit	7	6	5	4	3	2	1	0	
	PORTA7	PORTA6	PORTA5	PORTA4	PORTA3	PORTA2	PORTA1	PORTA0	PORTA
Read/Write	R/W	R/W	R/W	R/W	R/W	R/W	R/W	R/W	
Initial Value	0	0	0	0	0	0	0	0	

그림 5-5 PORTA 레지스터

출력모드(DDRA의 DDAn=1) 일 때,

Port A에 출력 되는 값 제어

0 = Low 출력, 1 = High 출력

입력모드(DDRA의 DDAn=0) 일 때,

입력 핀의 Pull-up제어

0 = No Pull-up (3-stated(HI-Z) 상태), 1=Pull-up 상태

5) Port A 데이터 방향 레지스터(DDRA)

Bit	7	6	5	4	3	2	1	0	
	DDA7	DDA6	DDA5	DDA4	DDA3	DDA2	DDA1	DDA0	DDRA
Read/Write	R/W	R/W	R/W	R/W	R/W	R/W	R/W	R/W	
Initial Value	0	0	0	0	0	0	0	0	

그림 5-6 DDRA 레지스터

Port A의 입출력 방향 제어

0=입력 방향, 1=출력 방향

6) Port A 입력 핀 어드레스(PINA)

Bit	7	6	5	4	3	2	1	0	
	PINA7	PINA6	PINA5	PINA4	PINA3	PINA2	PINA1	PINA0	PINA
Read/Write	R	R	R	R	R	R	R	R	
Initial Value	N/A	N/A	N/A	N/A	N/A	N/A	N/A	N/A	

그림 5-7 PINA 레지스터

PINA는 레지스터가 아닌 입력 핀의 상태를 읽는 데 사용한다.

PORTA를 읽으면 Port A 데이터 레지스터에 래치되어 있는 값을 읽으며, PINA를 읽으면 핀의 실제 상태 값을 읽어온다.

표 5-2 입출력 모드

DDRAn	PORTAn	I/O	Pull-up	Comment
0	0	입력	No	3-stated(HI-Z)
0	1	입력	Yes	외부 핀 상태가 Low이면 전류가 공급됨
1	0	출력	No	0 값 출력
1	1	출력	No	1 값 출력

예 제

프로그램 예제 (I/O Port제어)

다음 회로도를 참고하여 Port 설정을 한다. Port C에 LED가 연결되어 있어 모든 비트를 출력으로, Port PE4(INT4)에는 스위치가 연결되어 있어 모든 비트를 입력으로 설정 한 후, Port PE0의 스위치를 입력 받으면 LED가 모두 켜지는 예제이다.

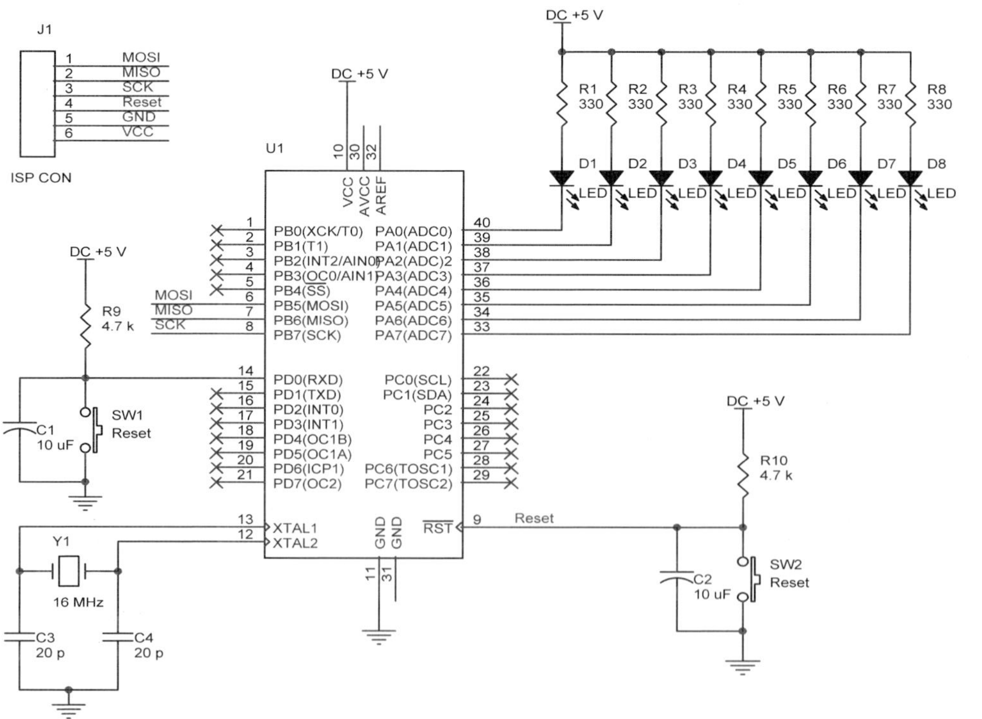

그림 5-8 ATmega32와 LED 연결 기본 회로도

- **프로그램**

```
#include <mega32.h>

void main(void)
{
     DDRA=0xFF;              // DDRA=0b11111111;
     PORTA=0xFF;
     DDRD=0x00;              // DDRD=0b00000000;
     PORTD=0x00;

     while(1)                // 1 = True, 무한 반복
     {
          if(!PIND.0)        // Port(PD0), Falling Method
          {
               PORTA=0x00;            // LED 모두 On
          }
     }
}
```

LED가 전원이나 GND 중에 어디로 연결되어 있느냐에 따라 LED를 제어하는 I/O Port 설정값이 달라질 수 있다. 아래 <그림 5-9>는 각각의 경우를 보여주고 있다.

ATmega32의 경우에는 다음 <그림 5-9>와 같이 LED를 Vcc 및 GND에 연결하여 제어하는 경우이다.

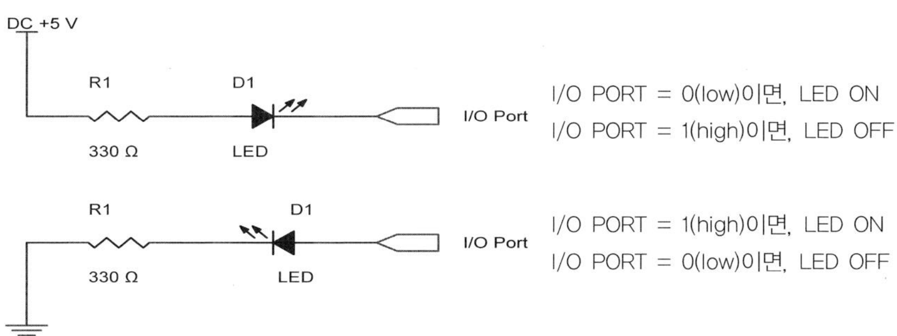

그림 5-9 I/O Port에 LED 연결한 회로도

이제 ATmega32를 사용하여 LED를 제어하기 위해 아래 <그림 5-10>을 참조하여 PORTA0 ~ PORTA7(ATmega32의 40 ~ 33번 핀)를 사용한다면, ATmega32의 PORTA 포트를 LED와 연결하면 된다.

또한, LED를 켜기 위하여 DDRA를 출력으로 설정해야 한다. 모든 Port를 출력으로 사용하므로 모든 비트는 1로 설정되어야 할 것이다. 출력용 데이터 레지스터인 PORTA에 적당한 값을 써보자. 해당되는 LED가 켜질 것이다.

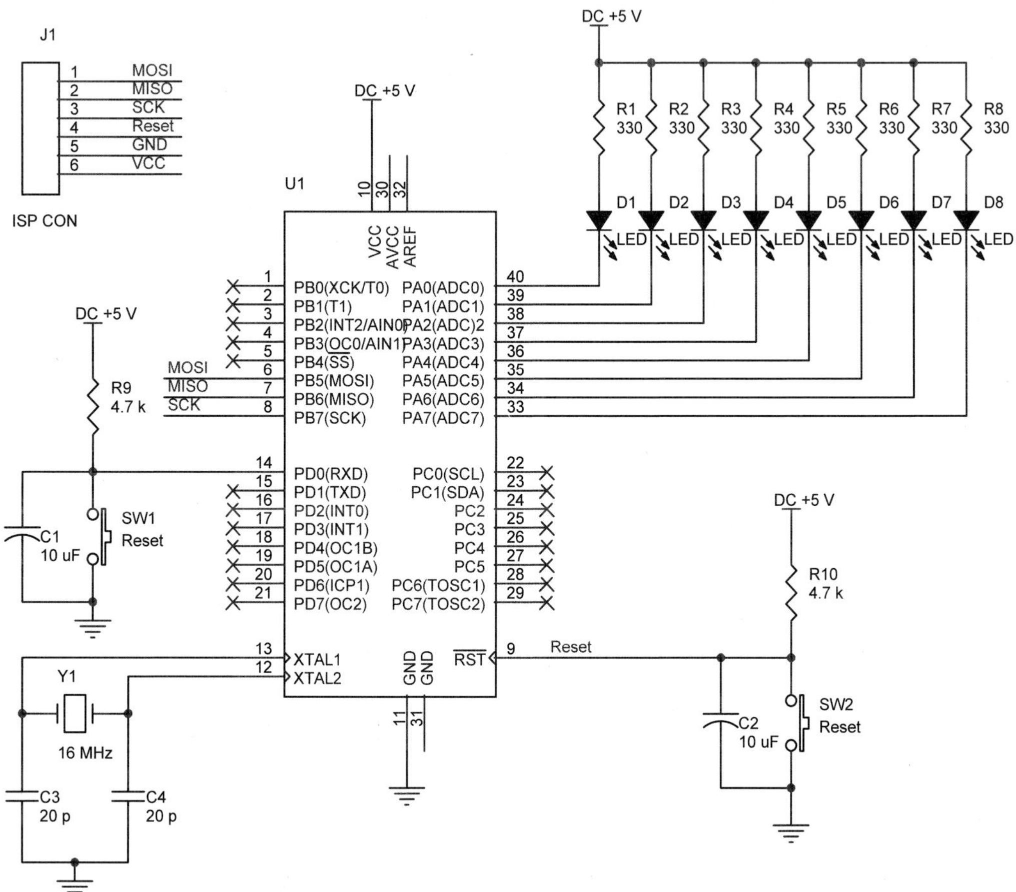

그림 5-10 ATmega32와 LED 연결 회로도

표 5-3 AVR ISP Port

ISP PORT				
10 PIN ISP		MCU (ATmega32)	6 PIN ISP	
1	MOSI	6	MISO	1
2	Vcc	10	Vcc	2
3	GND	11	SCK	3
5	$\overline{RST}$	9	MOSI	4
7	SCK	8	$\overline{RST}$	5
9	MISO	7	GND	6

2 출력제어(Output Control)

1) LED 구조와 이해

LED는 전압을 인가하여 전류가 흐르면 빛을 발광하는 소자이다. 범용 다이오드 양단의 최대전압은 1[V]에서 2[V]이고, 전류는 10[mA]에서 100[mA] 사이에서 안정된 발광을 한다.

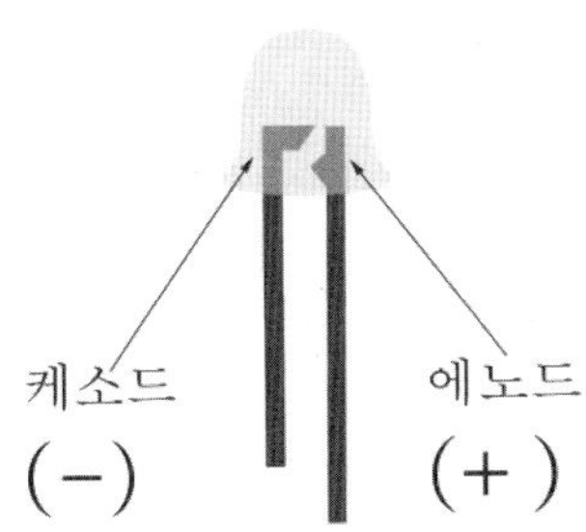

그림 5-11 LED 구조

외관상으로 LED의 극성을 구분할 때 긴 다리 혹은 LED 내부의 두 전극이 좁은 쪽이 애노드(+), 짧은 다리 혹은 LED 내부의 두 전극이 넓은 쪽이 캐소드(−)이다. 아날로그 테스터기로 측정할 경우, 저항 레인지를 ×10으로 한 후 애노드에 흑색(−) 리드 봉, 캐소드에 적색(+) 리드 봉을 연결하면 발광이 되며, 반대의 경우보다 작은 저항치를 지시한다.

기호 및 그림	약호	명칭	기능
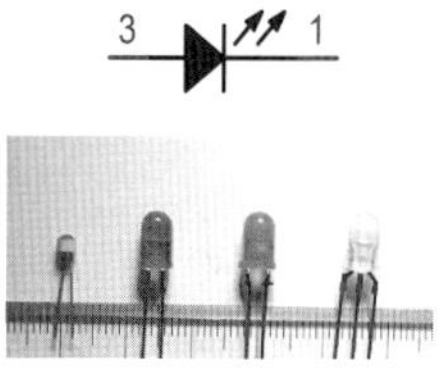	LED	발광 다이오드	표시용 다이오드

2) 기본회로

디지털회로에서 5[V] 전원을 사용하여 LED를 발광하려면 2[V], 10[mA] 전압과 전류가 필요하므로 이들 값으로 저항 값을 계산하여 사용할 필요가 있다. 저항 값의 계산은 다음과 같다.

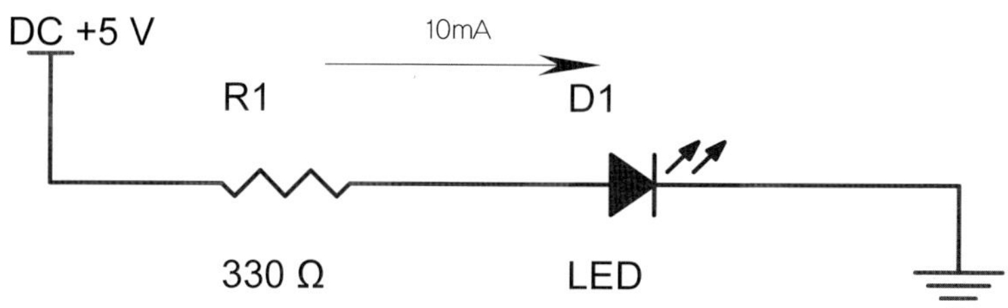

그림 5-12 LED의 기본회로

3) 저항의 종류

(1) 저항의 기호 및 기능

기호	약호	명칭	단위	기능
	R	저항	옴[Ω]	전압이나 전류를 제어하기 위하여 사용

(2) 기본적인 저항의 종류별 특징 및 사용법

표 5-4 저항의 종류

종류	특징	사용방법
탄소피막 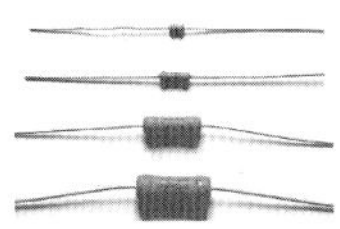	일반용으로 가격이 싸며 가장 많이 사용됨 저항 범위 : 1.0 Ω ~ 100 MΩ 전력범위 : 1/8 W, 1/4 W, 1/2 W 오차 범위 : ±5%, ±10%	고정밀도나 대전력이 아닌 모든 경우에 사용가능
가변 	지정된 범위 이내의 저항 값을 필요에 따라서 가변하여 사용	음향기기의 음향조절 및 전압 및 전류의 가변이 필요한 곳에 사용
어레이 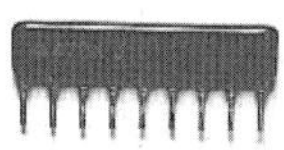	여러 개(4~10개 정도)의 저항을 하나의 패키지 형태로 한 것	디지털 회로처럼 동일한 회로에 많은 저항기가 필요한 경우 사용

4) 프로그램의 이해

앞에서 설명한 바와 같이 LED를 발광하기 위해서는 마이크로프로세서와의 연결구조가 매우 중요하다. <그림 5-13>과 같은 LED와 마이크로프로세서와 연결하고 LED를 1초 간격으로 ON/OFF 하려 할 때의 프로그램은 다음과 같다.

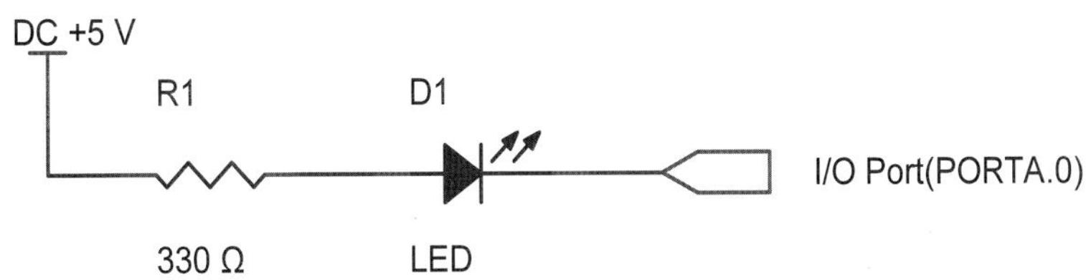

그림 5-13 LED와 마이크로프로세서와의 연결 회로

- **프로그램**

```
#include <mega32.h>       // I/O PORT 전처리 문
#include <delay.h>        // Delay 함수 전처리 문

void main(void)           // main 프로그램
{                         // 프로그램 시작
      DDRA=0x01;          // C PORT: 0000 0001 로 설정
```

```
        PORTA=0x01;                 // PC0 OFF 설정(22핀)

        while(1)                    // 무한 반복
        {
            PORTA.0=0;              // PC0 ON
            delay_ms(1000);         // 1초 지연
            PORTA.0=1;              // PC0 OFF
            delay_ms(1000);         // 1초 지연
        }
}
```

예 제

<그림 5-10>의 ATmega32와 LED 연결 회로도를 이용하여 LED(PA0 ~ PA7)를 순서적으로 ON/OFF하는 프로그램을 완성하시오.

- **프로그램**

```
#include <mega32.h>
#include <delay.h>

void main(void)
{
        int i;
        DDRA=0xff;      // 1111 1111   Register setup(out)
        PORTA=0xff;     // 1111 1111   Init. setup(all 1)

        while(1)
        {
            for(i=0; i<8; i++)
            {
                PORTA=~(1<<i);
                delay_ms(1000);
            }
        }
}
```

- **프로그램 설명**

6: for문 내에서 사용할 제어변수를 선언

8: A PORT 전체를 출력으로 설정

9: A PORT 전체를 OFF

12: 무한 반복 내에서 12번 라인에서 16번 라인까지를 8번 반복 수행

14: A PORT에 데이터를 전송할 때 1의 값을 i만큼만 좌 시프트한 값을 비트 논리 부정 즉, i의 값이 0일 때 “0000 0001”의 값을 좌 시프트 0회하여 그 결과 값을 비트 논리 부정한다. 그 결과 값은 “1111 1110”이 되므로 A PORT에는 PA0 위치 LED만 ON이 되는 것이다.

15: 1초 지연

3 74HC04(Hex Inverter)

1) 74HC04(Hex Inverter) 내부 구조와 이해

(1) 74HC04의 구조

디지털 집적회로(Integrated Circuit)는 특수 용도를 포함하여 방대한 종류가 있다. 74HC04는 아래 <그림 5-14>와 같이 인버터 회로가 6개 들어 있는 구조로 되어 있다.

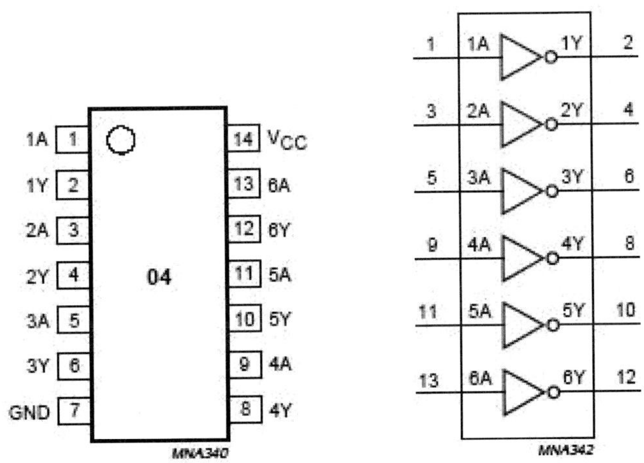

그림 5-14 74HC04(Hex Inverter) 구조

(2) Absolute Maximum Ratings를 살펴보면 다음과 같다.

표 5-5 74HC04의 Supply Voltage

Supply Voltage(V_{CC})	-0.5[V] ~ 7.0[V]
DC Input Voltage(V_{IN})	-1.5[V] ~ +1.5[V]
DC Output Voltage(V_{OUT})	-0.5[V] ~ +0.5[V]
Clamp Diode Current (I_{IK}, I_{OK})	±20mA
DC Output Current, per pin (I_{OUT})	±25mA
DC VCC or GND Current, per pin (I_{CC})	±50mA

2) 74HC04의 이해

기호 및 그림	약호	명칭	기능
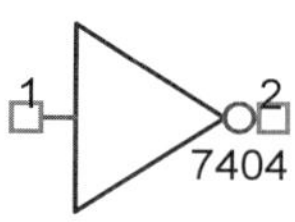 	7404	Hex Inverter	인버터용

3) 7404를 이용한 LED 구현

(1) 기본회로

디지털회로에서 I/O PORT에 0을 출력하면 LED는 OFF되고, I/O PORT에 1을 출력하면 LED가 ON된다.

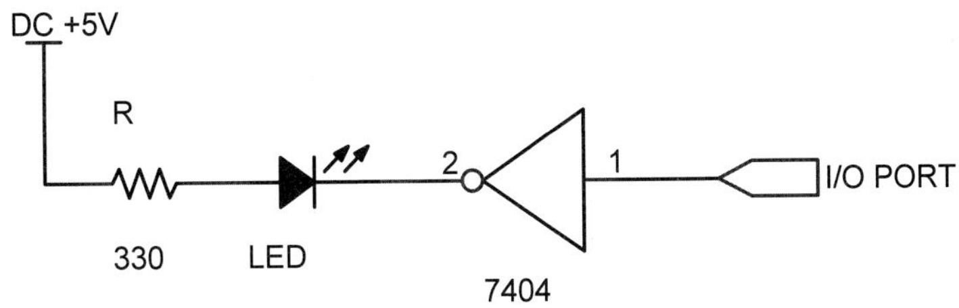

그림 5-15 74HC04 기본 회로

(2) 프로그램 이해

위의 <그림 5-15>를 이용하여 LED를 1초 간격으로 ON/OFF하려 할 때의 프로그램은 다음과 같다.

- **프로그램**

```
 1: #include <mega32.h>       // I/O PORT 전처리문
 2: #include <delay.h>        // Delay 함수 전처리문
 3:
 4: void main(void)           // main 프로그램
 5: {                         // 프로그램 시작
 6:      DDRD=0x01;           // D PORT: 0000 0001 로 설정
 7:      PORTD=0x00;          // PD0 OFF 설정(14핀)
 8:
 9:      while(1)             // 무한 반복
10:      {
11:           PORTD=0x01;     // PD0 ON
12:           delay_ms(1000);// 1초 지연
13:           PORTD=0x00;     // PD0 OFF
14:           delay_ms(1000);// 1초 지연
15:      }
16: }
```

- **프로그램 설명**

  7: D PORT는 74HC04를 거쳐 LED회로와 연결되어 있으므로 출력 값을 0으로 하면 74HC04 1번 단자에서는 0(low)으로 출력되지만, 74HC04 2번 단자에서는 1(high)로 출력되어 LED의 결과는 OFF된다.

4 프로그램의 논리적 이해

각 프로그램들은 사용자에 따라 각기 다르게 작성된다. 그러나 MCU의 종류에 따라 내부 메모리의 용량이 각기 다르다는 점을 생각해 볼 때, 프로그램은 가급적이면 단순하고 짧게 작성하는 것이 MCU의 실행 속도 및 활용도를 높일 수 있다.

1) LED 8개를 순서적으로 ON/OFF - 단순문 이용

여기서는 <그림 5−10>의 ATmega32와 LED 연결 회로도를 이용하여 가장 단순하게 프로그램을 작성하도록 한다.

- **프로그램**

```
#include <mega32.h>
#include <delay.h>

void main(void)
{

     DDRC=0xff;
     PORTC=0xff;

     while(1)
     {
          PORTC=0xfe;    // 1111 1110
          delay_ms(1000);
          PORTC=0xfd;    // 1111 1101
          delay_ms(1000);
          PORTC=0xfb;    // 1111 1011
          delay_ms(1000);
          PORTC=0xf7;    // 1111 0111
          delay_ms(1000);
          PORTC=0xef;    // 1110 1111
          delay_ms(1000);
          PORTC=0xdf;    // 1101 1111
          delay_ms(1000);
          PORTC=0xbf;    // 1011 1111
          delay_ms(1000);
          PORTC=0x7f;    // 0111 1111
```

```
27:             delay_ms(1000);
28:         }
29:   }
```

- **프로그램 설명**

  12번 라인에서 27번 라인까지 프로그램은 반복적으로 수행하게 된다. 각각의 LED를 ON 시키기 위해서 C PORT에 각각의 출력 값을 전송하는 것을 볼 수 있다.

2) LED 8개를 순서적으로 ON/OFF - 반복문을 이용

C PORT에 출력할 값을 미리 배열에 기억해 두었다가 반복문을 이용하여 순차적으로 처리하는 방법으로 프로그램을 작성한다.

- **프로그램**

```
#include <mega32.h>
#include <delay.h>

unsigned char LV[8]={0xfe, 0xfd, 0xfb, 0xf7,
0xef, 0xdf, 0xbf, 0x7f};
void main(void)
{
      int i;

      DDRC=0xff;
      PORTC=0xff;

      while(1)
      {
            for(i=0; i<8; i++)
            {
                  PORTC=LV[i];
                  delay_ms(1000);
            }
      }
}
```

- **프로그램 설명**

15번 라인의 for문에 의해서 제어변수 i는 0에서 7까지 1씩 증가한다. 이때 16번 라인에서 19번 라인까지는 for문의 묶음을 나타내는 블록이므로 16번 라인과 17번 라인을 각각 한 번씩 수행하게 된다. 17번 라인에서 LV배열에 기억된 값이 i의 값에 따라 바뀌게 된다.

3) LED 8개를 순서적으로 ON/OFF - 알고리즘을 이용

알고리즘을 이용하면 특정한 값을 순차적으로 나열하여 사용한다든지 배열에 기억해 두기 위한 배열 선언 등이 없어진다. PORT에 출력할 값을 미리 예측하여 적절한 연산문으로 꾸며 주면 되는 것이다. 다음 프로그램은 앞에서 작성한 프로그램보다 단순하다는 것을 알 수 있다.

- **프로그램**

```
#include <mega32.h>
#include <delay.h>

void main(void)
{
     int i;

     DDRC=0xff;
     PORTC=0xff;

     while(1)
     {
          for(i=0; i<8; i++)
          {
               PORTC=~(1<<i);
               delay_ms(1000);
          }
     }
}
```

예 제

C Port의 0번 핀을 출력으로 할당해 500Hz의 주기적 구형파를 발생하도록 하시오.

[풀이] 우선 시간 주기는 주파수의 역수로 구하므로 T는

$$T = \frac{1}{f} = \frac{1}{500} = 2msec$$

이고, $\frac{T}{2}$ 동안 High, 그리고 $\frac{T}{2}$ 동안에는 Low를 유지하면 Duty=50%인 구형파를 만들 수 있다. 여기서 구형파의 Duty는

$$Duty = \frac{High\text{인 시간}}{High\text{인 시간} + Low\text{인 시간}} = \frac{High\text{인 시간}}{\text{주기 } T}$$

로 표현된다. 간단히 delay 함수를 이용해서 프로그램을 만들 수 있다.

- **프로그램**

```
#include <mega32.h>
#include <delay.h>

void main(void)
{
     DDRC=0xff;
     PORTC=0xff;

     while(1)
     {
          PORTC.0=0;
          delay_ms(1);
          PORTC.0=1;
          delay_ms(1);
     }
}
```

- **오실로스코프 출력**

  실험이 실행된 후에 오실리스코프의 출력은 아래와 같다. 정확한 주기 2msec와 Duty비를 확인할 수 있다. 위의 예제는 DC 모터의 속도를 제어하기 위해 이용할 수 있다. 모터의 Duty비에 의한 DC 모터의 평균 전류 값을 변환할 수 있어 속도제어 프로그램에 이용되므로 다른 Duty비를 이용한 여러 예제에 사용하기 바란다.

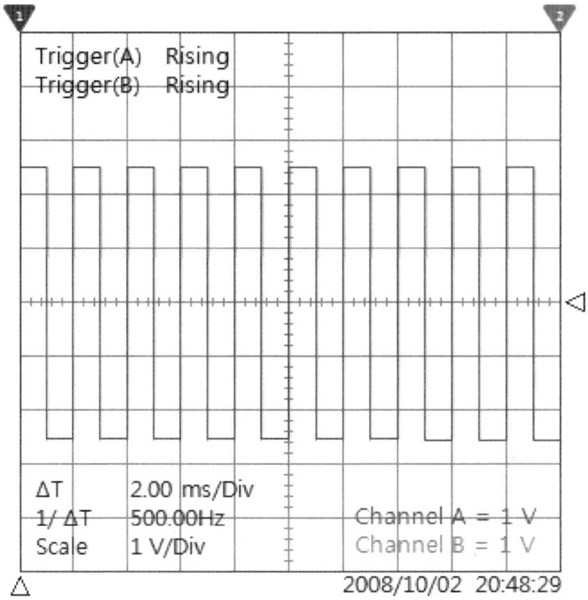

그림 5-16 오실로스코프의 출력

5 입력제어(Tact Switch) 구현

1) Tact Switch의 구조

아래 Tact Switch는 Bulk Type으로 교육용으로 가장 많이 사용된다. Switch를 마이크로프로세서와 연결할 때는 풀업과 풀다운 기능을 잘 이해하고 프로그램 작성에 있어 주의하여야 한다.

그림 5-17 Tact Switch 구조

(1) Tact Switch 기호

기호 및 그림	약호	명칭	기능
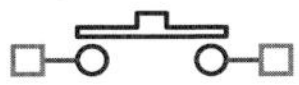 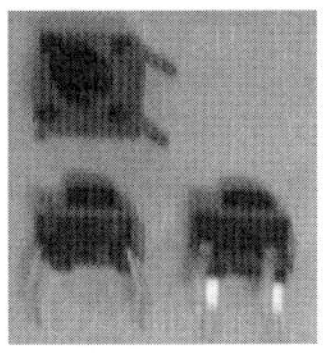	TS	Tact Switch	전압이나 전류를 제어하기 위하여 입력용 스위치로 사용

(2) Main Specifications

표 5-6 Tact Switch Action

Action	Push-on-type
Rating	50mA 12V DC
Travel	0.25±0.1mm
Contact Resistance	100mΩ max
Operating Temperature	-20℃ ~ 70℃ (45% ~ 85% RH)
Bounce	10 msec max

2) 기본회로 및 관련 지식

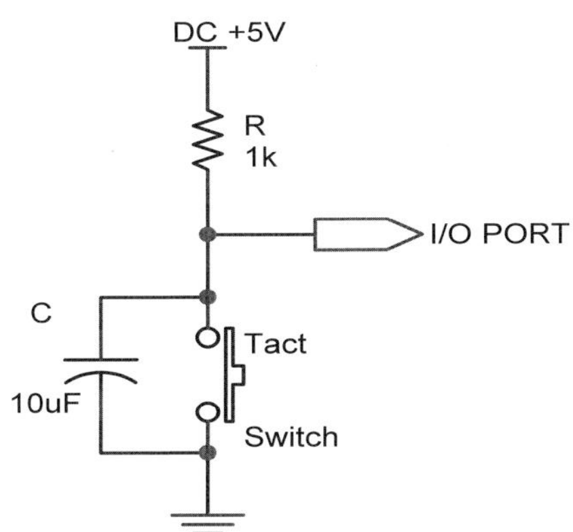

그림 5-18 Tact Switch 기본 회로

(1) 기본 회로의 관련 지식

기호	약호	명칭	단위	기능
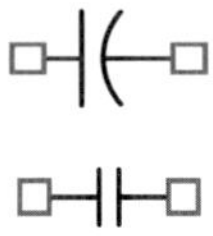	C	콘덴서	[F]	전압이나 전류를 제어하기 위하여 사용

콘덴서란 일반적으로 전기(직류)를 저장하는 소자로 알려져 있으나, 그 이외에도 교류에서는 주파수에 의하여 임피던스(저항치)가 변하는 저항으로서의 기능을 한다. 주파수가 높으면 임피던스가 작아지고 주파수가 낮으면 임피던스가 커진다. 콘덴서에 저장된 양을 '정전 용량' 또는 '용량'이라고 하며 단위는 F(페럿), pF(피코, 10^{-12} 페럿), μF(마이크로, 10^{-6} 페럿)을 이용한다. 콘덴서에는 여러 가지 종류가 있으나 회로도에서 표현할 때는 다음과 같은 종류가 주로 사용되고 있다.

(2) 콘덴서의 종류

아래에 기본적인 콘덴서의 종류별 특징 및 사용법을 표시하였다.

표 5-7 콘덴서의 종류

종류	명칭 및 기호	기능
 세라믹 마일러 탄탈	바이패스 콘덴서 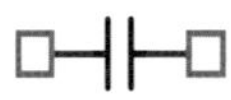	• 탄탈 : 주파수 특성이 비교적 좋기 때문에 노이즈 진폭기나 바이패스, 커플링, 전원 필터로서 사용하며, 2개의 리드선 중 긴 쪽이 플러스극임 • 세라믹, 모노릭 : 고주파 대역에서 사용에 적합하기 때문에 주파용 바이패스, 동조용 주파필터로서 사용(무극성)
	전해 콘덴서 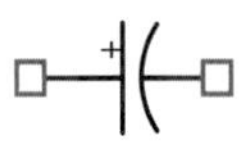	직류 회로의 전원 필터나 교류 회로의 커플링으로서 사용하며 사용 가능 주파수가 비교적 낮으며, 2개의 리드선 중 긴 쪽이 플러스극임

(3) 콘덴서의 용량

저항의 색대 표에 해당하는 수치가 기록되어 있으므로 첫째 및 둘째 숫자를 그대로 나열하고 셋째 수는 10의 승수로 표시하며, 영문자는 오차를 기록한다(전해 콘덴서를 제외하면 일반적인 기본단위는 pF라는 것을 기억하자).

표 5-8 콘덴서의 용량

표시	변환치	
101	10×10^1pF	100pF
102	10×10^2pF	1000pF 0.001μF
103	10×10^3pF	10000pF 0.01μF
104	10×10^4pF	100000pF 0.1μF
223	22×10^3pF	22000pF 0.0221μF
333	33×10^3pF	0.033μF
473	47×10^3pF	0.047μF
474	47×10^4pF	0.47μF

오차의 표시 : J(5% 이내), K(10% 이내), M(20% 이내)
위의 그림은 0.01μF/50V ±10%를 표시한 예

(4) 바운스(Bounce) = 채터링 현상(Chattering Effect)

신호를 입력 받기 위해서 일반적으로는 MCU 입력접점에 저항과 스위치를 직렬로 연결한다. 이 방법을 이용하면 사용자가 스위치를 한 번 누르고 있을 때 MCU 입력접점이 여러 번 입력 받게 되는 현상을 바운스(채터링) 현상이라고 한다. 즉 스위치를 한 번의 ON/OFF로 여러 번의 떨림이 있은 후에 스위치가 붙는다는 것이다. 이로 인해 사용자가 원하는 입력 회수를 만들 수가 없다.

이 바운스 현상을 없애는 방법으로는 여러 가지가 있지만 여기에서는 소프트웨어적인 방법과 하드웨어적인 방법을 소개한다.

먼저 소프트웨어적인 방법으로는 최초의 스위치 입력이 있을 때 타이머 값으로 딜레이를 주는 방법으로 해결할 수 있다. 이때 딜레이 값은 사용자가 여러 번의 테스트로 조절하면 된다. 보통 100~300ms 정도면 충분하다.

하드웨어적인 방법으로는 스위치에 콘덴서를 병렬로 연결하여 콘덴서 용량만큼의 충전 딜레이를 이용하는 방법이 있다.

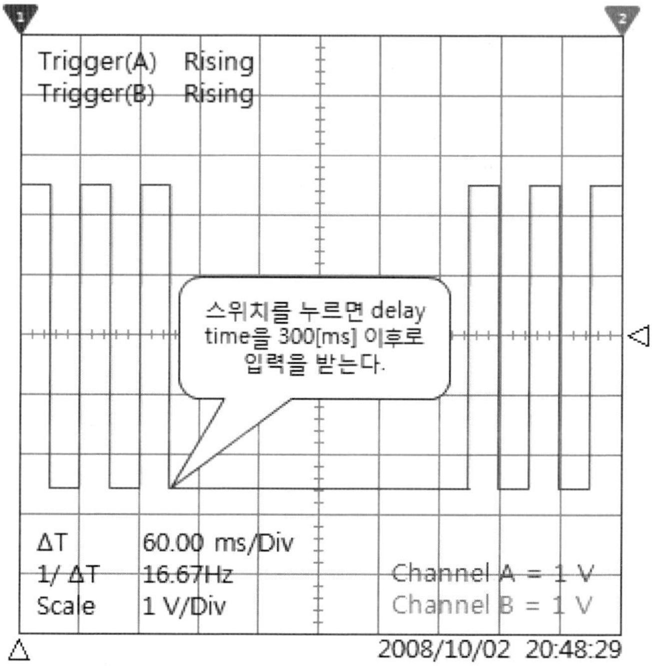

그림 5-19 Chattering 방지법

(5) 리피트(Repeat) 현상(Effect)

사람이 키를 눌렀다가 놓는 속도보다 키 입력 check를 하는 속도가 더 빠르기 때문에 여러 번 입력 check되는 현상을 말한다. <그림 5-20>은 키 입력 check 속도가 5배 빠를 경우 5번 check되는 것을 보여 준다. 보통 사람이 키를 눌렀다가 놓는 속도는 100[ms] ~ 300[ms] 정도이므로 리피트 현상 방지를 위해 소프트웨어적으로 구현해야 한다. <그림 5-18>의 Tact Switch에서와 같이 pull-up 방식의 입력 회로에서는 스위치가 눌리면 신호는 high(1)에서 low(0)으로 변하게 되는데, 이때 flag=1로 유지시키고, 스위치를 놓으면 신호가 low에서 다시 high로 변할 때 flag=0으로 유지시켜주면 된다.

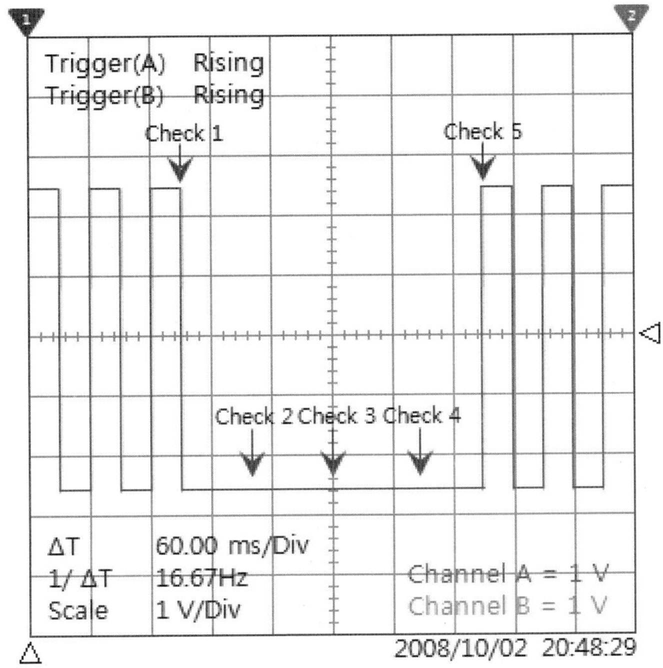

그림 5-20 리피트 현상

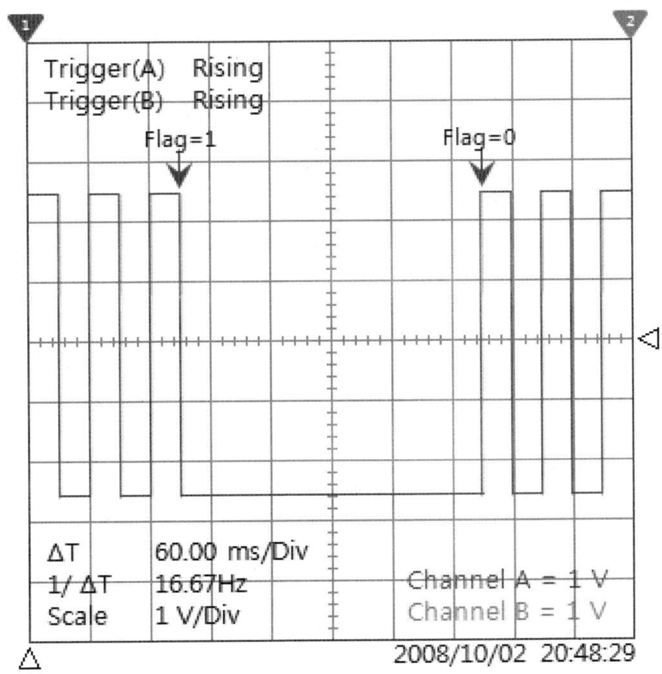

그림 5-21 리피트 방지한 Flag 값

3) 풀업과 풀다운 회로

디지털 회로에서 논리적으로 1(high) 상태를 유지하기 위하여 신호의 입력 또는 출력단자와 +Vcc 전원 단자 사이에 접속하는 저항을 풀업 저항(pull−up resistor)이라고 한다. 논리적으로 0(low) 상태를 유지하기 위하여 신호의 입력 또는 출력단자와 GND 단자 사이에 접속하는 저항을 풀다운 저항(pull−down resistor)이라고 한다.

즉, 프로그램을 작성할 때 풀업 저항에서 논리적 판단이 거짓(false)일 때 수행문을 실행할 수 있도록 프로그래밍하고, 풀다운 저항에서는 논리적 판단이 참(true)일 때 수행문을 실행할 수 있도록 프로그래밍한다.

4) Key 입력 프로그램의 이해

(1) 풀업 저항을 이용한 Key 입력

풀업 저항을 이용한 Key 입력 회로는 다음과 같다.

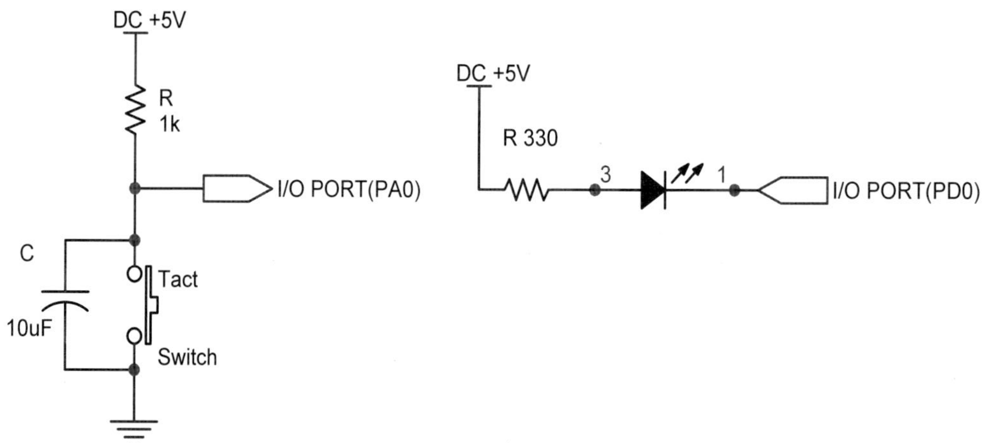

그림 5−22 풀업 저항을 이용한 입력 회로 및 LED 회로

예 제

위의 <그림 5−22>를 참고하여 Tact Switch를 누를 때 LED가 ON되도록 프로그램을 완성하시오.

- **프로그램**

```
 1:  #include <mega32.h>
 2:  #include <delay.h>
 3:
 4:  void main(void)
 5:  {
 6:
 7:       DDRA=0x00;     // A PORT 전체를 입력 모드로 설정
 8:       PORTA=0x00;    // A PORT 초기 설정
 9:
10:       DDRD=0xff;
11:       PORTD=0xff;
12:
13:       while(1)
14:       {
15:            if(! PINA.0) PORTD.0=0;       // LED ON
16:       }    // if(~PINA.0) PORTD.0=0;와 동일 방법
17:  }
```

- **프로그램 설명**

7: A PORT 전체를 입력 모드로 설정한다.

15: Tact Switch의 A PORT의 0번(40번 핀)의 입력 값이 0(low)이 될 때 LED의 출력인 D PORT의 0번(14번 핀)의 출력 값은 0(low, LED ON)이 되며, 입력 값이 1(high)일 때는 LED의 출력 값이 1(high, LED OFF)이 된다.

(2) 풀다운 저항을 이용한 Key 입력

풀다운 저항을 이용한 Key 입력 회로는 다음과 같다.

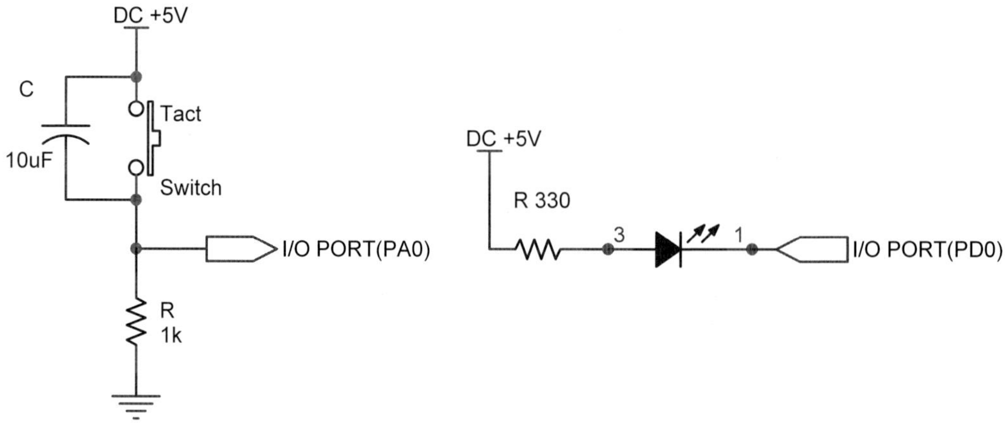

그림 5-23 풀다운 저항을 이용한 입력 회로 및 LED 회로

예 제

위의 <그림 5-23>을 참고하여 Tact Switch를 누를 때 LED가 ON이 되도록 프로그램을 완성하시오.

• **프로그램**

```
#include <mega32.h>
#include <delay.h>

void main(void)
{
     DDRA=0x00;     // A PORT 전체를 입력 모드로 설정
     PORTA=0x00;    // A PORT 초기 설정

     DDRD=0xff;
     PORTD=0xff;

     while(1)
     {
          if(PINA.0) PORTD.0=0;          // LED ON
     }
}
```

- **프로그램 설명**

14: Tact Switch의 A PORT의 0번(40번 핀)의 입력 값이 1(high)이 될 때 LED의 출력인 D PORT의 0번(14번 핀)의 출력 값은 0(low, LED ON)이 되며, 입력 값이 0(low)일 때는 LED의 출력 값이 1(high, LED OFF)이 된다. 즉, if문에서 풀업 저항을 사용할 때와 풀다운 저항을 사용할 때가 반대인 것을 알 수 있다.

예 제

지금까지 하드웨어적으로 채터링 현상을 해결하였다. 이번에는 채터링 현상을 해결하기 위해 **소프트웨어 방식을 이용**하여 프로그램을 작성하시오.

Chattering & repeat effect

CHAPTER

06

출력 Port 확장

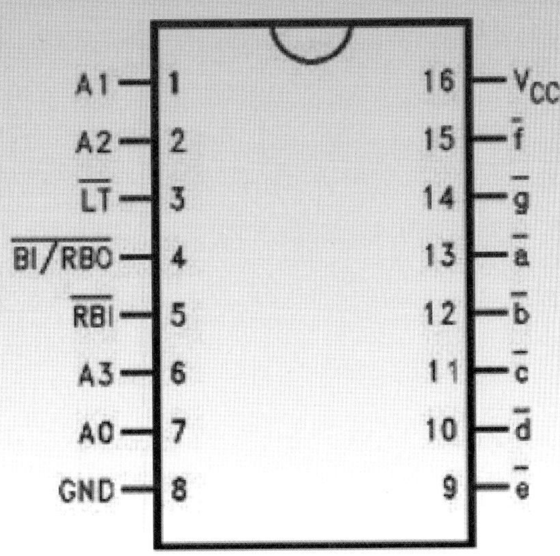

1 출력 Port 확장의 이해

FND(7-Segment) 디스플레이는 일반적으로 가장 많이 사용되는데, 한 개의 FND표현을 위해 8개의 Port가 필요하다는 단점이 있다. ATmega32 MCU는 I/O PORT가 총 32개로 FND를 4개까지만 표현할 수 있다. 입출력 Port 확장을 한다면 이를 두 배로 더 사용할 수 있게 된다.

이런 기능을 하는 것 중 대표적인 것이 74LS47이다. 유사한 칩으로는 74LS46, 74LS48, 74LS49, 74LS246, 74LS247, 74LS248, 74LS249 등이 있다. 일단 이들은 FND의 유형에 따른 구분으로 기능은 동일하다. 이들 칩들을 BCD(Binary coded Decimal)[1] to 7-Segment Decoder/Driver라고 부른다.

1) BCD의 표현 예

10진수 456을 BCD로 표현하면,

4는 2진수로 0100

5는 2진수로 0101

6은 2진수로 0110

이므로 0100 0101 0110로 표현한 것이 BCD이다.

2) FND의 구조

FND의 정식명칭은 7-Segment LED이며, LED를 여러 개 모아 놓은 것으로 한글로는 숫자표시기, 줄여서 통상 FND라고 부른다. 각각의 숫자의 획을 구성하는 LED를 구분 짓기 위해 a ~ g까지 기호를 정하고 <그림 6-1>과 같이 표기한다.

FND는 7개의 LED로 구성되어 0 ~ 9까지 표현하는 싱글 형식의 FND와 두 자리까지(00 ~ 99) 표현하는 듀얼 형식의 FND가 있다. FND는 전류소자인 LED의 집합이므로 각각의 LED에 전류가 흘러야 불이 들어온다. 즉, FND에 숫자를 표시하기 위해서는 전류를 공급하는 소자가 필요하다는 의미이다.

(1) Common Cathode(CC) 방식

CC방식은 각각의 핀에 전류를 직접 공급하는 방식이다. 순-바이어스를 주면 ON될 것이고, 역-바이어스를 주면 OFF될 것이다. 즉, 신호의 합류점이 각 LED의 Cathode극이 되는데, 이를

1) BCD는 Binary-Coded Decimal의 약자로서 2진수와는 조금 다른 개념으로 10진수의 각 자리를 2진수로 표현 한 것이다.

일컬어 Common Cathode방식(CC)이라고 부른다. 보통 CC에는 GND가 연결된다.

• Common Cathode방식의 내부구조

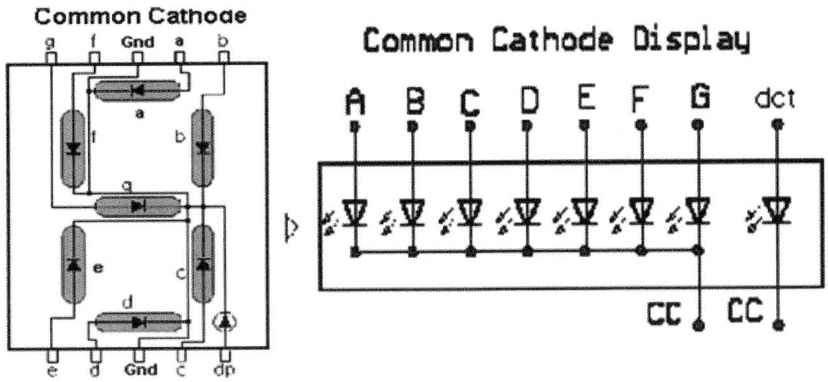

그림 6-1 Common Cathode FND

• **Common Cathode FND 방식을 이용한 10진 표현**

맨 우측부터 차례로 a, b, c의 시계방향 순서를 가진다. 이것을 토대로 0~9까지의 숫자 폰트를 만든다. 폰트 0을 만들려면 <그림 6-1>에서 a, b, c, d, e, f가 ON이 되어야 한다. 폰트 5를 만들려면 a, c, d, f, g를 ON으로 만들면 된다. 이와 같은 방법을 써서 ON이 된 경우를 1, OFF인 경우를 0으로 했을 때 폰트 0~9까지 표현은 아래 표의 결과와 같다.

표 6-1 FND Digital Font

FND 구조 및 그림	Digital Font	g	f	e	d	c	b	a
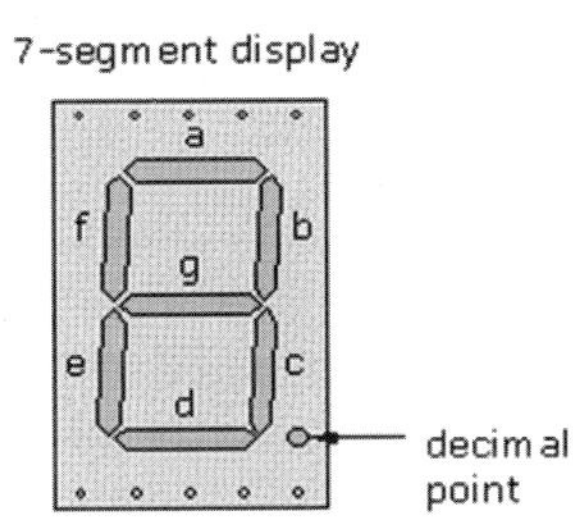 FND 배열 	0	0	1	1	1	1	1	1
	1	0	0	0	0	1	1	0
	2	1	0	1	1	0	1	1
	3	1	0	0	1	1	1	1
	4	1	1	0	0	1	1	0
	5	1	1	0	1	1	0	1
	6	1	1	1	1	1	0	1

FND 구조 및 그림	Digital Font	g	f	e	d	c	b	a
	7	0	0	0	0	1	1	1
	8	1	1	1	1	1	1	1
각 FND 외형	9	1	1	0	1	1	1	1

(2) Common Anode(CA) 방식

CA방식에서는 Anode 측에 순-바이어스의 전압을 걸어주고, 각 핀의 Cathode에 전압을 조절하는 방식으로 ON/OFF를 제어할 수 있다. 즉, 신호의 합류점이 각 LED의 Anode극이 되는데, 이를 일컬어 Common Anode방식(CA)이라고 부르는 것이다. 보통 CA에는 Vcc가 연결된다.

• Common Anode방식의 내부구조

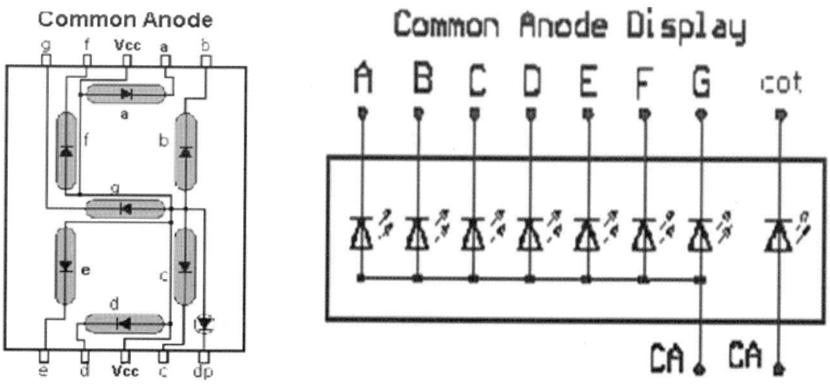

그림 6-2 Common Anode FND

마이컴을 사용하여 FND를 제어할 때는 일반 LED와 마찬가지로 각 신호라인에서 공급하는 전류의 크기가 매우 작기 때문에 CC방식보다는 CA방식이 주로 이용된다. Common Anode FND 방식을 이용한 10진 표현은 Common Cathode FND 방식을 이용한 10진 표현방법의 역이 된다.

한 개의 FND를 제어하는 데 있어 8개의 Port가 필요했지만, BCD를 사용하면 0에서 9까지 표현하는 데 4개의 Port만 있으면 된다. 즉, 74LS47을 사용하는 대부분의 목적이 Port를 줄이는 것이다.

• 74LS47의 핀 구조

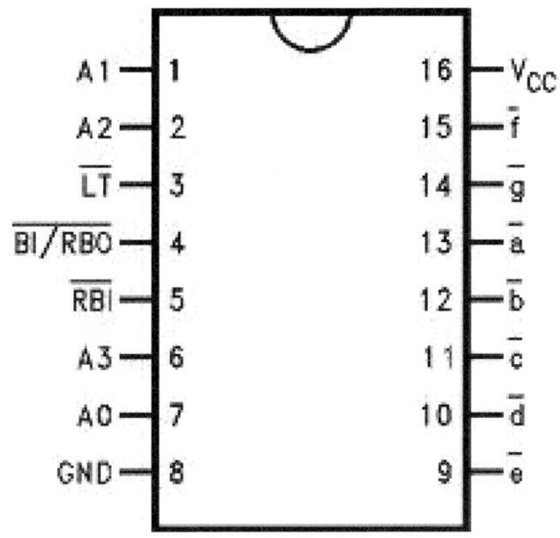

그림 6-3 74LS47 핀 구조

• 74LS47의 핀 기능

표 6-2 74LS47의 핀 기능

핀 이름	기능
A0 - A3	BCD 데이터 입력
RBI	Ripple Blanking Input (Active LOW)
LT	램프 테스트 입력 (Active LOW)
BI/RBO	Blanking Input (Active LOW) /Ripple Blanking Output (Active LOW)
a ~ f	7- Segment 출력 (Active LOW)

FND에 '6' 이라는 숫자를 표현하기 위해서는 74LS47의 A3, A2, A1, A0 핀에 BCD 코드 '0110'을 입력한다. 즉, A3 : Low, A2 : High, A1 : High, A0 : Low와 같이 데이터를 입력한다. 74LS47의 a ~ g핀에 출력이 나오게 되며, FND에 있는 핀 a ~ g와 일치하게 연결하면 된다.

FND 또한 LED의 결합이므로 입력 전압을 5V로 한다면 74LS47와 FND 사이에 330[Ω] 저항을 달아 주어야 한다.

- **74LS47을 이용한 FND 출력 값**

0	1	2	3	4	5	6	7	8	9	10	11	12	13	14	15

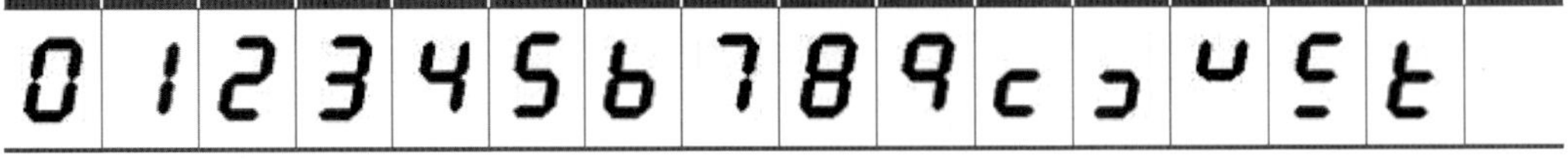

- **이 외의 Port 기능**

RBI Port가 0(low)인 경우 BCD 코드가 입력되었을 때 FND의 모든 램프가 꺼지게 된다. 만약 4개의 FND를 제어할 때 BCD 코드로 23을 출력한다면 RBI를 사용하지 않는 경우 출력이 "0023"이 되지만, RBI를 0(low)으로 set한 후 출력하면 "　23"과 같이 앞자리의 불필요한 0을 제거해 준다. 이때 RBO는 0(low)이 된다.

BI는 입력된 BCD 코드와 관계없이 FND의 모든 램프를 끈다. 즉, 데이터 조작 없이 램프를 점멸하고자 할 때 사용한다.

주의 사용할 FND 핀 구조는 제조회사마다 약간의 차이가 있으므로 데이터 시트를 참조하기 바란다.

2 프로그램 비교

예 제

아래 <그림 6-4>를 참조하여 0~9까지 숫자가 1씩 증가하는 프로그램을 완성하시오.
(단, 74LS47을 사용하지 않은 FND 표현)

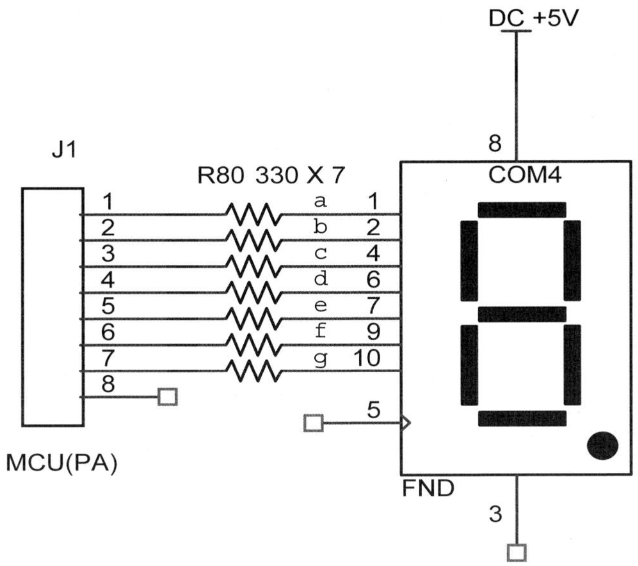

그림 6-4 단순 FND 회로도

- **프로그램**

```
#include <mega32.h>
#include <delay.h>

unsigned char FND[10]={0xc0, 0xf9, 0xa4, 0xb0, 0x99,
0x92, 0x82, 0xf8, 0x80, 0x90};
unsigned char cnt=0;

void main(void)
{
     PORTA=0xff;
     DDRA=0xff;

     while (1)
     {
          PORTA=FND[cnt];
          delay_ms(1000);
          cnt++;
          if(cnt>9) cnt=0;
     }
}
```

- **프로그램 설명**

4: 직접 Decoder값을 작성하여 배열에 기억시켜 사용해야 하는 불편함이 있다. 그러나 74LS47을 사용하지 않으므로 부품 수를 줄일 수 있는 이점이 있다.

예 제

아래 <그림 6-5>를 참조하여 0~9까지 숫자가 1씩 증가하는 프로그램을 완성하시오 (74LS47을 사용한 FND 표현).

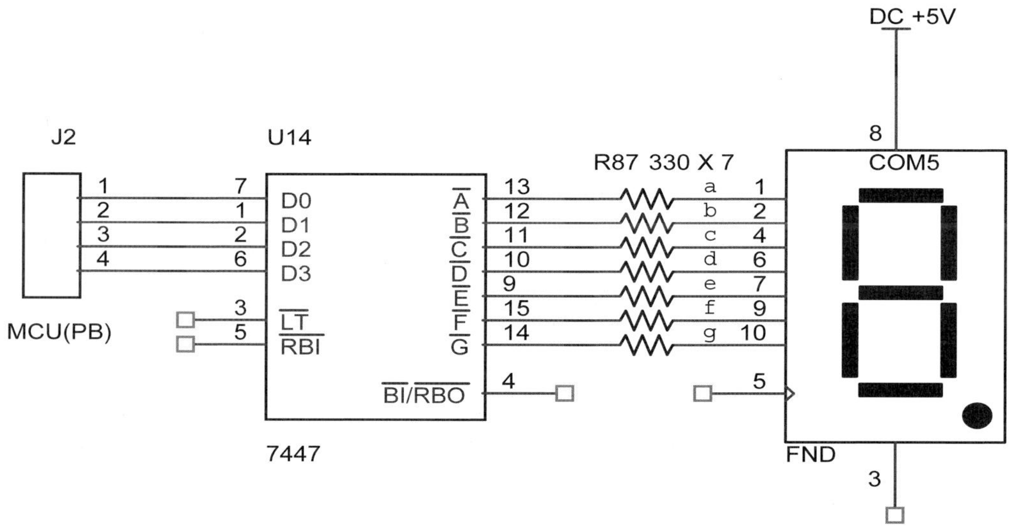

그림 6-5 74LS47을 이용한 FND 회로도

- **프로그램**

```
#include <mega32.h>
#include <delay.h>

unsigned char cnt=0;

void main(void)
{
    PORTA=0xff;
    DDRA=0xff;

```

```
11:        while (1)
12:        {
13:             PORTA=cnt;
14:             delay_ms(1000);
15:             cnt++;
16:             if(cnt>9) cnt=0;
17:        }
18:   }
```

- **프로그램 설명**

  13: 회로에서 74LS47을 사용하여 약간의 복잡함은 있지만 프로그램에서 살펴보면 직접 Decoder값을 기억할 필요가 없다는 장점이 있다.

74LS47의 사용 유무에 따라 프로그램이 복잡하거나 단순해지는 것을 볼 수 있다. 이러한 프로그램의 작성은 개발자의 선택에 따라 좌우된다.

3 모듈제작하기

예 제

아래 <그림 6-6>과 같은 Dual FND 모듈을 제작하여 아래 예제의 10진 카운터 프로그램을 완성하시오(단, FND 표현 범위: 00~99).

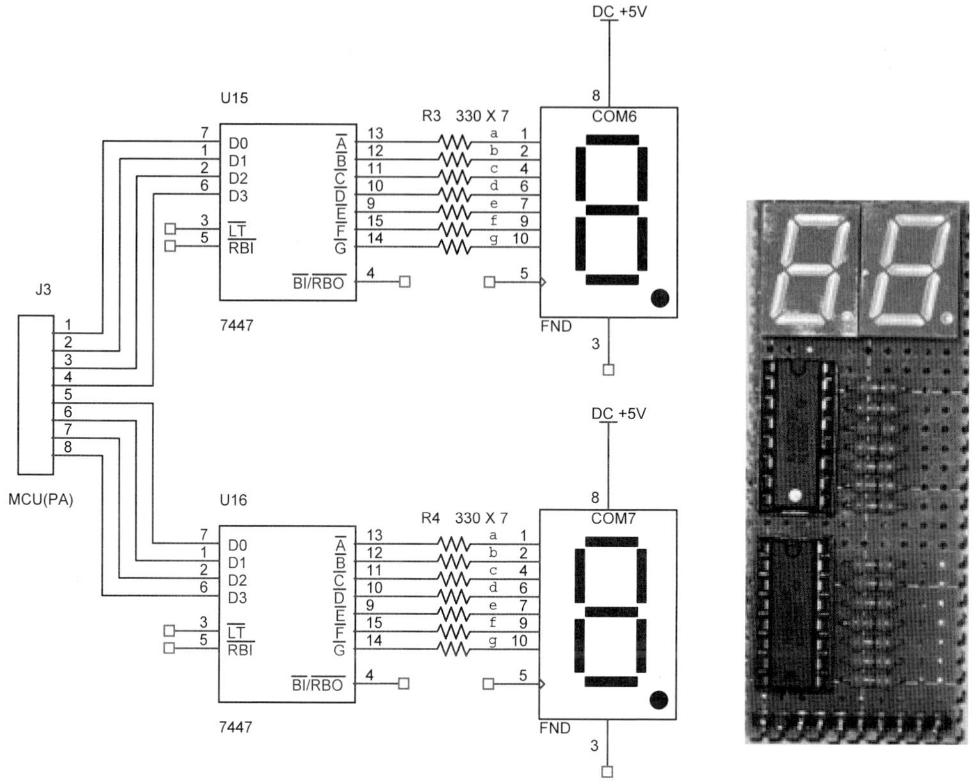

그림 6-6 FND 모듈 및 회로도

- **프로그램**

```
#include <mega32.h>
#include <delay.h>

unsigned char cnt=0;

void main(void)
{
      PORTA=0xff;
      DDRA=0xff;

      while (1)
      {
            PORTA = ((cnt / 10) << 4) | (cnt % 10);
            delay_ms(1000);
            cnt++;
            if(cnt>99) cnt=0;
```

```
17:         }
18:   }
```

- **프로그램 설명**

13: 두 자리의 FND를 표현하기 위해서 10의 자리, 1의 자리가 필요하다.
몫의 값(cnt / 10) << 4)을 구한 후 4비트를 좌 시프트한 결과와 나머지의 값 (cnt % 10)을 비트 논리합으로 결합하여 A PORT로 전송하는 것이다.

CHAPTER

07

직렬 통신(USART)

1 직렬 통신의 이해

직렬 통신은 다양한 규격들이 존재하지만 여기서 말하고자 하는 직렬 통신은 대표적으로 RS232라고 불리는 것으로, 방식을 간소화하여 PC에서 COM으로 알려진 통신 Port의 제어 방식을 말한다.

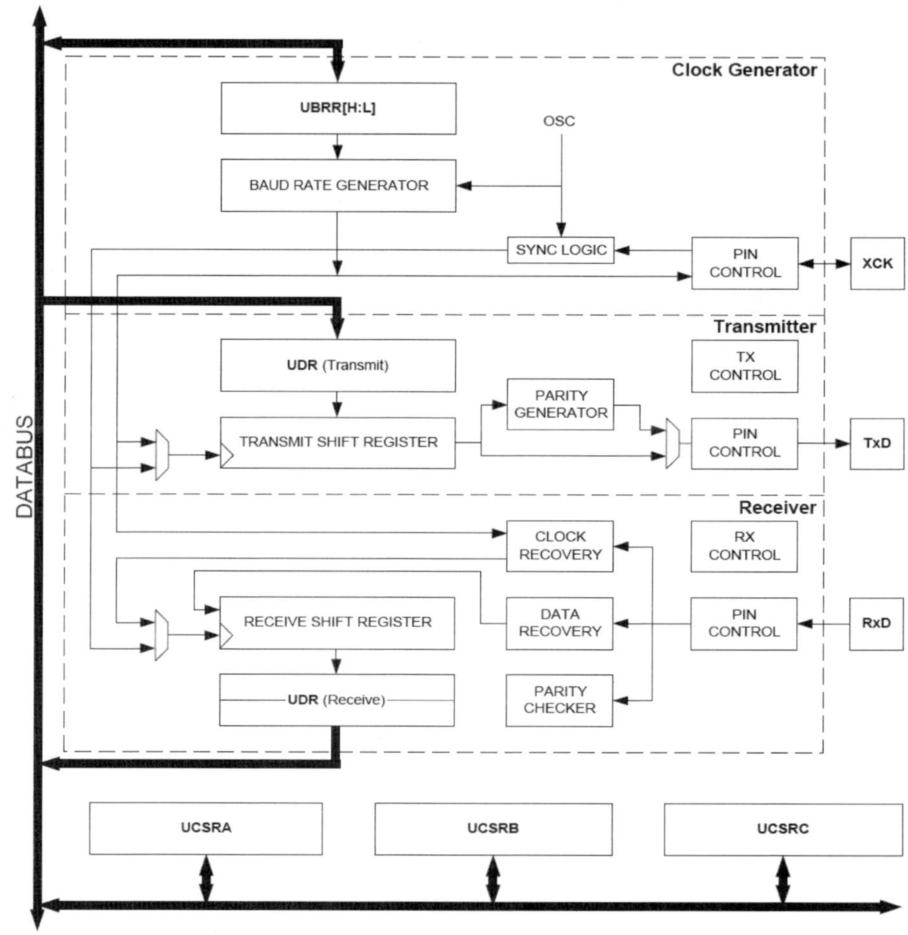

그림 7-1 USART Block Diagram

ATmega32에서는 USART(Universal Synchronous and Asynchronous serial Receiver and Transmitter)를 지원하고 있는데, 주요 특징은 다음과 같다.

- Full Duplex 동작(직렬 송수신이 독립적)
- 비동기와 동기 모두 동작
- 5, 6, 7, 8, 9 데이터 비트와 1, 2 스톱 비트

- 홀수, 짝수 패리티 발생기와 패리티 체크를 하드웨어적으로 지원
- 잘못된 스타트 비트와 디지털 로우 패스 필터를 포함한 노이즈 필터링

아래 <그림 7-2>는 ATmega32의 USART와 MAX232(동등 IC HIN232)를 사용하여 9핀 커넥터에 연결된 모습을 나타내 주는 회로도이다.

> ⚠ 주의 크로스 케이블을 사용한 회로도이며, 다이렉트 케이블을 사용할 때는 MAX232의 13번 핀을 P1의 3번, 14번 핀을 2번으로 연결하여야 한다.

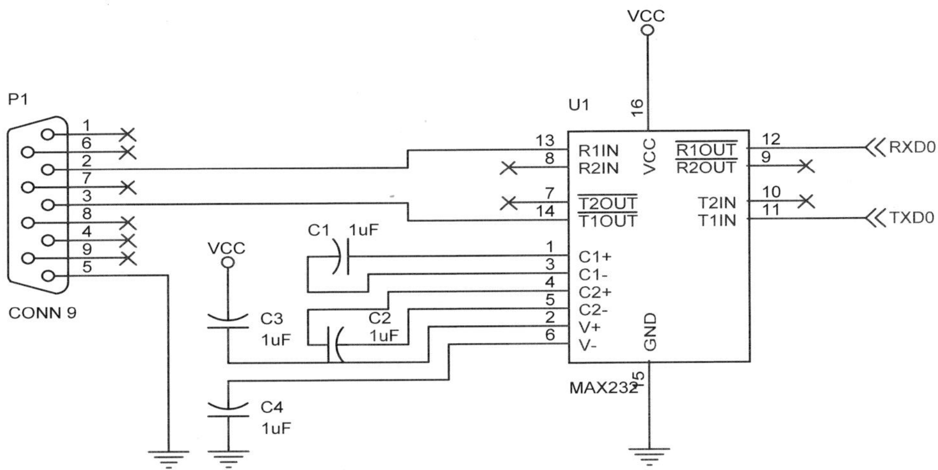

그림 7-2 MAX232 회로도

2 직렬 통신의 활용

1) USART에 사용되는 레지스터

(1) UDR - USART I/O Data Register

Bit	7	6	5	4	3	2	1	0	
	RXB[7:0]								UDR (Read)
	TXB[7:0]								UDR (Write)
Read/Write	R/W	R/W	R/W	R/W	R/W	R/W	R/W	R/W	
Initial Value	0	0	0	0	0	0	0	0	

그림 7-3 UDR 레지스터

UDR 레지스터는 실제로 전달되는 송수신 데이터 값이 저장되어 있는 레지스터이다. UDR에 데이터를 저장하고 전송하면 UDR 값이 전송이 되고 읽을 준비를 한 뒤에 UDR에서 데이터를 읽으면 데이터를 전달 받을 수 있다.

(2) UCSRA - USART Control and Status Register A

Bit	7	6	5	4	3	2	1	0	
	RXC	TXC	UDRE	FE	DOR	PE	U2X	MPCM	UCSRA
Read/Write	R	R/W	R	R	R	R	R/W	R/W	
Initial Value	0	0	1	0	0	0	0	0	

그림 7-4 UCSRA 레지스터

UCSR 레지스터들은 A, B, C의 세 개로 나누어져 있는데, 설정이나 상태와 관련된 레지스터들이다. UCSRA의 주요 비트는 다음과 같다. 거론되지 않은 비트들에 대해서는 여기서는 다루지 않으며 자세한 내용은 데이터 시트를 참조하기 바란다.

RXC는 USART Receive Complete 비트이다. 수신 버퍼에 읽지 않은 데이터가 있을 때 1로 설정되며, 수신 버퍼가 비어 있다면 클리어된다.

UDRE는 USART Data Register Empty 비트이며, 송신 버퍼가 새로운 데이터를 받을 준비가 되어 있는지 알려준다.

(2) UCSRB - USART Control and Status Register B

Bit	7	6	5	4	3	2	1	0	
	RXCIE	TXCIE	UDRIE	RXEN	TXEN	UCSZ2	RXB8	TXB8	UCSRB
Read/Write	R/W	R/W	R/W	R/W	R/W	R/W	R	R/W	
Initial Value	0	0	0	0	0	0	0	0	

그림 7-5 UCSRB 레지스터

RXCIE는 RX Complete Interrupt Enable 비트이다. 활성화시키면 위에서 설명한 RXC 플래그를 참조하여 인터럽트를 발생시킨다.

RXEN은 Receiver Enable 비트이다. USART 수신을 활성화시킨다. 수신 버퍼와 관련된 동작이 가능하도록 한다.

TXEN은 Transmitter Enable 비트이다. USART 송신을 활성화시킨다.

UCSZ2는 Character Size 비트이다. 다음에 나오는 다른 비트들과 연계되어 동작한다. 자세한 내용은 다음에 설명하는 UCSRC 레지스터에서 설명한다.

(4) UCSRC – USART Control and Status Register C

Bit	7	6	5	4	3	2	1	0	
	URSEL	UMSEL	UPM1	UPM0	USBS	UCSZ1	UCSZ0	UCPOL	UCSRC
Read/Write	R/W	R/W	R/W	R/W	R/W	R/W	R/W	R/W	
Initial Value	1	0	0	0	0	1	1	0	

그림 7-6 UCSRC 레지스터

UMSEL은 USART Mode Select 비트이다. 설정할 수 있는 값들은 다음 <표 7-1>과 같다. 여기서는 간단한 저속 직렬 통신을 할 것이므로 비동기로 설정할 것이다.

표 7-1 UCSRC Register의 UMSEL bit

UMSEL	Mode
0	Asynchronous Operation
1	Synchronous Operation

UPM1:0은 Parity Mode 비트이다. 패리티 모드의 종류와 설정할 값들은 다음 <표 7-2>와 같다.

표 7-2 UCSRC Register의 UPM bits

UPM1	UPM0	Parity Mode
0	0	Disabled
0	1	(Reserved)
1	0	Enabled, Even Parity
1	1	Enabled, Odd Parity

USBS는 USART Stop bit Select 비트로서 1비트와 2비트 중 어느 것을 할지 정할 수 있다. 설정해야 하는 값은 다음 <표 7-3>을 참조하기 바란다.

표 7-3 UCSRC Register의 USBS bit

USBSn	Stop Bit(s)
0	1-bit
1	2-bits

UCSZ1:0은 UCSRB의 UCSZ2와 관련하여 Character Size와 관련된 비트이다. 이 3bit를 사용하여 전송할 크기를 정한다. 각 값에 따른 크기는 다음 <표 20>과 같다.

표 7-4 UCSRB/UCSRC Register의 UCSZ bits

UCSZ2	UCSZ1	UCSZ0	Character Size
0	0	0	5-bits
0	0	1	6-bits
0	1	0	7-bits
0	1	1	8-bits
1	0	0	Reserved
1	0	1	Reserved
1	1	0	Reserved
1	1	1	9-bits

(5) UBRRL 과 UBRRH - USART Baud Rate Registers

이 비트들은 전송 속도를 의미하는 보율을 설정한다. 레지스터에 설정할 수 있는 값의 위치는 다음과 같다.

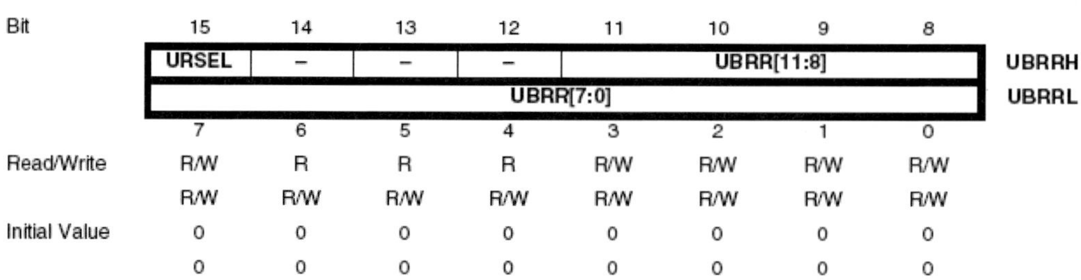

그림 7-7 UBRRL/UBRRH 레지스터

보율을 계산하는 방법은 다음과 같다.

표 7-5 보율 계산 방법

Operating Mode	Equation for Calculating Baud Rate	Equation for Calculating UBRR Value
Asynchronous Normal Mode (U2X=0)	$BAUD=\frac{f_{OSC}}{16(UBRR+1)}$	$UBRR=\frac{f_{OSC}}{16BAUD}-1$
Asynchronous Double Speed Mode (U2X=1)	$BAUD=\frac{f_{OSC}}{8(UBRR+1)}$	$UBRR=\frac{f_{OSC}}{8BAUD}-1$
Synchronous Master Mode	$BAUD=\frac{f_{OSC}}{2(UBRR+1)}$	$UBRR=\frac{f_{OSC}}{2BAUD}-1$

BAUD는 bps(bit per second) 단위의 보율을 의미하며 f_{OSC}는 시스템의 오실레이터 주파수이다. ATmega32에 16MHz 크리스털을 사용하고 있다는 것을 가정하고, 여기서는 일반 모드의 비동기 방식을 사용할 것이기 때문에, 19200bps의 보율을 사용한다면 UBRR 레지스터에는 (16000000 / 16 / 19200) − 1이므로 51이 된다. 물론 정확히 나누어 떨어지지 않기 때문에 약간의 오차가 발생한다. 데이터 시트에 따르면 위와 같은 경우는 0.2%의 에러를 보이고 있다.

2) UASRT 초기화

초기화하는 부분에서 들어가야 할 내용은 보율과 송수신 활성화, 프레임 포맷이다. 아래의 예제는 19200bps, no parity, 1 stop bit, 8bit data로 설정하는 방법을 나타내고 있다. 여기서는 USART 송신 시에 인터럽트를 사용하려고 하기 때문에, TXCIE 비트를 1로 설정하여 송신 완료 인터럽트를 활성화시키고 있다.

(1) UASRT 초기화 예제 (송신 기준)

```
// USART initialization
UCSRA=0x00;

// USART Receiver: Off
// USART Transmitter: On
UCSRB=0x08;

// USART Mode: Asynchronous
```

```
// Communication Parameters: 8 Data, 1 Stop, No Parity
UCSRC=0x06;

// USART Baud rate: 19200 설정
UBRRH=0x00;
UBRRL=0x33;          // 16 MHz / 16 / 19200 - 1 = 51(10)

#define TXB8   0
#define RXB8   1
#define UPE    2
#define OVR    3
#define FE     4
#define UDRE   5
#define TXC    6
#define RXC    7

#define FRAMING_ERROR (1<<FE)
#define PARITY_ERROR (1<<UPE)
#define DATA_OVERRUN (1<<OVR)
#define DATA_REGISTER_EMPTY (1<<UDRE)
#define TX_COMPLETE (1<<TXC)
#define RX_COMPLETE (1<<RXC)
```

3) USART 송신

송신 방법은 간단하게 데이터를 보내기 위해 UCSRA 레지스터의 UDRE 비트를 살펴보고 현재 송신 버퍼가 비워졌는지를 검사하며 기다리다가 보낼 준비가 되면 데이터를 버퍼에 채우면 된다. 아래에 간단한 예제가 있다.

(1) UASRT 송신 예제

```
// Write a character to the USART Transmitter
#pragma used+
void putchar1(char c)
{    // 버퍼가 비워질 때까지 기다린다.
     while ((UCSRA & DATA_REGISTER_EMPTY)==0);
     UDR=c;
}
```

```
#pragma used-
```

4) USART 수신

USART 초기화하는 부분에서 수신 완료 인터럽트를 활성화시켰기 때문에 인터럽트 처리 루틴에 수신 루틴을 넣는다. UCSRA 레지스터의 RXC 비트를 살펴보고 수신 버퍼에 아직 읽지 않은 데이터가 있다면 버퍼의 값을 읽어온다.

(1) UASRT 수신 예제

```
// Get a character from the USART Receiver
#pragma used+
char getchar1(void)
{
     char status, data;
     while (1)
     {    // 읽지 않은 데이터가 있으면 읽는다.
          while (((status=UCSRA) & RX_COMPLETE)==0);
          data=UDR;
          if ((status & (FRAMING_ERROR | PARITY_ERROR |
DATA_OVERRUN))==0)
          return data;
     }
}
#pragma used-
```

3 하이퍼터미널 설정

ATmega32와 USART 통신을 하기 위해 윈도우에 기본적으로 설치되어 있는 하이퍼터미널을 사용하기로 한다. 하이퍼터미널은 시작 메뉴에서 "보조프로그램 >> 통신 >> 하이퍼터미널"을 클릭하면 된다(Windows Vista에서는 하이퍼터미널을 제공하지 않으므로 관련 소프트웨어를 설치 후 사용). 이후 연결 설정을 물어보는 아래와 같은 창이 뜨게 된다.

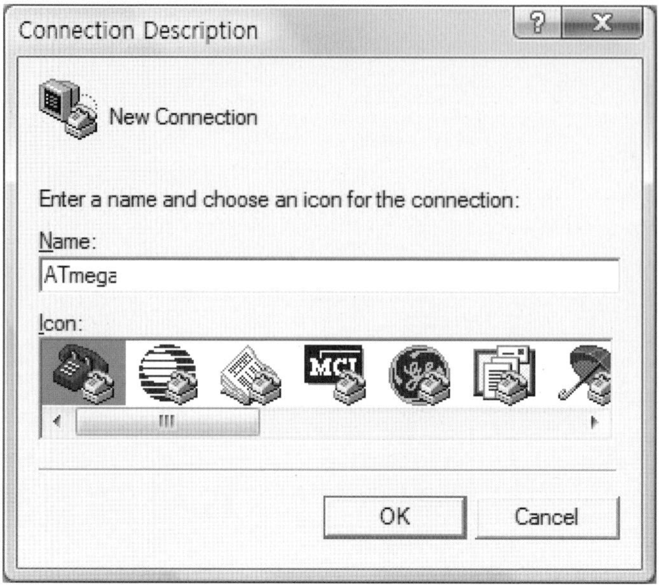

그림 7-8 Connection Description 대화상자

창의 Name에 적당한 이름을 입력한다. 여기서는 "ATmega32"로 설정하기로 한다. 확인을 누르고 나면 연결 대상이라는 창이 나타나는데 각자의 컴퓨터 환경에 맞는 COM Port를 선택하면 된다. 여기서는 "COM1"을 선택하였다.

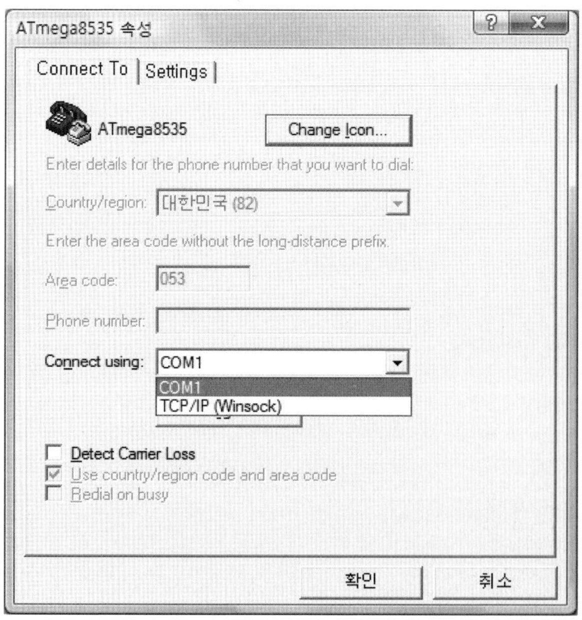

그림 7-9 Connect To 속성

선택하고 확인을 누르면 이번에는 COM Port의 세부 설정을 위한 창이 나타난다. 여기서는 19200bps, no parity, 1 stop bit, 8bit data로 하기로 한다. 아래와 같이 입력하면 모든 설정이 끝나게 된다.

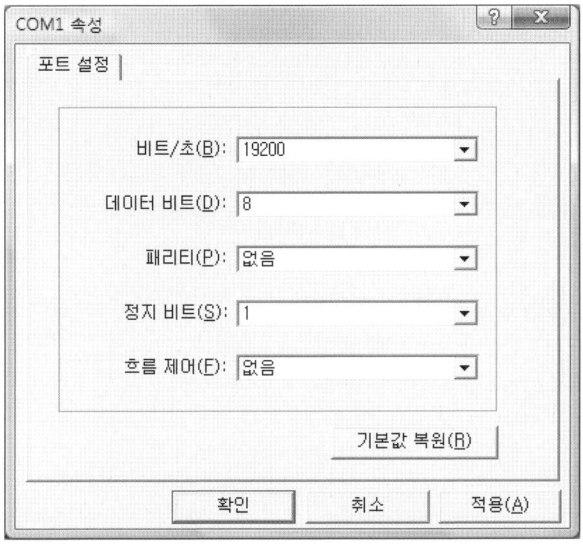

그림 7-10 COM1 속성

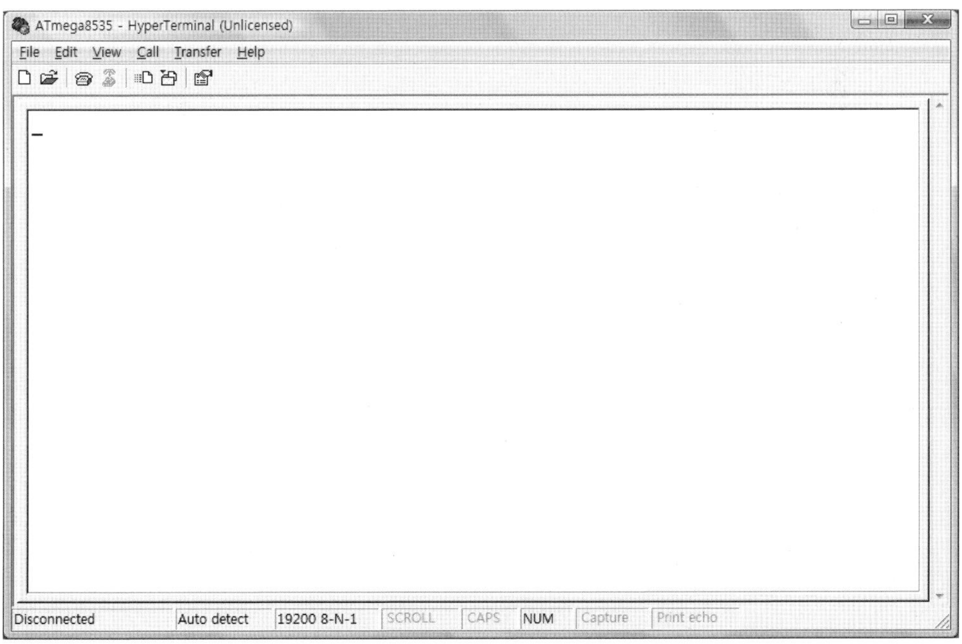

그림 7-11 Hyperterminal 실행 화면

그리고 하이퍼터미널을 다 사용하고 나서 종료하면 아래와 같은 창이 나타난다. 여기서 저장을 하면 다음 실행에는 설정을 다시 할 필요가 없다.

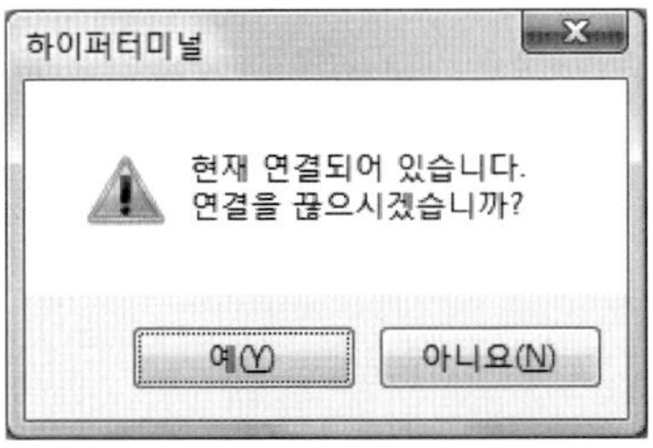

그림 7-12 연결 끊기 대화상자

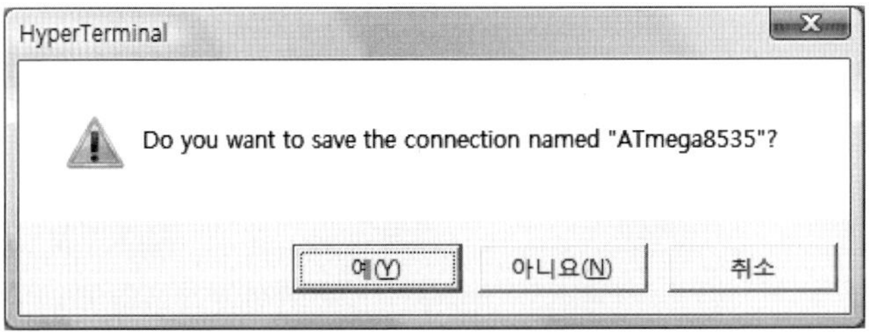

그림 7-13 Hyperterminal 저장 유무 대화상자

저장된 연결을 다시 불러오기 위해서는 시작메뉴에서 "보조프로그램 >> 통신 >> 하이퍼터미널" 폴더에서 필요한 항목을 선택하면 된다.

그림 7-14 저장된 Hyperterminal 불러오기

4 아스키코드

문자열 통신을 하다 보면 일반 알파벳이나 숫자가 아닌 값들에 대해서 다룰 경우가 생긴다. 7비트로 이루어진 아스키코드는 개행 문자나 백스페이스와 같이 실제로 눈에 보이지 않는 경우도 많이 있어 아래와 같은 표를 참조하여 특별한 문자에 대해서 처리할 경우에 사용하도록 한다.

Dec	Hx	Oct	Char	Dec	Hx	Oct	Html	Chr	Dec	Hx	Oct	Html	Chr	Dec	Hx	Oct	Html	Chr
0	0	000	NUL (null)	32	20	040		Space	64	40	100	@	@	96	60	140	`	`
1	1	001	SOH (start of heading)	33	21	041	!	!	65	41	101	A	A	97	61	141	a	a
2	2	002	STX (start of text)	34	22	042	"	"	66	42	102	B	B	98	62	142	b	b
3	3	003	ETX (end of text)	35	23	043	#	#	67	43	103	C	C	99	63	143	c	c
4	4	004	EOT (end of transmission)	36	24	044	$	$	68	44	104	D	D	100	64	144	d	d
5	5	005	ENQ (enquiry)	37	25	045	%	%	69	45	105	E	E	101	65	145	e	e
6	6	006	ACK (acknowledge)	38	26	046	&	&	70	46	106	F	F	102	66	146	f	f
7	7	007	BEL (bell)	39	27	047	'	'	71	47	107	G	G	103	67	147	g	g
8	8	010	BS (backspace)	40	28	050	(	(	72	48	110	H	H	104	68	150	h	h
9	9	011	TAB (horizontal tab)	41	29	051	)	)	73	49	111	I	I	105	69	151	i	i
10	A	012	LF (NL line feed, new line)	42	2A	052	*	*	74	4A	112	J	J	106	6A	152	j	j
11	B	013	VT (vertical tab)	43	2B	053	+	+	75	4B	113	K	K	107	6B	153	k	k
12	C	014	FF (NP form feed, new page)	44	2C	054	,	,	76	4C	114	L	L	108	6C	154	l	l
13	D	015	CR (carriage return)	45	2D	055	-	-	77	4D	115	M	M	109	6D	155	m	m
14	E	016	SO (shift out)	46	2E	056	.	.	78	4E	116	N	N	110	6E	156	n	n
15	F	017	SI (shift in)	47	2F	057	/	/	79	4F	117	O	O	111	6F	157	o	o
16	10	020	DLE (data link escape)	48	30	060	0	0	80	50	120	P	P	112	70	160	p	p
17	11	021	DC1 (device control 1)	49	31	061	1	1	81	51	121	Q	Q	113	71	161	q	q
18	12	022	DC2 (device control 2)	50	32	062	2	2	82	52	122	R	R	114	72	162	r	r
19	13	023	DC3 (device control 3)	51	33	063	3	3	83	53	123	S	S	115	73	163	s	s
20	14	024	DC4 (device control 4)	52	34	064	4	4	84	54	124	T	T	116	74	164	t	t
21	15	025	NAK (negative acknowledge)	53	35	065	5	5	85	55	125	U	U	117	75	165	u	u
22	16	026	SYN (synchronous idle)	54	36	066	6	6	86	56	126	V	V	118	76	166	v	v
23	17	027	ETB (end of trans. block)	55	37	067	7	7	87	57	127	W	W	119	77	167	w	w
24	18	030	CAN (cancel)	56	38	070	8	8	88	58	130	X	X	120	78	170	x	x
25	19	031	EM (end of medium)	57	39	071	9	9	89	59	131	Y	Y	121	79	171	y	y
26	1A	032	SUB (substitute)	58	3A	072	:	:	90	5A	132	Z	Z	122	7A	172	z	z
27	1B	033	ESC (escape)	59	3B	073	;	;	91	5B	133	[	[	123	7B	173	{	{
28	1C	034	FS (file separator)	60	3C	074	<	<	92	5C	134	\	\	124	7C	174			|
29	1D	035	GS (group separator)	61	3D	075	=	=	93	5D	135	]	]	125	7D	175	}	}
30	1E	036	RS (record separator)	62	3E	076	>	>	94	5E	136	^	^	126	7E	176	~	~
31	1F	037	US (unit separator)	63	3F	077	?	?	95	5F	137	_	_	127	7F	177	&#127;	DEL

그림 7-15 ASCII Code

예 제

하이퍼터미널 창에 ASCII Code 문자(0~127)를 전송하시오.

- **프로그램**

```
#include <mega32.h>
#include <delay.h>
#include <stdio.h>

unsigned char *temp="", led=0xfe;
unsigned int cnt=0;

void main(void)
{

     DDRC=0xff;

     // USART initialization
     // Communication Parameters: 8 Data, 1 Stop, No Parity
     // USART Receiver: Off
```

```
        // USART Transmitter: On
        // USART Mode: Asynchronous
        // USART Baud rate: 19200
        UCSRA=0x00;
        UCSRB=0x08;
        UCSRC=0x86;
        UBRRH=0x00;
        UBRRL=0x33;

        printf("%c",12);         // Clear Screen
        while (1)
        {
              led^=0x01;
              PORTC=led;

              sprintf(temp,"UART Testing: [%3d]
, ASCII Code [%c]", cnt, cnt);
              printf("%s\n\r",temp);
              if(++cnt>127) cnt=0;    // ASCII Code : 0 ~ 127

              delay_ms(100);
        }
}
```

- **프로그램 결과**

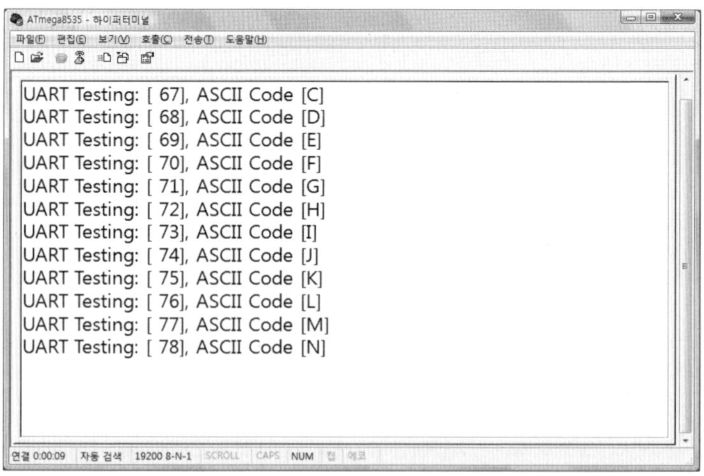

예 제

하이퍼터미널에서 키보드로 'a'를 입력하면 LED를 ON시키고, 'b'를 입력하면 LED를 OFF 되도록 하시오.

• **프로그램**

```
#include <mega32.h>
#include <stdio.h>

unsigned char led=0x01, key;

void main(void)
{
     PORTC=0x01;
     DDRC=0xff;

     // USART initialization
     // Communication Parameters: 8 Data, 1 Stop, No Parity
     // USART Receiver: On
     // USART Transmitter: Off
     // USART Mode: Asynchronous
     // USART Baud rate: 19200
     UCSRA=0x00;
     UCSRB=0x10;
     UCSRC=0x86;
     UBRRH=0x00;
     UBRRL=0x33;

     while (1)
     {
          key=getchar(); // single character input
          if(key=='a') led=0x00;        // LED ON
          else if(key=='b') led=0x01;   // LED OFF

          PORTC=led;
     }
}
```

예 제

하이퍼터미널에서 키보드로 'a'를 입력하면 LED를 ON시킴과 동시에 "LED ON"을 출력하고, 'b'를 입력하면 LED를 OFF시키면서 "LED OFF"가 출력되도록 하시오.

- **프로그램**

```
#include <mega32.h>
#include <stdio.h>

unsigned char led=0x01, key;

void main(void)
{
     PORTA=0xff;
     DDRA=0xff;
     // USART initialization
     // Communication Parameters: 8 Data, 1 Stop, No Parity
     // USART Receiver: On
     // USART Transmitter: On
     // USART Mode: Asynchronous
     // USART Baud rate: 19200
     UCSRA=0x00;
     UCSRB=0x18;
     UCSRC=0x86;
     UBRRH=0x00;
     UBRRL=0x33;

     printf("%c",12);         // Clear Screen
     while (1)
     {
          key=getchar();
          if(key=='a')
          {
               led=0x00;
               printf("LED ON\n\r");
          }
          else if(key=='b')
          {
               led=0xFF;
```

```
                    printf("LED OFF\n\r");
               }

               PORTA=led;
          }
}
```

- **프로그램 결과**

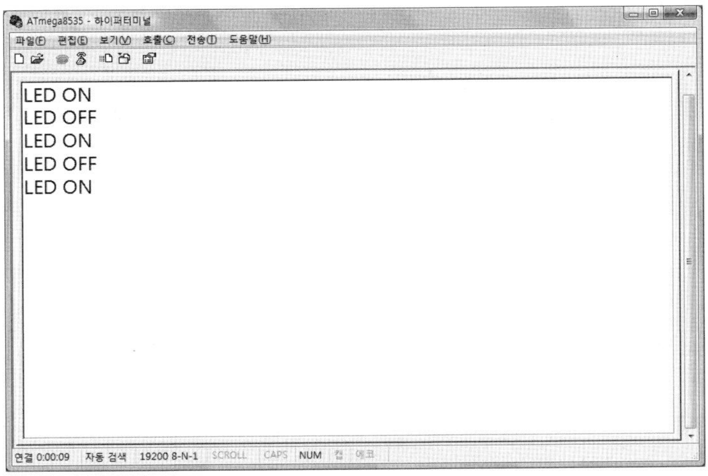

예 제

하이퍼터미널에서 키보드로부터 문자 “mc”를 입력하였을 때 포트 A에 연결된 LED를 ON 시키고, 하이퍼터미널에는 “LED ON”문자를 전송하시오. 이외 문자는 LED를 OFF시키고, "LED OFF" 문자를 전송하시오(단, USART를 이용한 Interrupt 제어).

- **프로그램**

```
#include <mega32.h>
#include <delay.h>
#include <stdio.h>

unsigned char *temp="", led=0xff, chk=0, key[2];
unsigned int cnt=0, ct=0;

#define RXB8 1
```

```
#define TXB8 0
#define UPE 2
#define OVR 3
#define FE 4
#define UDRE 5
#define RXC 7

#define FRAMING_ERROR (1<<FE)
#define PARITY_ERROR (1<<UPE)
#define DATA_OVERRUN (1<<OVR)
#define DATA_REGISTER_EMPTY (1<<UDRE)
#define RX_COMPLETE (1<<RXC)

// USART Receiver buffer
#define RX_BUFFER_SIZE 32
char rx_buffer[RX_BUFFER_SIZE];

#if RX_BUFFER_SIZE<256
unsigned char rx_wr_index,rx_rd_index,rx_counter;
#else
unsigned int rx_wr_index,rx_rd_index,rx_counter;
#endif

// This flag is set on USART Receiver buffer overflow
bit rx_buffer_overflow;

// USART Receiver interrupt service routine
interrupt [USART_RXC] void usart_rx_isr(void)
{
     char status,data;
     status=UCSRA;
     data=UDR;
     key[ct++]=data;
     if ((status & (FRAMING_ERROR |
PARITY_ERROR | DATA_OVERRUN))==0)
     {
          rx_buffer[rx_wr_index]=data;
          if (++rx_wr_index ==
RX_BUFFER_SIZE) rx_wr_index=0;
          if (++rx_counter == RX_BUFFER_SIZE)
          {
```

```
            rx_counter=0;
            rx_buffer_overflow=1;
        };
    };
    if(key[0]=='m' && key[1]=='c' && ct==2)
    {
        chk=1;
        ct=0;
    }
    else if(key[0]!='m' || key[1]!='c' && ct==2)
    {
        chk=0;
        ct=0;
    }
}

#ifndef _DEBUG_TERMINAL_IO_
// Get a character from the USART Receiver buffer
#define _ALTERNATE_GETCHAR_
#pragma used+
    char getchar(void)
    {
        char data;
        while (rx_counter==0);
        data=rx_buffer[rx_rd_index];
        if (++rx_rd_index ==
RX_BUFFER_SIZE) rx_rd_index=0;
        #asm("cli")
        --rx_counter;
        #asm("sei")
        return data;
    }
#pragma used-
#endif

// USART Transmitter buffer
#define TX_BUFFER_SIZE 32
char tx_buffer[TX_BUFFER_SIZE];

#if TX_BUFFER_SIZE<256
unsigned char tx_wr_index,tx_rd_index,tx_counter;
```

```
#else
unsigned int tx_wr_index,tx_rd_index,tx_counter;
#endif

// USART Transmitter interrupt service routine
interrupt [USART_TXC] void usart_tx_isr(void)
{
     if (tx_counter)
     {
          --tx_counter;
          UDR=tx_buffer[tx_rd_index];
          if (++tx_rd_index ==
TX_BUFFER_SIZE) tx_rd_index=0;
     };
}

#ifndef _DEBUG_TERMINAL_IO_
// Write a character to the USART Transmitter buffer
#define _ALTERNATE_PUTCHAR_
#pragma used+
     void putchar(char c)
     {
          while (tx_counter == TX_BUFFER_SIZE);
          #asm("cli")
          if (tx_counter || ((UCSRA &
DATA_REGISTER_EMPTY)==0))
          {
               tx_buffer[tx_wr_index]=c;
               if (++tx_wr_index == TX_BUFFER_SIZE)
tx_wr_index=0;

               ++tx_counter;
          }
          else
               UDR=c;
          #asm("sei")
     }
#pragma used-
#endif

void main(void)
```

```
{

    DDRA=0xff;
    // USART initialization
    // Communication Parameters: 8 Data, 1 Stop, No Parity
    // USART Receiver: On
    // USART Transmitter: On
    // USART Mode: Asynchronous
    // USART Baud rate: 19200
    UCSRA=0x00;
    UCSRB=0xD8;
    UCSRC=0x86;
    UBRRH=0x00;
    UBRRL=0x33;

    printf("%c",12);         // Clear Screen
    // Global enable interrupts
    #asm("sei")
    while (1)
    {
        if(chk==1)
        {
            led^=0xff;
            sprintf(temp,“LED ON”);
        }
        else
        {
        led^=0xff;
            sprintf(temp,“LED OFF”);
        }
        PORTA=led;
        printf("%s\r",temp);
    }
}
```

- **프로그램 결과**

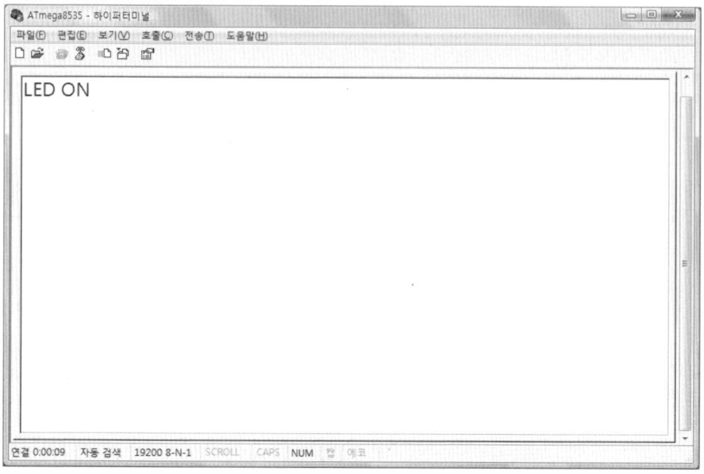
ATmega8535 - 하이퍼터미널
파일(F) 편집(E) 보기(V) 호출(C) 전송(T) 도움말(H)
LED ON
연결 0:00:09 자동 검색 19200 8-N-1 SCROLL CAPS NUM

CHAPTER

08

외부 Interrupt

1 외부 Interrupt

1) 외부 인터럽트의 이해

포트 입력상태를 체크하기 위해 매번 입력을 요구하는 앞의 예제의 방식을 폴링이라 부르는데 이 방식은 컴퓨팅에 상당한 시간이 요구되는 단점이 있다. ATmega32는 21개(RESET 포함)의 다른 인터럽트 소스들을 가지고 있다.

이러한 인터럽트들은 각각 프로그램 메모리 공간 안에 있는 분리된 프로그램 벡터를 가지고 있다. 인터럽트 벡터들의 리스트는 다음과 같다. 어드레스가 낮을수록 우선순위는 높아진다.

표 8-1 인터럽트 소스

벡터번호	벡터 번지	인터럽트 소스	인터럽트 발생조건
1	0x000	RESET	하드웨어 핀, 전원 리셋과 와치독 리셋
2	0x001	INT0	외부 인터럽트 요구0
3	0x002	INT1	외부 인터럽트 요구1
4	0x003	TIMER2 COMP	타이머/카운터2 비교 매치
5	0x004	TIMER2 OVF	타이머/카운터2 오버플로
6	0x005	TIMER1 CAPT	타이머/카운터1 캡처 이벤트
7	0x006	TIMER1 COMPA	타이머/카운터1 비교 매치A
8	0x007	TIMER1 COMPB	타이머/카운터1 비교 매치B
9	0x008	TIMER1 OVF	타이머/카운터1 오버플로
10	0x008	TIMER0 OVF	타이머/카운터0 오버플로
11	0x00A	SPI, STC	SPI 시리얼 전달 완료
12	0x00B	USART, RXC	USART, RX 완료
13	0x00C	USART, UDRE	USART 데이터 레지스터 비우기
14	0x00D	USART, TXC	USART, TX 완료
15	0x00E	ADC	ADC 컨버전 완료
16	0x00F	EE_RDY	EEPROM 준비
17	0x010	ANA_COMP	아날로그 비교기

벡터번호	벡터 번지	인터럽트 소스	인터럽트 발생조건
18	0x011	TWI	Two-Wire serial Interface
19	0x012	INT2	External interrupt request 2
20	0x013	TIMER0 COMP	타이머/카운터0 비교 매치
21	0x014	SPM_RDY	Store Program Memory Ready

인터럽트는 프로그램의 실행 도중 지금의 동작을 멈추고 발생된 이벤트의 경우를 우선 점검 처리해 주는 CPU의 동작이다.

프로그램 수행 시 가장 급한 것을 즉시 처리 및 응답해 주는 기능을 제공한다. 즉, 프로그램 순서대로 일을 처리하는 것이 아니라 발생 시기를 예측할 수 없는 경우를 처리하는 효과적인 방법이다. 그리고 인터럽트의 중요도에 따라 먼저 실행되는 순서를 결정해 주기 위한 우선순위(Priority)가 있다.

인터럽트가 발생하면 서브루틴처럼 나중에 되돌아 올 복귀주소가 자동적으로 스택(stack)에 저장되었다가 인터럽트 서비스 루틴의 마지막에 복귀 명령을 만나면 인터럽트 발생 전 위치로 되돌아간다.

AVR은 몇 개의 다른 인터럽트 소스를 제공한다. 이들 인터럽트와 분리된 리셋 벡터는 프로그램 메모리 공간에 분리된 프로그램 벡터를 갖고 있다. 모든 인터럽트는 상태 레지스터(SREG)의 글로벌 허용 인터럽트 비트 I를 Enable비트를 논리 1로 설정함으로써 Enable된다.

외부 인터럽트는 INT2~0 핀에 의해 트리거(trigger)된다. 만약 인터럽트가 설정되었다면 INT2:0 핀이 출력으로 설정되어 있어도 인터럽트가 발생한다. 외부 인터럽트는 하강 에지(falling edge), 상승 에지(rising edge) 또는 low level 신호에서 발생한다. 이것은 외부 인터럽트 제어 레지스터의 설정으로 가능하다.

ATmega32는 외부 인터럽트가 3개 있다. 외부 인터럽트란 인터럽트 발생신호가 CPU 외부에 있다는 의미이다. 외부 인터럽트에 관련된 레지스터(GICR, MCUCR, MCUCSR, GIFR)들이 적절히 설정되었다면, PIN 16, 17, 3번에 신호가 들어오면 외부 인터럽트로 인식을 한다.

2) 외부 인터럽트의 활용

아래 <그림 8-1>은 INT0~INT2가 16~17번 핀과 3번 핀을 사용할 수 있는 것을 보여준다. INT2의 핀 2번은 다른 용도로 사용되기 때문에 ATmega32에서는 INT0과 INT1을 쓰는 것을 권장하고 있다.

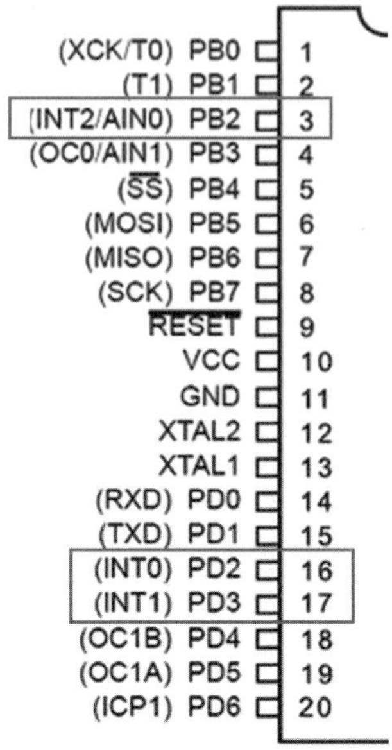

그림 8-1 ATmega32의 외부 인터럽트 핀

(1) ATmega32의 사용되는 외부 인터럽트에 관련 레지스터

• 범용 인터럽트 제어 레지스터(GICR)

외부 인터럽트 INT1, INT0 그리고, INT2 중에서 어느 것을 이용할 것인지를 결정하는 레지스터이다. 물론 3개 모두 사용할 수도 있다.

Bit	7	6	5	4	3	2	1	0	
	INT1	INT0	INT2	–	–	–	IVSEL	IVCE	GICR
Read/Write	R/W	R/W	R/W	R	R	R	R/W	R/W	
Initial Value	0	0	0	0	0	0	0	0	

그림 8-2 GICR 레지스터

표 8-2 GICR 레지스터의 기능

비트	기능
7	외부 인터럽트 1선택 비트로 INT1 비트가 설정("1")되면 외부 인터럽트 INT1이 Enable되고 만약 해제("0")되면 외부 인터럽트 INT1이 Disable된다. 예) 외부 인터럽트 3개 중 INT1만을 이용할 경우 GICR=0x80으로 설정하면 된다.
6	외부 인터럽트 0선택 비트로 INT0 비트가 설정("1")되면 외부 인터럽트 INT0이 Enable되고 만약 해제("0")되면 외부 인터럽트 INT0이 Disable된다. 예) 외부 인터럽트 3개 중 INT0만을 이용할 경우 GICR=0x40으로 설정하며, 외부 인터럽트 3개 중 INT1과 INT0을 이용할 경우 GICR=0xC0으로 설정하면 된다.

비트	기능
5	외부 인터럽트 2선택 비트로 INT2 비트가 설정("1")되면 외부 인터럽트 INT2가 Enable되고 만약 해제("0")되면 외부 인터럽트 INT2가 Disable된다. 예) 외부 인터럽트 3개 중 INT2만을 이용할 경우 GICR=0x20으로 설정하며, 외부 인터럽트 3개 모두 이용할 경우 GICR=0xE0으로 설정하면 된다.
4–2	예약된 비트들로 이러한 비트들은 ATmega32안에 있는 예약된 비트들로서 항상 0으로 읽혀진다.
1	IVSEL(Interrupt Vector Select)으로서 IVSEL 비트가 해제("0")되면 인터럽트 벡터는 플래시 메모리의 시작 부분에 배치한다. 이 비트를 설정("1")하면 인터럽트 벡터로 이동된다. 섹션의 시작 부분에 부트 로더를 플래시한다.
0	IVCE(Interrupt Vector Change Enable)으로서 IVSEL 비트를 논리적으로 설정("1")을 하면 IVCE 비트를 작성할 수 있다. IVCE 하드웨어는 4개의 사이클 후 혹은 IVSEL을 설정하면 취소된다.

• 범용 인터럽트 FLAG 레지스터(GIFR)

외부 인터럽트(INT1, INT0, INT2)가 발생하였는지를 검사하는 레지스터이다.

Bit	7	6	5	4	3	2	1	0	
	INTF1	INTF0	INTF2	–	–	–	–	–	GIFR
Read/Write	R/W	R/W	R/W	R	R	R	R	R	
Initial Value	0	0	0	0	0	0	0	0	

그림 8–3 GIFR 레지스터

표 8–3 GIFR 레지스터의 기능

비트	기능
7	외부 인터럽트 1 플래그로 INT1핀이 에지와 레벨변화에 대해서 인터럽트 요청한다. 트리거될 때 INTF1은 설정("1")이 되고, 인터럽트 루틴이 실행되었을 때 해제("0")된다.
6	외부 인터럽트 0 플래그로 INT0핀이 에지와 레벨변화에 대해서 인터럽트 요청한다. 트리거될 때 INTF0은 설정("1")이 되고, 인터럽트 루틴이 실행되었을 때 해제("0")된다.
5	외부 인터럽트 2 플래그로 INT2핀이 에지와 레벨변화에 대해서 인터럽트 요청한다. 트리거될 때 INTF2는 설정("1")이 되고, 인터럽트 루틴이 실행되었을 때 해제("0")된다.
4-0	예약된 비트들로 이러한 비트들은 ATmega32안에 있는 예약된 비트들로서 항상 0으로 읽혀진다.

• MCU 제어 레지스터(MCUCR)

일반적인 MCU 기능들을 제어하기 위한 레지스터이다.

Bit	7	6	5	4	3	2	1	0	
	SM2	SE	SM1	SM0	ISC11	ISC10	ISC01	ISC00	MCUCR
Read/Write	R/W	R/W	R/W	R/W	R/W	R/W	R/W	R/W	
Initial Value	0	0	0	0	0	0	0	0	

그림 8-4 MCUCR 레지스터

• MCU 제어 레지스터(MCUCSR)

일반적인 MCUCR 레지스터의 기능을 추가한 레지스터이며, 6번 비트(ISC2)의 값을 결정할 때 사용한다. ISC2의 값이 0이면 하강에지(Falling Edge), 1이면 상승에지(Rising Edge)에서 인터럽트2를 요청할 수 있다.

표 8-4 MCUCR 레지스터의 기능

<table>
<tr><th>비트</th><th>기능</th></tr>
<tr><td>7</td><td>슬립모드 선택으로 외부 인터럽트와는 무관하다.</td></tr>
<tr><td>6</td><td>슬립 인네이블로 외부 인터럽트와는 무관하다. SE비트는 sleep 명령이 실행되었을 때 MCU가 슬립모드로 들어가도록 하기 위해서 설정("1")이 되도록 해야 한다.</td></tr>
<tr><td>5–4</td><td>슬립모드 선택 비트 1과 0으로 외부 인터럽트와는 무관하다. 만약 슬립모드를 선택하여 사용한다면 아래 표를 참고하기 바란다.
<table>
<tr><th>SM2</th><th>SM1</th><th>SM0</th><th>Sleep Mode</th></tr>
<tr><td>0</td><td>0</td><td>0</td><td>Idle</td></tr>
<tr><td>0</td><td>0</td><td>1</td><td>ADC Noise Reduction</td></tr>
<tr><td>0</td><td>1</td><td>0</td><td>Power Down</td></tr>
<tr><td>0</td><td>1</td><td>1</td><td>Power Save</td></tr>
<tr><td>1</td><td>0</td><td>0</td><td>Reserved</td></tr>
<tr><td>1</td><td>0</td><td>1</td><td>Reserved</td></tr>
<tr><td>1</td><td>1</td><td>0</td><td>Standby</td></tr>
<tr><td>1</td><td>1</td><td>1</td><td>Extended Standby</td></tr>
</table>
</td></tr>
<tr><td>3–2</td><td>외부 인터럽트 INT1을 활성화시키는 외부 신호의 종류를 선정하는 비트들이다.</td></tr>
<tr><td>1–0</td><td>외부 인터럽트 INT0을 활성화시키는 외부 신호의 종류를 선정하는 비트들이다. ISC설정 방법은 다음과 같다.</td></tr>
</table>

비트	ISCn1	ISCn0	기능
	0	0	INTn의 로우레벨에서 인터럽트 발생
	0	1	INTn의 파형변화에서 인터럽트 발생
	1	0	INTn의 하강에지에서 인터럽트 발생
	1	1	INTn의 상승에지에서 인터럽트요청이 발생

2 학습 예제

예 제

인터럽트0(INT0)을 이용하여 임의의 키를 누르는 순간에 모든 LED를 ON하는 프로그램을 완성하시오.

- **프로그램**

```
#include <mega32.h>

unsigned char int_flag=0;

interrupt [EXT_INT0] void ext_int0_isr(void)
{
     int_flag=1;    // INT0일 때 int_flag=1로 설정
}

void main(void)
{
     PORTC=0xff;
     DDRC=0xff;
     PORTD=0x00;    // 생략 가능
     DDRD=0x00;     // 생략 가능

     GICR|=0x40;    // INT0: On
     MCUCR=0x02;    // INT0 Mode: Falling Edge
     MCUCSR=0x00;
```

```
        GIFR=0x40;
        TIMSK=0x00;    // T/C Interrupt initialization

        #asm("sei")    // Global enable interrupts

        while (1)
        {
            if(int_flag) PORTC=0x00; // LED ON
            else PORTC=0xff;         // LED OFF
        }
}
```

예 제

인터럽트2(INT2)를 이용하여 임의의 KEY를 눌렀다 떼는 순간부터 1초간 모든 LED가 켜졌다 꺼지는 것을 보여라.

- **프로그램**

```
#include <mega32.h>

unsigned char int_flag=0;

interrupt [EXT_INT2] void ext_int2_isr(void)
{
    int_flag=1;    // INT1일 때 int_flag=1로 설정
}

void main(void)
{

    PORTC=0xff;
    DDRC=0xff;
    PORTD=0x00;    // 생략 가능
    DDRD=0x00;     // 생략 가능

    GICR|=0x20;    // INT2: On
```

```
        MCUCR=0x00;     // INT2 Mode: Rising Edge
        MCUCSR=0x40;    // INT2
        GIFR=0x20;
        TIMSK=0x00;     // T/C Interrupt initialization

        #asm("sei")     // Global enable interrupts

        while(1)
        {
             if (int_flag)
             {
                  int_flag=0;     // T/C Int. Init.
                  PORTC=0x00;
                  delay_ms(1000);
                  PORTC=0xff;
             }
        }
}
```

예 제

인터럽트1(INT1)을 이용하여 수광 센서가 차단되었을 때 모든 LED가 켜지는 것을 보여라.

- **프로그램**

```
#include <mega32.h>

unsigned char int_flag=0;

interrupt [EXT_INT1] void ext_int1_isr(void)
{
     int_flag=1;     // INT1일 때 int_flag=1로 기억 설정
}

void main(void)
{
     PORTC=0xff;
     DDRC=0xff;
```

```
    PORTD=0x00;     // 생략 가능
    DDRD=0x00;      // 생략 가능

    GICR|=0x80;     // INT1: On
    MCUCR=0x00;     // INT1 Mode: Low level
    MCUCSR=0x00;
    GIFR=0x80;
    TIMSK=0x00;     // T/C Interrupt initialization

    #asm("sei")     // Global enable interrupts

    while (1)
    {
        if(int_flag) PORTC=0x00;
        else PORTC=0xff;
    }
}
```

예 제

인터럽트0(INT0)을 이용하여 FND의 숫자가 0.1초 주기로 1씩 증가하다가, 수광 센서가 차단되었을 때는 멈추는 것을 보여라(단, FND의 범위는 00~99까지).

- **프로그램**

```
#include <mega32.h>

unsigned char int_flag=0;
unsigned char cnt=0;

interrupt [EXT_INT0] void ext_int0_isr(void)
{
    int_flag=1;    // INT0일 때 int_flag=1로 기억 설정
}

void main(void)
{
    PORTA=0xff;
    DDRA=0xff;
```

```
        PORTD=0x00;    // 생략 가능
        DDRD=0x00;     // 생략 가능

        GICR|=0x40;    // INT0: On
        MCUCR=0x02;    // INT0 Mode: Falling Edge
        MCUCSR=0x00;
        GIFR=0x40;
        TIMSK=0x00;    // T/C Interrupt initialization

        #asm("sei")    // Global enable interrupts

        while (1)
        {
             if(int_flag){
                  int_flag=0;
             }else{
                  PORTA=((cnt/10)<<4 | (cnt%10));
                  delay_ms(100); // 0.1 sec. delay
                  cnt++;
                  if(cnt>99) cnt=0;
             }
        }
   }
```

CHAPTER

09

타이머/카운트

1 타이머/카운터의 이해

타이머(timer)란 시간과 관계되는 것으로서 기준 시간(1/주파수)을 나타내는 클록 소스를 입력신호로 받아 그 개수를 세는 카운터를 말한다. 예를 들어 주파수가 10Hz(0.1ch)인 펄스를 입력신호로 100개를 넣을 경우 타이머의 값은 100이 되고 시간은 10초가 된다($T=\frac{1}{f}=\frac{100}{10}=10$ sec). 타이머는 시간 측정 및 펄스계측에 사용되며 특정 시간동안 동작하는 응용프로그램에 적용된다.

카운터(counter)는 입력 신호로 클록 소스가 아닌 외부의 어떤 사건을 입력 받을 때를 말한다. 즉, 카운터로 사용될 때는 카운터의 값은 외부에서 일어난 사건의 횟수를 나타낸다.

ATmega32는 두 개의 8비트 타이머/카운터와 한 개의 16비트 타이머/카운터를 공급한다. 타이머/카운터2는 외부 오실레이터로부터 비동기적으로 클록신호를 받아 동작시킬 수 있다.

8비트 타이머/카운터의 구조는 다음 <그림 9-1>과 같다.

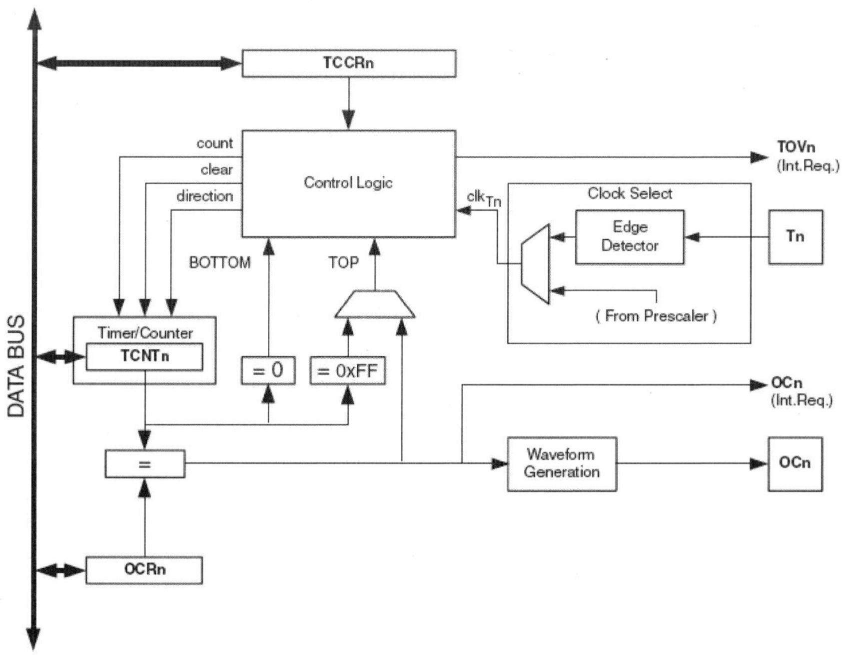

그림 9-1 8-bit Timer/Counter Block Diagram

타이머/카운터0의 타이머 값(TCNT0)과 출력 비교 레지스터(OCR0)는 8비트로 되어 있으며 타이머/카운터0은 내부적으로는 프리스케일러(Prescaler)를 통하여 사용할 수 있고, 외부적으로는 TOSC1(28번 핀), TOSC2(29번 핀) 핀으로 클록을 사용할 수 있다.

타이머/카운터0은 내부 I/O 클록이나 외부의 크리스털을 소스로 사용하고 사용자가 필요로 하는 주기를 설정하여 일정한 주기로 발생하는 임의의 작업을 할 수 있다. 이 클록 소스는 TCCR0 레지스터 클록 소스 비트(CS02:00)를 설정하여 사용할 수 있으며, 모드의 설정에 각 타이머를 클록(clkT0)에서 카운터가 클리어되거나 증가 또는 감소한다.

여기서는 기본적으로 사용되는 타이머/카운터0의 활용 방법에 대해서 알아보기로 한다. 타이머/카운터0은 일반적으로 쓰이는 single 채널, 8비트 타이머/카운터 모듈이다. 특징은 다음과 같다.

- single 채널 카운터이다.
- 비교하여 일치되면 타이머가 클리어된다.
- 10비트의 clock prescaler가 있다.
- Overflow와 Compare Match의 인터럽트가 있다.
- I/O clock과 독립된 외부의 32kHz 크리스털로 동작할 수 있다.

Single 채널은 인터럽트가 발생되는 비교 대상이 1:1이라는 것이다. 앞으로 설명할 두 개의 레지스터 값을 비교하여 매치되면 타이머의 값은 클리어(Clear)된다. 적당한 주기를 만들기 위한 분주비(Prescaler)가 있는데 총 10비트인 1024까지 가능하다.

인터럽트가 발생하는 경우는 8비트 레지스터 값이 Overflow가 발생하는 경우와 두 개의 비교 레지스터가 매치되는 경우이다. 내부 Clock과 외부 Clock 중에 선택하여 동작시킬 수 있다.

2 타이머/카운터의 활용

활용 방법에 앞서 주로 사용하는 타이머/카운터 관련 레지스터들에 대해서 알아보자.

1) TCCR0 – Timer/Counter Control Register

Bit	7	6	5	4	3	2	1	0	
	FOC0	WGM00	COM01	COM00	WGM01	CS02	CS01	CS00	TCCR0
Read/Write	W	R/W	R/W	R/W	R/W	R/W	R/W	R/W	
Initial Value	0	0	0	0	0	0	0	0	

그림 9-2 TCCR0 레지스터

표 9-1 TCCR0 레지스터의 기능

<table>
<tr><th>비트</th><th>기능</th></tr>
<tr><td>6,3</td><td>WGM01:00(Waveform Generation Mode)은 타이머/카운터의 기능 중에 파형을 출력하는 기능을 설정하기 위한 것이다. 다만 비교 인터럽트를 쉽게 사용하기 위해서 사용하는 모드도 존재하기 때문에 살펴보아야 한다.
<table>
<tr><th>Mode</th><th>WGM01 (CTC0)</th><th>WGM00 (PWM)</th><th>Mode of Operation</th><th>TOP</th><th>Update of OCR0</th><th>TOV0 Flag Set on</th></tr>
<tr><td>0</td><td>0</td><td>0</td><td>Normal</td><td>0xFF</td><td>Immediate</td><td>MAX</td></tr>
<tr><td>1</td><td>0</td><td>1</td><td>PWM, Phase Correct (그림 172)</td><td>0xFF</td><td>TOP</td><td>BOTTOM</td></tr>
<tr><td>2</td><td>1</td><td>0</td><td>CTC(그림 175)</td><td>OCR0</td><td>Immediate</td><td>MAX</td></tr>
<tr><td>3</td><td>1</td><td>1</td><td>Fast PWM(그림 176)</td><td>0xFF</td><td>BOTTOM</td><td>MAX</td></tr>
</table>
Normal 모드는 overflow 인터럽트를 사용하는 기본적인 모드이고, 비교 인터럽트를 사용하기 위해서는 CTC(Clear Timer on Compare match) 모드로 설정을 해야 한다. CTC 모드로 설정을 했을 경우는 위와 같이 TOP은 0xFF가 아닌 OCR0 값이 된다.</td></tr>
<tr><td>5-4</td><td>타이머/카운터0의 Compare Match Output 장치

• Compare Output Mode, non-PWM Mode
<table>
<tr><th>COM01</th><th>COM00</th><th>Description</th></tr>
<tr><td>0</td><td>0</td><td>No port operation, OC0 disconnected</td></tr>
<tr><td>0</td><td>1</td><td>Toggle OC0 on Compare Match</td></tr>
<tr><td>1</td><td>0</td><td>Clear OC0 on Compare Match</td></tr>
<tr><td>1</td><td>1</td><td>Set OC0 on Compare Match</td></tr>
</table>
• Compare Output Mode, Phase Correct PWM Mode
<table>
<tr><th>COM01</th><th>COM00</th><th>Description</th></tr>
<tr><td>0</td><td>0</td><td>Normal port operation, OC0 disconnected</td></tr>
<tr><td>0</td><td>1</td><td>Reserved</td></tr>
<tr><td>1</td><td>0</td><td>Clear OC0 on Compare Match when up-counting
Set OC0 on Compare Match when down-counting</td></tr>
<tr><td>1</td><td>1</td><td>Set OC0 on Compare Match when up-counting
Clear OC0 on Compare Match when down-counting</td></tr>
</table></td></tr>
</table>

<table>
<tr><th>비트</th><th>기능</th></tr>
<tr><td></td><td>Compare Output Mode(COM01:00)비트는 두 가지 기능을 갖는다. 파형 발생기는 다음 compare match를 위해 OC0 상태를 정의하는 데 COM01:00 비트를 사용하며, COM01:00 비트는 OC0 핀 출력 소스를 제어한다.</td></tr>
<tr><td>2–0</td><td>클록 분주비(Prescaler)를 설정하는 데 사용된다. 각 값에 해당하는 분주비는 다음과 같다(그림 181 ~ 그림 184).
<table>
<tr><th>CS02</th><th>CS01</th><th>CS00</th><th>Description</th></tr>
<tr><td>0</td><td>0</td><td>0</td><td>No clock source(Timer/Counter stopped)</td></tr>
<tr><td>0</td><td>0</td><td>1</td><td>clkI/O/(No prescaling)</td></tr>
<tr><td>0</td><td>1</td><td>0</td><td>clkI/O/8 (From prescaler)</td></tr>
<tr><td>0</td><td>1</td><td>1</td><td>clkI/O/64 (From prescaler)</td></tr>
<tr><td>1</td><td>0</td><td>0</td><td>clkI/O/256 (From prescaler)</td></tr>
<tr><td>1</td><td>0</td><td>1</td><td>clkI/O/1024 (From prescaler)</td></tr>
<tr><td>1</td><td>1</td><td>0</td><td>External clock source on T0 pin
Clock on falling edge</td></tr>
<tr><td>1</td><td>1</td><td>1</td><td>External clock source on T0 pin
Clock on rising edge</td></tr>
</table>
</td></tr>
</table>

(1) 타이머/카운터0의 출력 비교(Output Compare) 장치

8비트 비교기는 연속해서 TCNT0 값과 출력 비교 레지스터(OCR0) 값을 비교한다. TCNT0 값과 OCR0 값이 같을 때마다 비교기는 match신호를 발생한다.

Match 신호는 타이머/카운터 클록의 다음 사이클에서 OCF(Output Compare Flag)를 0으로 세트하고, OCIE0비트와 SREG 레지스터의 I비트가 '1'로 세트되어 있으며 OCF0은 출력 비교 인터럽트를 발행한다. OCF0의 플래그는 인터럽트가 실행되고 나면 자동으로 클리어된다(OCF0의 비트를 소프트웨어에서 클리어시킬 수 있다). WGM01:00 동작모드 비트와 COM01:00의 비트 설정에 따라 출력을 만들어 내기 위하여 파형 발생장치(wave form generator)는 match 신호를 발생시킨다.

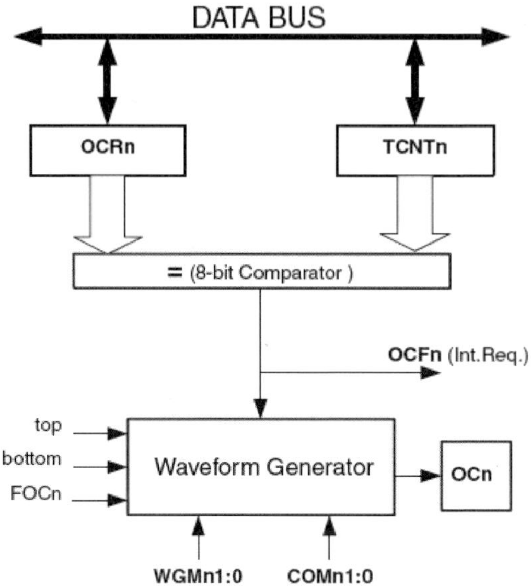

그림 9-3 Output Compare Unit, Block Diagram

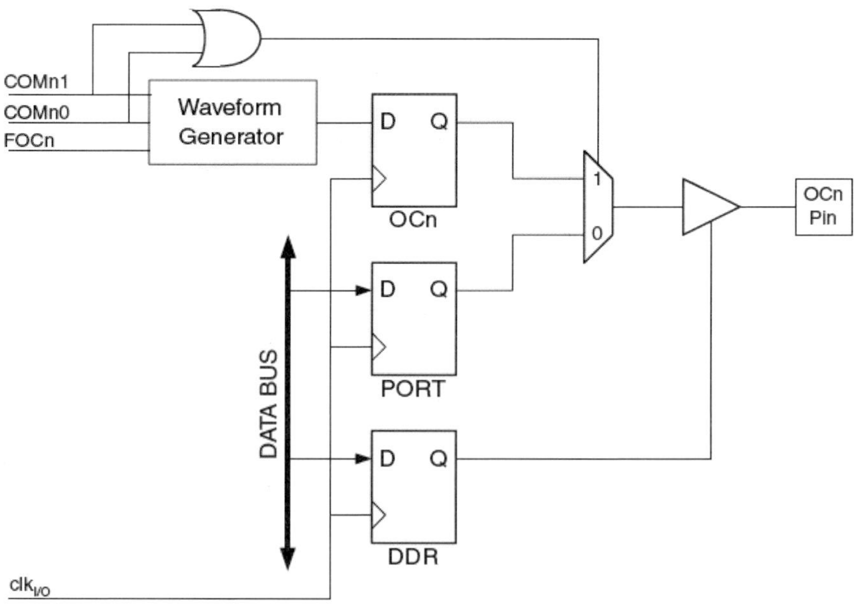

그림 9-4 Compare Match Output Unit, Schematic

(2) 타이머/카운터0 동작모드

타이머/카운터0의 동작모드는 TCCR0 레지스터의 WGM01:00 비트에 의해 동작 모드(Operation Modes)가 결정되고, COM01:00 비트에 의해 출력신호(OC0 단자)의 동작 형태가 결정된다. COM비트는 카운팅 순서에 영향을 주지 않지만 WGM 비트는 영향을 준다.

• Normal Mode(WGM01:00 = 00)

이 모드는 타이머/카운터의 가장 단순한 동작 모드로서 카운트가 증가하는 방향으로만 이루어지며, 카운트 값의 클리어가 카운팅 동작 중에 수행되지 않기 때문에 항상 최대값(Maximum Value = 0xFF)까지 카운팅을 수행한 후 최소값(Bottom Value = 0x00)에서부터 다시 반복적으로 카운팅을 수행하게 된다.

이러한 Normal Mode에서는 카운트 값이 0xFF에서 0x00으로 바뀌는 순간에 TIFR 레지스터의 TOV0 비트가 1로 세트되어 오버플로(Overflow) 인터럽트가 발행하게 된다.

• Phase Correct PWM Mode(WGM01:00 = 01)

이 모드는 높은 분해능(Resolution)을 갖는 PWM 파형을 제공하는데, 카운터의 카운팅 시퀀스가 양방향의 기울기를 갖기 때문에 카운터는 0x00부터 카운터를 시작하여 0xFF까지 상향 방향의 카운팅을 수행한 후, 다시 0xFF에서 0x00으로 하향 방향의 카운팅을 반복적으로 수행한다.

그리고 각각의 상 · 하향 방향의 카운팅을 수행하는 도중 카운터의 값(TCNT0)은 출력 비교 레지스터의 값(OCR0)과 계속 비교되는데, 이때 카운터가 비 반전 모드로 동작한다면, 상향 방향의 카운팅에서 두 레지스터의 값이 일치할 때 출력 신호(OC0 단자)는 0으로 클리어 되고, 하향 방향의 카운팅에서 두 레지스터의 값이 일치하면 출력 신호(OC0 단자)는 1로 세트된다(반전 모드의 경우는 반대로 동작).

아래의 <그림 9-5>는 Phase Correct PWM Mode 동작을 나타낸 것이다.

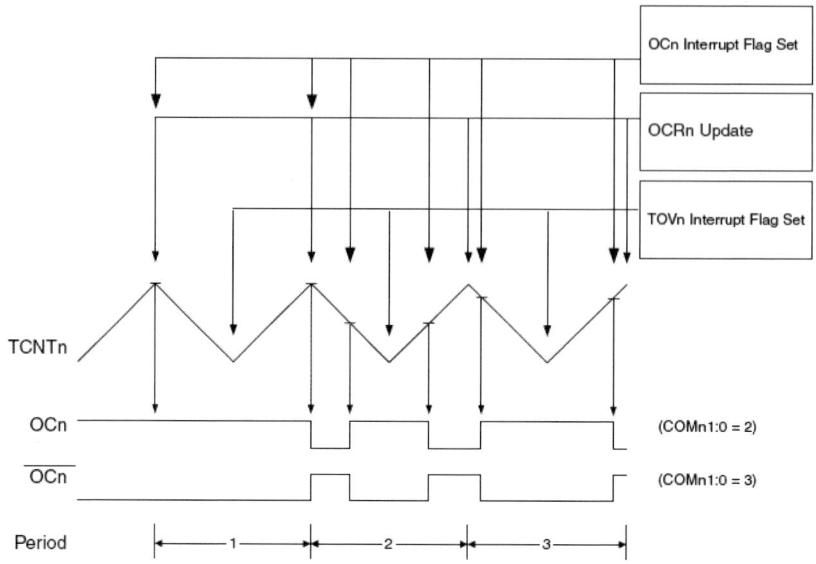

그림 9-5 Phase Correct PWM Mode, Timing Diagram

위와 같은 형태의 Phase Correct PWM 모드의 출력신호 주파수는 다음과 같이 계산된다.

$$f_{OC0PCPWM} = \frac{fclkI/O}{N \times 510} = \frac{f_{clkI/O}}{510}$$

여기서 N은 프리스케일러의 분주비를 의미한다.

아래 <그림 9-6>과 <그림 9-7>은 타이머/카운터n의 프리스케일러를 나타낸 것이다.

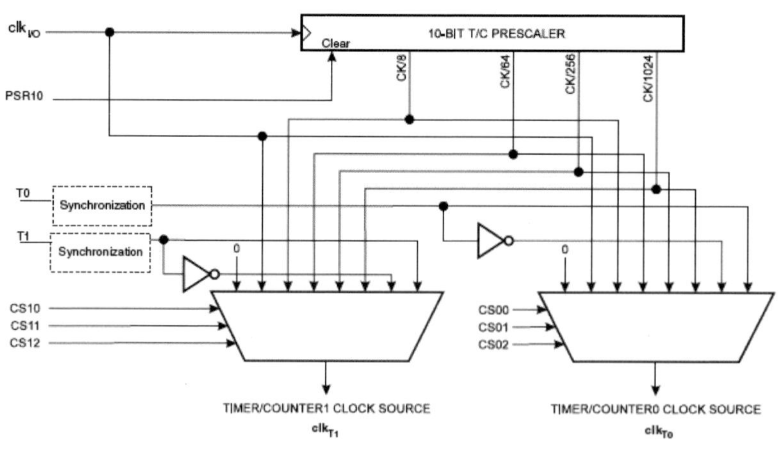

그림 9-6 Prescaler for Timer/Counter0 and Timer/Counter1

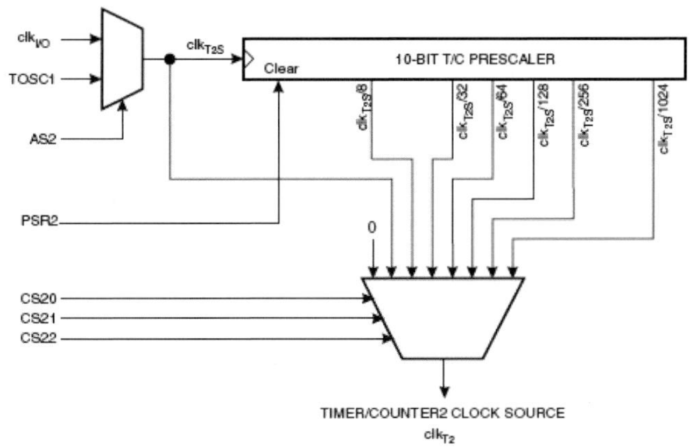

그림 9-7 Prescaler for Timer/Counter2

- Clear Timer on Compare Match(CTC) Mode (WGM01:00 = 10)

CTC 모드에서 OCR0 레지스터는 카운터의 TOP 값을 정의한다. 그러므로 카운터는 0x00부터 OCR0까지 카운팅을 수행하고 카운터의 값(TCNT0)이 OCR0 레지스터의 값과 일치될 때 카운터는 클리어되며, 이때 인터럽트도 발생하게 된다. 아래의 <그림 9-8>은 CTC 모드의 카운터 동작 원리를 나타낸 것이다.

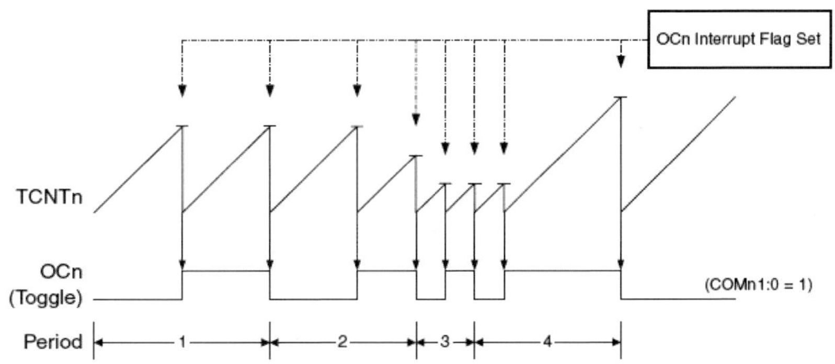

그림 9-8 CTC Mode, Timing Diagram

위와 같은 형태의 CTC 모드의 출력신호(OC0 단자)는 TCCR0 레지스터의 OCM01:00 비트를 이용하여 설정할 수 있으며, 출력신호의 주파수는 다음과 같이 계산된다.

$$f_{OC0} = \frac{f_{clkI/O}}{2 \times N \times (1 + OCR0)} = \frac{f_{clkI/O}}{2 \times OCR0}$$

여기서 N은 프리스케일러의 분주비(1, 8, 64, 256, 1024 중 하나)를 의미한다.

- **Fast PWM Mode (WGM01:00 = 11)**

이 모드는 고주파의 PWM 파형 생성 기능을 제공하는데, 단일 방향 기울기의 카운팅 시퀀스를 갖는다는 점에서 다른 PWM 모드와 다르다. 즉, 카운터는 0x00부터 최대값(0xFF)까지 카운팅을 수행한 후 다시 0x00부터 카운트를 수행하는 과정을 반복하게 된다.

그리고 카운터의 값(TCNT0)은 항상 출력 비교 레지스터(OCR0)의 값과 비교되는데, 이때 카운터가 비반전 모드로 동작한다면, 두 값이 일치할 때 OC0의 출력신호는 0으로 클리어되고, TCNT0의 값이 0xFF에서 0x00으로 바뀔 때 OC0의 출력신호는 1로 세트되어 빠른 PWM 파형을 획득할 수 있다(반전 모드의 경우는 반대로 동작).

아래의 <그림 9-9>는 Fast PWM Mode 동작을 나타낸 것이다.

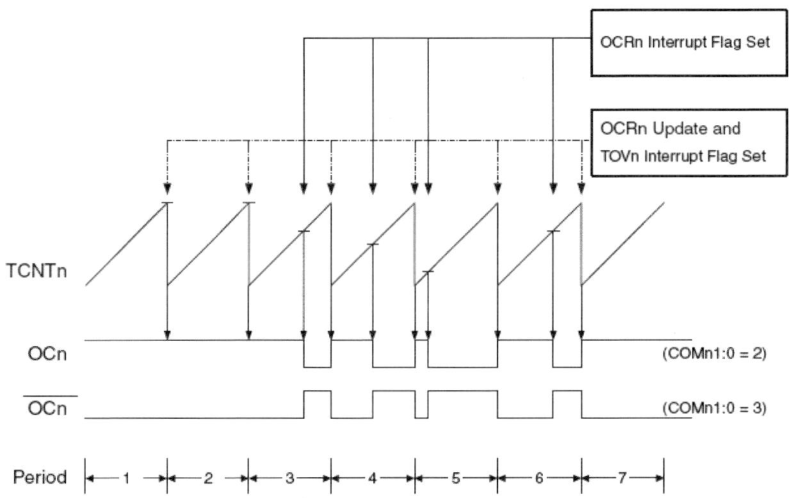

그림 9-9 Fast PWM Mode, Timing Diagram

위와 같은 형태의 Fast PWM 모드에서의 출력신호 주파수는 다음과 같이 계산된다.

$$f_{OCnPWM} = \frac{f_{clkI/O}}{N \times 256} = \frac{f_{clkI/O}}{256}$$

여기서 N은 프리스케일러의 분주비를 의미한다.

이 동작 모드에서는 TCNT0의 값과 OCR0의 값이 일치하는 순간에 OCF0=1로 되면서 출력비교 인터럽트가 요청되며, TCNT0의 값이 0xFF에서 0x00으로 바뀌는 순간에도 오버플로 인터럽트가 발생하게 된다.

2) TCNT0 – Timer/Counter Register

아래 <그림 9-10>은 카운터의 블록 다이어그램을 나타낸 것이다.

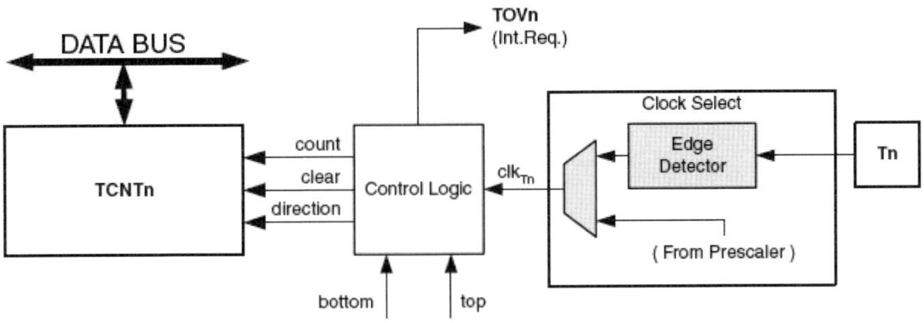

그림 9-10 Counter Unit Block Diagram

Bit	7	6	5	4	3	2	1	0	
	TCNT0[7:0]								TCNT0
Read/Write	R/W	R/W	R/W	R/W	R/W	R/W	R/W	R/W	
Initial Value	0	0	0	0	0	0	0	0	

그림 9-11 TCNT0 레지스터

하드웨어에 의해 증가하는 8비트의 카운터 값을 저장하고 있는 레지스터로써 언제나 읽고 쓰기 동작이 가능하지만 카운터가 동작하는 동안 TCNT0 값을 변경하는 것은 TCNT0과 OCR0의 비교에 실패를 야기할 수 있다.

3) OCR0 – Output Compare Register

Bit	7	6	5	4	3	2	1	0	
	OCR0[7:0]								OCR0
Read/Write	R/W	R/W	R/W	R/W	R/W	R/W	R/W	R/W	
Initial Value	0	0	0	0	0	0	0	0	

그림 9-12 OCR0 레지스터

출력 비교 레지스터(Output Compare Register)에는 카운터 값인 TCNT0과 비교 동작을 수행하기 위한 비교 대상인 8비트 값을 저장하고 있는 레지스터이다. 이때 비교 매치(Compare Match)는 출력 비교 인터럽트(Output Compare Interrupt)를 발생하거나 출력 신호(OC0 단자)핀에 출력 파형을 생성하여 내보내기 위해 사용된다.

4) TIMSK – Timer/Counter Interrupt Mask Register

Bit	7	6	5	4	3	2	1	0	
	OCIE2	TOIE2	TICIE1	OCIE1A	OCIE1B	TOIE1	OCIE0	TOIE0	TIMSK
Read/Write	R/W	R/W	R/W	R/W	R/W	R/W	R/W	R/W	
Initial Value	0	0	0	0	0	0	0	0	

그림 9-13 TIMSK 레지스터

표 9-2 TIMSK 레지스터의 기능

비트	기능
1	OCIE0(Timer/Counter0 Output Compare Match Interrupt Enable)은 매치 인터럽트가 활성화되도록 하는 레지스터 비트이다. 이 비트가 1로 되어 있고, 상태 레지스터(Status Register)의 I 비트가 1로 되어 있으면 매치 인터럽트가 활성화된다.
0	TOIE0(Timer/Counter0 Overflow Interrupt Enable)은 overflow 인터럽트를 활성화시키기 위해 사용된다. 이 비트가 1로 설정되고, 상태 레지스터의 I 비트가 1로 설정되어 있으면 overflow 인터럽트가 활성화된다.

TCCR0 레지스터를 사용하여 주기를 설정하고 해당 인터럽트 처리를 할 수 있다. 아래 <그림 9-14>는 내부 I/O clock을 사용하고 분주비 1과 8을 설정하였을 때 카운터 값이 최대값(MAX)에서 최소값(BOTTOM)으로 바뀌는 상태를 비교한 타이밍도이다.

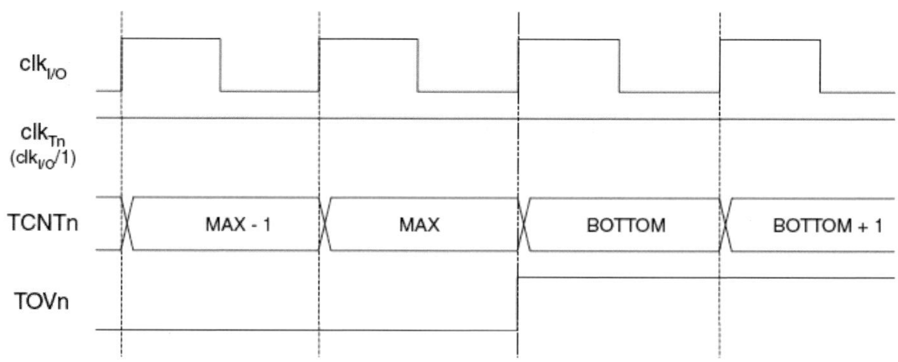

그림 9-14 Timer/Counter Timing Diagram, no Prescaling

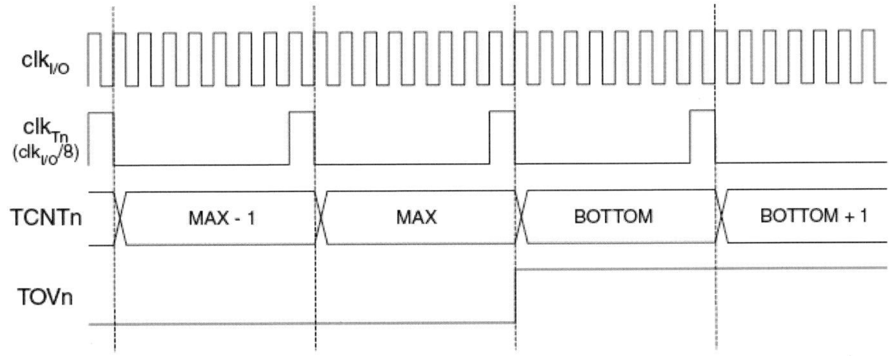

그림 9-15 Timer/Counter Timing Diagram, with Prescaler ($f_{clk\ I/O}$/8)

clkI/O는 내부 I/O clock을 말한다. 아래의 clkTn은 분주비(prescaler)가 8이므로 8로 나눈 만큼의 주기를 갖는 clock이 된다. 그리고 TCNT0이 최대값(일반적으로 255)이 되어 overflow가 발생하고 최소값(일반적으로 0)으로 바뀐 후 다시 증가하는 모습을 보여준다.

그 아래에 나오는 TOV0은 Timer/Counter0 Overflow Flag이다. Overflow 인터럽트가 발생했을 때 1로 설정되며, 인터럽트 핸들링 벡터가 실행되면 하드웨어에 의해서 클리어된다. 즉, 위의 <그림 9-15>에서는 TOVn이 1로 설정되는 부분이 overflow 인터럽트가 발생하는 시점이다.

아래 <그림 9-16>은 내부 I/O clock을 사용하고 분주비를 8로 설정하였을 때 전체 모드의 CRC 모드를 제외한 OCF2의 타이밍도이다.

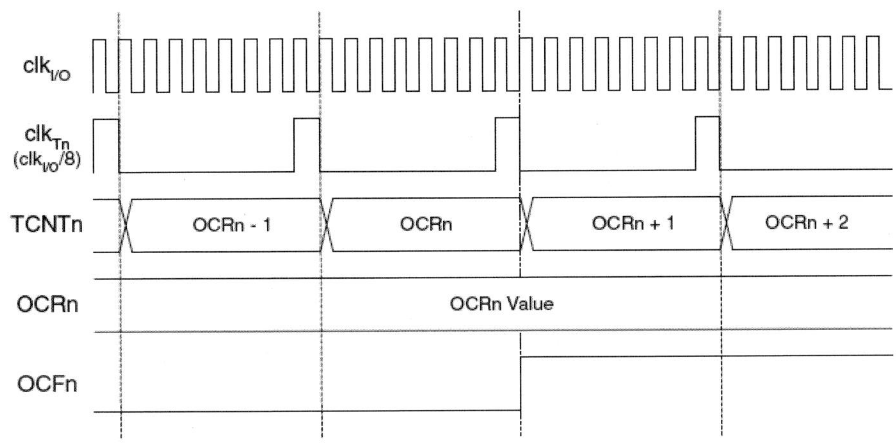

그림 9-16 Timer/Counter Timing Diagram, Setting of OCF0, with Prescaler ($f_{clk\ I/O}$/8)

아래 <그림 9-17>은 내부 I/O clock을 사용하고 분주비를 8로 설정하였을 때 CTC 모드에서 TCNTn이 클리어되는 OCF2의 타이밍도이다.

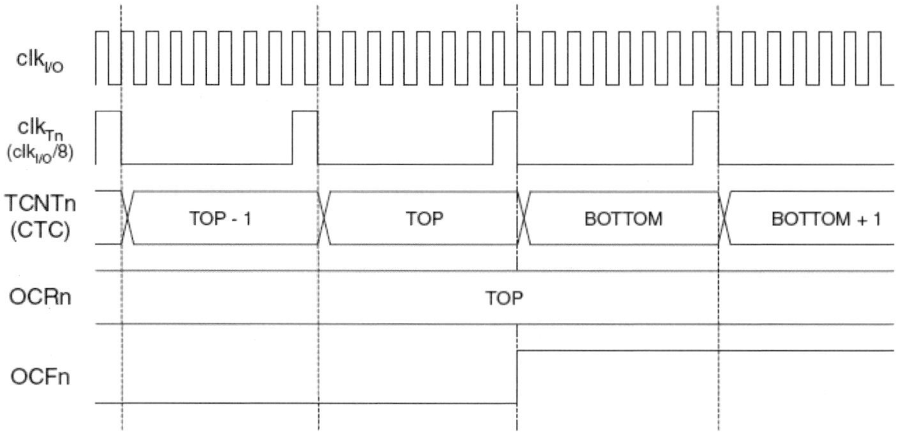

그림 9-17 Timer/Counter Timing Diagram, Clear Timer on Compare Match Mode, with Prescaler ($f_{clk\ I/O}/8$)

5) TIFR - Timer Interrupt Flag Register

Bit	7	6	5	4	3	2	1	0	
	OCF2	TOV2	ICF1	OCF1A	OCF1B	TOV1	OCF0	TOV0	TIFR
Read/Write	R/W	R/W	R/W	R/W	R/W	R/W	R/W	R/W	
Initial Value	0	0	0	0	0	0	0	0	

그림 9-18 TIFR 레지스터

표 9-3 TIFR 레지스터의 기능

비트	기능
1	OCF0(Output Compare Flag 0)은 Timer/Counter0과 OCR0 간의 비교 매치(Compare Match)가 발생하면 high로 세트('1')되고, 해당 인터럽트 핸들링 벡터가 수행되면 하드웨어적으로 클리어('0')된다.
0	TOV0(Timer Counter0 Overflow Flag)은 타이머/카운터0에서 오버플로가 발생하면 high로 세트('1')되며, 해당 인터럽트 핸들링 벡터가 실행되면 하드웨어적으로 클리어('0')된다.

- **타이머 포인트**

타이머/카운트0 인터럽트를 이용하는 경우의 일반적인 프로그램 형식

```
interrupt [TIM0_OVF] void timer0_ovf_isr(void)
{
    // 타이머/카운터0 프로그램 영역
```

```
}
void main(void)
{
      // 타이머/카운터 설정(타이머/카운터0인 경우)
      TCCR0=0x05;    // Clock Value: 7.813 kHz
      TCNT0=250;
      TIMSK=0x01;
      #asm ("sei");

      // 메인프로그램 영역
}
```

1) AVR 프로세서의 타이머/카운터 인터럽트 함수는 다음과 같다.
  - interrupt [TIM0_OVF] void timer0_ovf_isr(void)
  - interrupt [TIM1_OVF] void timer1_ovf_isr(void)
  - interrupt [TIM2_OVF] void timer2_ovf_isr(void)

2) 인터럽트란 메인프로그램 이외에 필요한 프로그램을 하나 또는 허용되는 수만큼 작성하여 두었다가 어떤 조건이 되었을 때 그 프로그램을 동작시키는 것이다. 여기서 타이머 인터럽트 함수가 동작되기 위한 조건은 다음과 같다.
  - 타이머 레지스터 TCNT0, TCNT1L, TCNT1H, TCNT2L, TNCT2H 등은 업 카운터이다.
  - 타이머0인 경우: TCNT0의 8비트 레지스터가 오버플로가 발생할 경우(255에서 1증가 경우, 또는 −1에서 1증가하여 0이 되는 경우)
  - 타이머1과 2에 관련된 함수: TCNTnL, TCNTnH의 8비트 레지스터가 오버플로가 발생할 경우(여기서 n은 타이머 1 혹은 2를 의미)

3) 타이머0 오버플로 인터럽트 설명
  - TCCR0=0×05;
    /* 기준 클록이 8MHz라면, 분주기 clk/1024이므로 8M/1024 = 7.813 kHz가 된다. */
  - TCNT0=250;
    /* TCNT0에는 0에서 255까지 카운터 값을 설정 가능하므로 250에서 1씩 증가하여 최대값 255까지 증가한 후 다음에 1이 증가하면 오버플로가 발생하여 0으로 된다. 즉, 총 카운터 수는 6번 발생한다. */
  - TIMSK=0×01;
    /* 타이머/카운터0이 오버플로가 발생할 경우 관련 함수를 수행하게 된다. */
  - #asm ("sei");

// 이 명령어가 수행되면 카운터는 자동적으로 1씩 증가한다.

4) 종합설명

- 카운터 수로 보면 6번의 카운터 이후에 수행된다. 그럼 시간으로 계산해보면 카운터가 1번 증가하는데 걸리는 시간은 $T=\frac{1}{f}$이므로 $T=\frac{1}{7.813K}$가 된다. 즉 128us이다. 총 6번의 카운터가 이루어 졌으니 $t=128us\times 6=768us$의 시간이 걸린다. 만약 TCNT0=0으로 설정한다면, 카운터는 0에서 255까지 1씩 증가한 후 다음에 1이 증가하면 오버플로가 발생하여 0으로 된다. 즉, 총 카운터 수는 256번이 된다.

- **카운트 포인트**

타이머/카운트0 인터럽트를 이용하는 경우의 일반적인 프로그램 형식

```
interrupt [TIM0_OVF] void timer0_ovf_isr(void)
{
     // 타이머/카운터0 프로그램 영역
}
void main(void)
{
     // 타이머/카운터 설정(타이머/카운터0인 경우)
     TCCR0=0x06;     // 외부 핀 T0, 하강 에지
     TCNT0=250;
     TIMSK=0x01;
     #asm ("sei");

     // 메인프로그램 영역
}
```

1) AVR 프로세서의 타이머/카운터 인터럽트 함수는 다음과 같다.
   - interrupt [TIM0_OVF] void timer0_ovf_isr(void)
   - interrupt [TIM1_OVF] void timer1_ovf_isr(void)
   - interrupt [TIM2_OVF] void timer2_ovf_isr(void)
2) 위 프로그램에서 타이머와 카운터의 프로그램을 비교해 보면 TCCR0의 설정 값이 달라진 것 이외에는 차이가 없다.
3) 타이머와 카운터의 차이점은 클록 소스가 외부에 있느냐, 내부에 있느냐에 의해서 구분이 된다. 카운터0은 외부단자 T0(1번 핀)에 신호가 들어오면 그 수를 누적 카운트하여 255 다음에 1이 더 증가하면 오버플로가 발생한다.

(1) Timer0 설명: TCNT0=250, TCCR0=0×05으로 설정하는 경우

- 128us 마다 카운트가 1씩 증가하여 128us×6회 이후에 관련 함수를 동작시키게 된다.

(2) Counter0 설명: TCNT0=250, TCCR0=0×06으로 설정하는 경우

- T0 핀에 하강 에지가 6번 발생 이후에 관련 함수를 동작시키게 된다.
- 하강 에지: 규칙적으로 들어올 수도 있지만 그렇지 않은 경우가 많음에 주의하여야 한다.

4) 인터럽트란 메인프로그램 이외에 필요한 프로그램을 하나 또는 허용되는 수만큼 작성하여 두었다가 어떤 조건이 되었을 때 그 프로그램을 동작시키는 것이다. 여기서 타이머 인터럽트 함수가 동작되기 위한 조건은 다음과 같다.

- 타이머 레지스터 TCNT0, TCNT1L, TCNT1H, TCNT2L, TNCT2H 등은 업 카운터이다.
- 타이머0인 경우: TCNT0의 8비트 레지스터가 오버플로가 발생할 경우(255에서 1증가 경우, 또는 −1에서 1증가하여 0이 되는 경우)
- 타이머1과 2에 관련된 함수: TCNTnL, TCNTnH의 8비트 레지스터가 오버플로가 발생할 경우(여기서 n은 타이머 1 혹은 2를 의미)

5) 타이머0 오버플로 인터럽트 설명

- TCCR0=0×06;

  // T0 핀에 하강 에지가 기준 클록이 된다.
- TCNT0=250;

  /* TCNT0에는 0에서 255까지 카운터 값을 설정 가능하므로 T0 핀의 하강 에지에 의해 250에서 1씩 증가하여 최대값 255까지 증가한 후 다음에 1이 증가하면 오버플로가 발생하여 0으로 된다. 즉, 총 카운터 수는 6번 발생한다. */
- TIMSK=0x01;

  /* 타이머/카운터0이 오버플로가 발생할 경우 관련 함수를 수행하게 된다. */
- #asm ("sei");

  // 이 명령어가 수행되면 카운터는 자동적으로 1씩 증가한다.

4) 종합설명

- TCNT0에 250을 설정되어 있으므로 #asm ("sei") 명령어가 수행되면 카운터는 T0핀에 6번의 하강 에지가 발생하면 오버플로가 발생하여 0으로 된다. 이때 타이머/카운터0 함수가 수행된다.

• **PWM 모드의 포인트**

ATmega32에는 타이머/카운트 0, 1, 2에 각각의 PWM 기능이 있다. PWM 기법은 일정한 주기를 설정하여 유지하면서 펄스폭만 조절할 수 있는 기법이다. 일정한 주기를 설정하는 데는 타이머가 필요하므로 PWM 기능은 타이머기능 중의 일부라고 볼 수 있다.

1) 주기 설정 방법

- PWM 비트 수는 8, 9, 10비트 종류 중 하나를 설정할 수 있다. 10비트를 설정하면 카운터 값은 설정치에서 10비트의 최고값(TOP=0x3ff)까지 순차 증가하였다가 다시 감소한다. 순차 증가하는 카운터의 시간(주파수) 설정은 타이머와 동일하다.
- 예1)

```
TCCR1A=0x83;   // 10비트 PWM, 비반전 PWM 출력
TCCR1B=0x0D;   // f=7.813k
TCNT1=0x00;    // 시작 기준 카운터 값
OCR1A=100;     // TOP 값 설정
/* 펄스 주기: t=(1/f)×2(업, 다운)×1024(10비트)이므로,
128us×2×1024=0.262초가 된다. */
/* 펄스 폭: OCR1A×2×1/f 이므로 100×2×128us 이면,
0.0256초이다. */
```

- 예2)

```
TCCR1A=0x83;   // 10비트 PWM, 비반전 PWM 출력
TCCR1B=0x0D;   // f=7.813k
TCNT1=0x00;    // 시작 기준 카운터 값
OCR1A=512;     // TOP 값 설정
/* 펄스 폭: OCR1A×2×1/f 이므로 512×2×128us 이면,
0.131초이다. */
```

- 예3)

```
TCCR1A=0x83;   // 10비트 PWM, 비반전 PWM 출력
TCCR1B=0x0D;   // f=7.813k
TCNT1=0x00;    // 시작 기준 카운터 값
OCR1A=800;     // TOP 값 설정
/* 펄스 폭: OCR1A×2×1/f 이므로 800×2×128us 이면,
0.2048초이다. */
```

4) TCNT0=0x00으로 설정되어 있고, OCR1A=100으로 설정된 경우의 그림을 보면 타이머가 100 이하에서는 출력 펄스가 high를 유지하고 나머지 값에서는 low가 됨을 알 수 있다.

- PWM 모드 비교

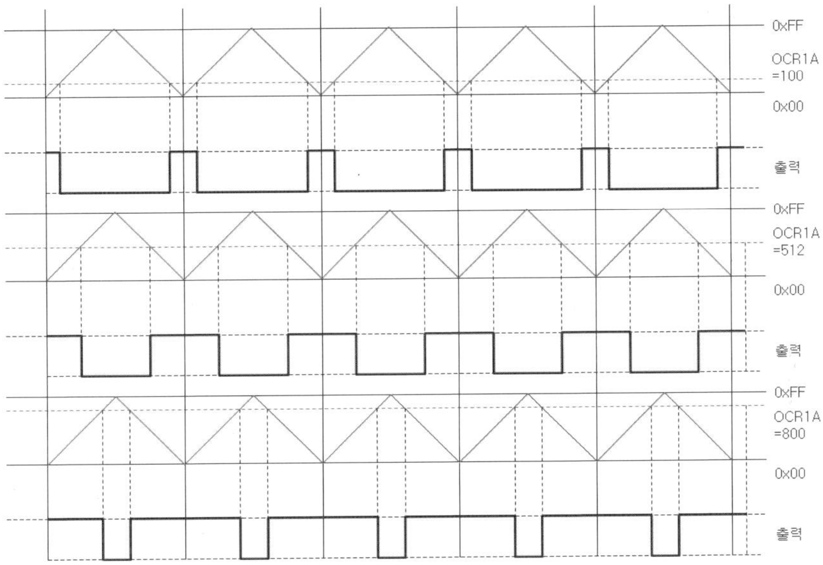

그림 9-19 PWM 모드 변화 관계

3 학습 예제

예 제

메인 프로그램에서는 0.2초마다 10진 업-카운터(FND)가 1씩 증가하고, 타이머 /카운터0의 오버플로 인터럽트(1초 간격)가 발생되면 LED가 ON 또는 OFF 되도록 프로그램을 작성하시오(타이머/카운터의 클록은 clk/1024=7812 kHz, 타이머는 1초마다 발생하도록 한다. 외부크리스탈=8MHz).

- CodeWizardAVR 설정

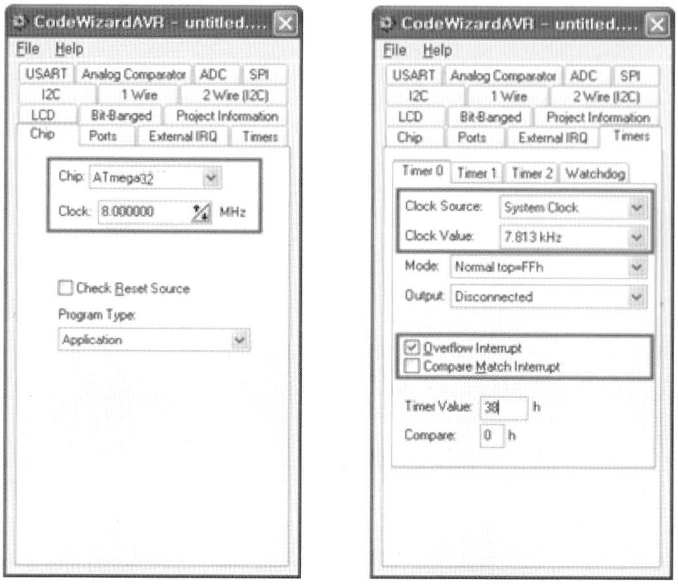

그림 9-20 CodeWizardAVR 설정1

- 프로그램

```
#include <mega32.h>
#include <delay.h>

int cnt=0;

interrupt [TIM0_OVF] void timer0_ovf_isr(void)
{
     cnt++;
     TCNT0=56;      // 1초를 만들기 위한 TCNT0 초기값
     if(cnt==40){
          cnt=0;
          PORTC=~PORTC;
     }
}

void main(void)
{
     int fndcnt=0;

```

```
20:         PORTA=0xFF;
21:         DDRA=0xFF;
22:         PORTC=0xFF;
23:         DDRC=0xFF;
24:
25:         TCCR0=0x05;
26:         TCNT0=0x38;
27:         OCR0=0x00;
28:
29:         TIMSK=0x01;     // T/C Interrupt initialization
30:
31:         #asm("sei")     // Global enable interrupts
32:
33:         while (1)
34:         {
35:              PORTA=fndcnt++;
36:              delay_ms(200);
37:              if(fndcnt>9) fndcnt=0;
38:         }
39:  }
```

- **프로그램 설명**

6~14: 클록이 7813kHz이므로 시간 T=1/f=128us이며, 타이머 값이 255에서 256, 혹은 −1에서 0으로 될 때 오버플로 인터럽트가 발생하여 오버플로 타이머/카운터 인터럽트 루틴이 수행된다.

10~13: 시간계산 방법은 TCNT0=56(혹은 −200, 0x38)으로 설정하면 증가형 카운터이므로 8비트 오버플로가 생기는 시점은 255에서 0으로 증가할 때이므로 카운터 값은 200번이며, 1번 카운터 하는 데 걸리는 시간은 128us이므로, 128us×200=0.0256초이다. 즉, 0.0256초마다 오버플로 인터럽트가 수행됨을 알 수 있다. 1초를 위한 인터럽트는 cnt=1초/0.0256≒40이 된다. 그러므로 40번 인터럽트가 발생하면 약 1초가 됨을 알 수 있다.

예 제

16비트 타이머/카운터를 이용하여 메인프로그램에서는 0.2초마다 10진 업-카운터(FND)가 1씩 증가하고, 타이머/카운터1의 오버플로 인터럽트가 발생되면 LED가 ON 또는 OFF되도록 프로그램을 완성하시오(타이머/카운터의 클록은 clk/1024=7812 kHz, 타이머는 3초마다 발행하도록 한다).

- CodeWizardAVR 설정

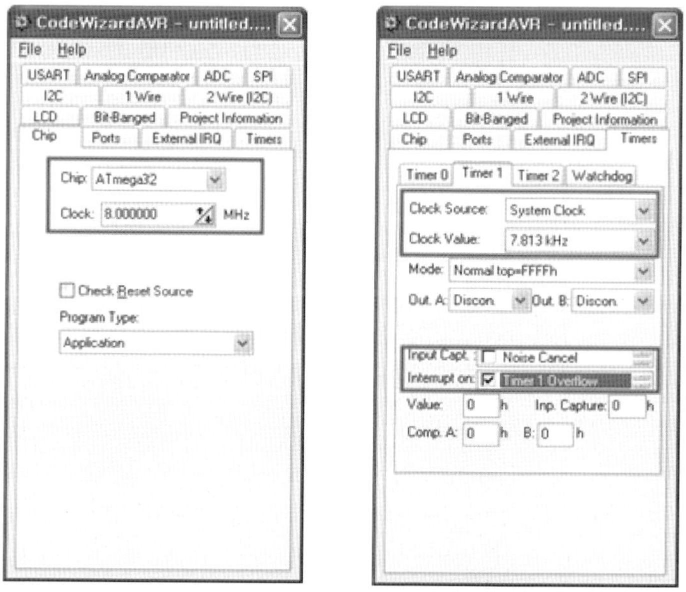

그림 9-20 CodeWizardAVR 설정2

- 프로그램

```
#include <mega32.h>
#include <delay.h>

interrupt [TIM1_OVF] void timer1_ovf_isr(void)
{
      PORTC=~PORTC;
      TCNT1=-23438;  // 3초 TCNT1 초기값
}

void main(void)
```

```
11:  {
12:       int fndcnt=0;
13:
14:       PORTA=0xFF;
15:       DDRA=0xFF;
16:       PORTC=0xFF;
17:       DDRC=0xFF;
18:
19:       TCCR1A=0x00;
20:       TCCR1B=0x05;   // = clk/1024
21:       TCNT1=-23438;
22:       ICR1H=0x00;
23:       ICR1L=0x00;
24:       OCR1AH=0x00;
25:       OCR1AL=0x00;
26:       OCR1BH=0x00;
27:       OCR1BL=0x00;
28:
29:       TIMSK=0x04;    // T/C Interrupt initialization
30:
31:       #asm("sei")    // Global enable interrupts
32:
33:       while (1)
34:            {
35:            PORTA=fndcnt++;
36:            delay_ms(200);
37:            if(fndcnt>9) fndcnt=0;
38:            }
39:  }
```

- **프로그램 설명**

4~8 : 클록이 7813kHz이므로 시간 T=1/f=128us이며, 만약 TCNT1H=0x00, TCNT1L=0x00이면, 타이머 값이 65536(2^{16})이 될 때(TCNT1H=0xFF, TCNT1L=0xFF에서 1이 증가할 때) 오버플로 인터럽트가 발생하여 오버플로 타이머/카운터 인터럽트 루틴이 수행된다.

7 : 타이머/카운터1의 설정 카운터 값은 인터럽트가 처리되면 리셋되므로 반복 이용하려면 인터럽트 처리 루틴의 마지막에 재설정하여야만 한다.

7, 21 : 3초 시간계산 방법은 타이머가 1증가할 때 시간은 128us이고, 필요한 타이머

값을 x라 하면 x=3초×T=3초×1/128us=23437.5가 된다. 이 값을 TCNT1H와 TCNT1L에 대입하거나 TCNT1의 16비트 레지스터에 바로 대입하여도 된다. 즉, TCNT1 = −23438 혹은 TCNT1 = 0xA472 (65536 − 23438 = 42098 = 0xA472)이다. 클록은 7813kHz라면, 타이머/카운터1의 인터럽트 발생 총 시간 간격은 128us×65536=8.34초 정도가 되므로 그 이상의 긴 간격이 필요할 경우는 이를 이용하여 프로그램하면 된다.

예 제

타이머/카운터1의 비교 매치(A)를 이용하여 메인은 0.2초마다 1씩 증가하는 10진 업-카운트(FND)로 동작하고, 비교매치 인터럽트의 동작은 일정 시간마다 LED가 우측으로 1 비트씩 이동하면서 점멸하는 프로그램을 완성하시오.

- **CodeWizardAVR 설정**

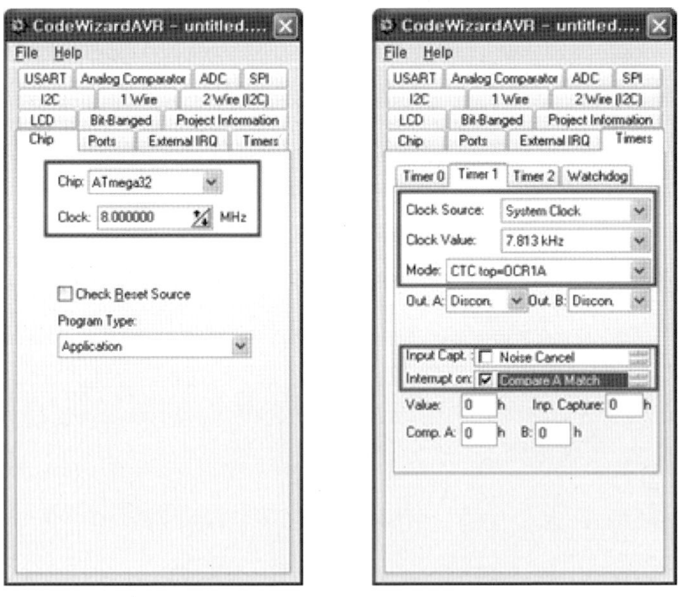

그림 9-21 CodeWizardAVR 설정3

- **프로그램**

```
#include <mega32.h>
#include <delay.h>
```

```

int i=0;

interrupt [TIM1_COMPA] void timer1_compa_isr(void)
{
     PORTC=~(1<<i++);
     if(i>7) i=0;
     TCNT1=0;
}

void main(void)
{
     int fndcnt=0;

     PORTA=0xFF;
     DDRA=0xFF;
     PORTC=0xFF;
     DDRC=0xFF;

     TCCR1A=0x00;
     TCCR1B=0x0D;   // = CTC, clk/1024
     TCNT1=0;
     ICR1H=0x00;
     ICR1L=0x00;
     OCR1AH=0x20;   // 8192
     OCR1AL=0x00;
     OCR1BH=0x00;
     OCR1BL=0x00;

     TIMSK=0x10;    // T/C Int. Init. & Compare(A) Init.

     #asm("sei")    // Global enable interrupts

     while (1)
          {
          PORTA=fndcnt++;
          delay_ms(200);
          if(fndcnt>9) fndcnt=0;
     }
}
```

- **프로그램 설명**

24, 27~8: 비교 매치 동작은 TCNT1의 값과 OCR1A의 값이 같으면 비교 매치 인터럽트가 발생한다. 그러므로 OCR1A의 값과 TCNT1의 값을 필요한 값으로 설정하는 것이 필요하다. 만약 OCR1A = 0x2000이고, TCNT1 = 0x0000으로 설정하였다면 TCNT1이 증가하여 0x2000이 되면 비교 매치 인터럽트가 동작하여 그의 서비스 루틴이 실행된다. TCNT1의 증가시간은 128us(7,813kHz)이다.

예 제

타이머/카운터1의 비교 매치(A)를 이용하여 OC1A(PD5, 19번 핀) 핀의 매치 신호를 출력하는 문제이다(OC1A 핀의 출력이 토글(LED On을 0.5초, Off를 0.5초)되도록 한다. 즉, OC1A 핀의 출력은 설정시간 동안 high가 되었다가 low를 반복한다).

- **CodeWizardAVR 설정**

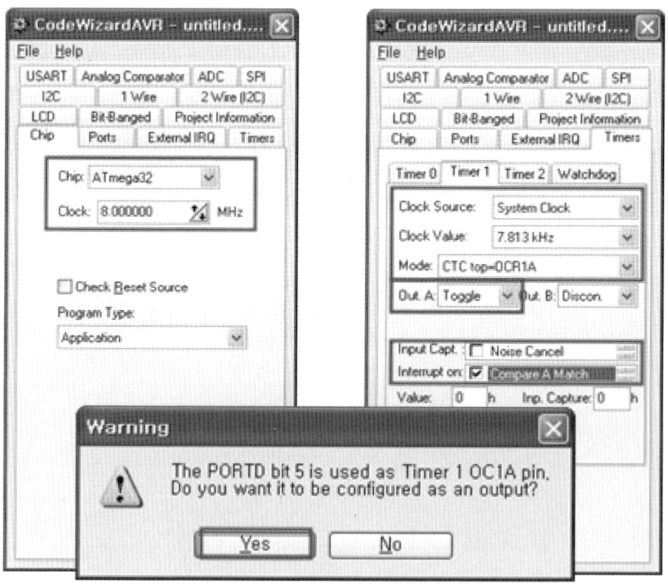

그림 9-22 CodeWizardAVR 설정4

- **프로그램**

```
1:   #include <mega32.h>
2:   #include <delay.h>
3:
```

```
 4:  interrupt [TIM1_COMPA] void timer1_compa_isr(void)
 5:  {
 6:       TCNT1=0;
 7:  }
 8:
 9:  void main(void)
10:  {
11:       PORTD=0x00;
12:       DDRD=0x20;      // PD5 핀만 출력으로 설정
13:
14:       TCCR1A=0x40;    // OC1A Toggle Mode
15:       TCCR1B=0x0D;    // = CTC, clk/1024
16:       TCNT1=0;
17:       ICR1H=0x00;
18:       ICR1L=0x00;
19:       OCR1A=3906;     // OCR1A=0x0F42;
20:       OCR1BH=0x00;
21:       OCR1BL=0x00;
22:
23:       TIMSK=0x10;     // T/C Int. Init. & Compare(A) Init.
24:
25:       #asm("sei")     // Global enable interrupts
26:
27:       while (1);
28:  }
```

- **프로그램 설명**

6, 16, 19: 비교 매치 동작은 TCNT1의 값과 OCR1A의 값이 같으면 비교 매치 인터럽트가 발생한다. 그러므로 OCR1A의 값과 TCNT1의 값을 필요한 값으로 설정하는 것이 필요하다.

16, 19: 0.5초 간격으로 토글하는 방법

1) 1클록 시간: 1/7813kHz = 128us
2) 0.5초에 해당하는 비교 매치 값: 0.5 × 1/128us = 3906 (0x0F42)
3) OCR1A의 값을 0x0F42로 설정
4) TCNT1=0x0000으로 설정(혹은 TNCT1=0)

예 제

Timer/Counter0을 이용하여 1초 간격으로 LED를 ON/OFF하시오(단, Overflow 방식).

- **프로그램**

```
#include <mega32.h>

unsigned int tc_cnt=0;
unsigned char LED=0xaa;

interrupt [TIM0_OVF] void timer0_ovf_isr(void)
{
     // 250(10): 251 252 ... 255 256(Overflow) : 6
     // 0.5 sec. = 16 MHz / 1024 / 6 / 2 = 1302
     tc_cnt++;
     TCNT0=0xFA;
     if(tc_cnt==1302)
     {
          tc_cnt=0;
          LED = LED ^ 0xff;    // LED ^= 0xff;
     }
}

void main(void)
{
     DDRC=0xFF;
     PORTC=0xff;

     TCCR0=0x05;
     // Timer/Counter 0 initialization, Clock source:
     // System Clock, Clock value: 15.625 kHz
     TCNT0=0xFA;    // Mode: Normal top=FFh
     OCR0=0x00;     // OC0 output: Disconnected

     // Timer(s)/Counter(s) Interrupt(s) initialization
     TIMSK=0x01;    // TOIE set

     // Global enable interrupts
     #asm("sei")
```

```

        while(1)
        {
             PORTC=LED;
        }
}
```

예 제

Timer/Counter0을 이용하여 1초 간격으로 FND에 0에서 9까지 카운팅 하시오(단, Overflow 방식).

- **프로그램**

```
#include <mega32.h>

unsigned char FND[10]={0xc0, 0xf9, 0xa4, 0xb0, 0x99, 0x92,
0x82, 0xf8, 0x80, 0x90};
int ovfcnt=0, cnt=0;

interrupt [TIM0_OVF] void timer0_ovf_isr(void)
{
     TCNT0=0x00;    // 0 (0 1 2 ... 254 255 ovf = 256)
     // 생략 가능(TCNTn은 Routine Call 이후 자동 Clear(0) 된다.)

     // 8 MHz / 1024 / 256 = 30.5 ≒ 1 second
     if(ovfcnt++ == 31)

     {
          // overflow interrupt count value = clear(0) setting
          ovfcnt=0;

          // A1015 TR(PNP) Low(0) --> switching
          PORTC=0b11111110;
          PORTA=FND[cnt];
          if(cnt++ > 9) cnt=0;
     }
}
```

```
void main(void)
{
      PORTA=0xFF;    // FND
      DDRA=0xFF;     // Data Direction Register All Output Mode
      PORTB=0xFF;    // TR
      DDRB=0xFF;     // Data Direction Register All Output Mode
      TCCR0=0x05;
      // Clock source: System Clock
      // Clock value: 7.813 kHz (= 8 MHz / 1024 )
      // Mode: Normal top=FFh
      TCNT0=0x00;    // 0 (0 1 2 ... 254 255 ovf = 256)
      OCR0=0x00;     // OC0 output: Disconnected
      // Timer(s)/Counter(s) Interrupt(s) initialization
      TIMSK=0x01;
      #asm("sei")    // Global enable interrupts
      while (1);
}
```

예 제

External Interrupt0과 Timer/Counter0의 Phase correct PWM을 이용하여 DC모터의 속도를 제어하시오(단, Non_Inverter 방식).

- **프로그램**

```
#include <mega32.h>
// External Interrupt 0 service routine
interrupt [EXT_INT0] void ext_int0_isr(void)
{
      OCR0+=10; // ORC0 = OCR0 + 10;
      if(OCR0>220) OCR0=0;
```

```
}

void main(void)
{
        PORTB=0x00;     // 7654 3210
        DDRB=0x08;      // 0000 1000   PB3 only output mode

        // Timer/Counter 0 initialization
        // Clock source: System Clock
        // (16 MHz / Clock value: 16000.000 kHz prescaler)
        TCCR0=0x61
        // Mode: Phase correct PWM top=FFh, OC0
        // output: Non-Inverted PWM
        TCNT0=0;
        OCR0=0;

        // External Interrupt(s) initialization (    7654 3210)
        //                           (  0100 0000)
        GICR|=0x40;
        // INT0: On, INT1: Off, INT2: Off     (INT 102_ ____)
        MCUCR=0x03;     // INT0 Mode: Rising Edge(0000 0011)
        MCUCSR=0x00;
        GIFR=0x40;

        // Timer(s)/Counter(s) Interrupt(s) initialization
        TIMSK=0x00;

        #asm("sei")     // Global enable interrupts

        while (1);
}
```

CHAPTER

10

문자 LCD 디스플레이 제어

문자 LCD를 이용해 다양한 문자와 숫자를 표시할 수 있어 아주 많이 이용되고 있다. LCD모듈은 보통 5×7 도트를 이용하여 하나의 문자를 표시하고 문자가 표시되는 줄에 따라 16문자 2라인, 18문자 4라인이 보통이다. 여기서는 16문자 2라인의 LC1621 LCD를 사용하기로 하자. 일반적으로 LCD 모듈에는 히다찌사의 HD44780을 내장하고 있는 모듈을 사용하고 있다.

1 문자 LCD 디스플레이 특징

(1) 5×7도트의 디스플레이 폰트
(2) 4비트, 8비트 마이크로프로세서와 인터페이스가 간단하다.
(3) HD44780 컨트롤러 내장
(4) C.G ROM과 C.G RAM을 이용한 글자 발생기

2 LCD 모듈 구성

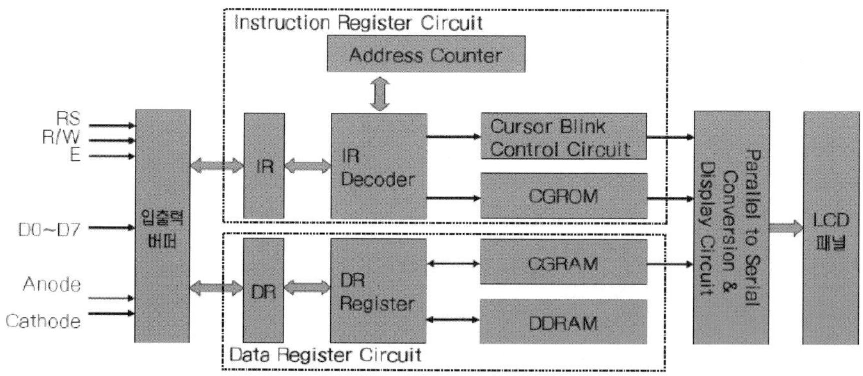

그림 10-1 LCD 모듈 구성

3 LCD 핀 기능

아래 <그림 10-2>와 같이 ATmega32 MCU와 문자 LCD 모듈인 LC1621 LCD를 연결하여 사용하면 된다.

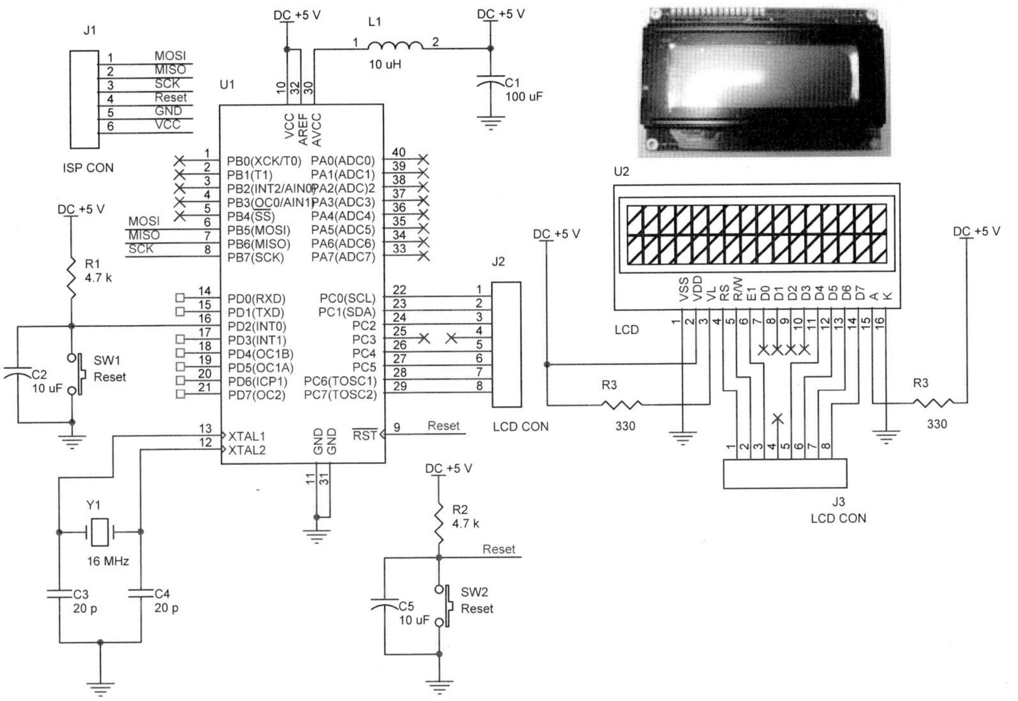

그림 10-2 LCD 디스플레이 회로도

LCD 4번 핀부터 PC0을 연결시키면 CodeVision에서 제공되는 모듈을 이용해 원하는 문자를 표시할 수 있다. 여기에서는 CodeVsion을 이용하며 LC1621 LCD 핀 구성은 다음 표와 같다.

표 10-1 LC1621 LCD LCD 핀 기능

핀 번호	기호	기능	
1	VSS	0	전원
2	VDD	+5V	
3	VL	Contrast 조절 (VR 10 kΩ 사용)	
4	RS	Register Selector (0: 명령어, 1: 데이터)	
5	R/W	0: Write(CPU → LCD), 1: Read(LCD → CPU)	
6	E1	Enable(1: LCD 동작)	
7	D0	데이터 버스	
8	D1	4비트 사용 시: D4~D7만 사용 상위 4비트	
9	D2		

핀 번호	기호	기능
10	D3	8비트 사용 시: 하위 4비트 Read/Write D0~D7을 사용
11	D4	
12	D5	
13	D6	
14	D7	
15	A	LCD 백라이트
16	K	

예 제

CodeVision을 이용하여 아래와 같이 완성하시오(단, 데이터는 4비트).

- **프로그램**

```
#include <mega32.h>
#include <stdio.h>
#include <delay.h>

// Alphanumeric LCD Module functions
#asm
   .equ __lcd_port=0x15 ;PORTC
#endasm
#include <lcd.h>

unsigned char *strr="";
// point variable ex) str =   "LCD Test";
//                "012345678"
//                       8: end of string
//                      '\0' <-- control character
```

```
int cnt=0;

void main(void)
{
      PORTA=0x00;
      DDRA=0x00;

      PORTB=0xFF;
      DDRB=0xFF;

      PORTC=0xFF;
      DDRC=0xFF;

      lcd_init(16);  // LCD module initialization

      while (1)
      {
            sprintf(strr, "LCD Test");     // (string, value)
            lcd_gotoxy(0, 0);              // (col, row)
            lcd_puts(strr);                // string printing

            sprintf(strr, "%6d", cnt++);  // (string, format, value)
            if(cnt>1000) cnt=0;

            lcd_gotoxy(0, 1);              // (col, row)
            lcd_puts(strr);                // string printing
            delay_ms(1);
      }
}
```

예 제

CodeVision을 이용하여 0행의 문자가 좌우로 이동하는 LCD 표시를 완성하시오

• **프로그램**

```
#include <mega32.h>
#include <stdio.h>
#include <delay.h>

#asm
   .equ __lcd_port=0x15 ;PORTC
#endasm
#include <lcd.h>

void main(void)
{
     unsigned char temp[20], t=0;
     int i=0, b=0, c=0;

     PORTC=0x00;
     DDRC=0xff;     // LCD

     // LCD module initialization
     lcd_init(16);

     while (1)
     {
          PORTB = i;
          if(t==0)
          {    // ---> Right Shift
               for(b=0; b<c; b++)
               {
                    lcd_gotoxy(b,0);
                    lcd_putsf(" ");
               }
               lcd_gotoxy(b,0);
               lcd_putsf("Microcontroller");
               c++;
          }
          else
          {    // <--- Left Shift
               if(c<2)
               {
                    lcd_gotoxy(14+c,0);
```

```
                lcd_putsf(" ");
            }
            lcd_gotoxy(c,0);
            lcd_putsf("Now counting!!");
            c--;
        }
        lcd_gotoxy(0,1);
        sprintf(temp,"count=%d", i++);
        lcd_puts(temp);
        lcd_gotoxy(7,1);
        lcd_putsf("         ");
        if(i==10) i=0;
        if(c==16 || c==0) t=~t;
        delay_ms(900);
    }
}
```

1) IR(Instruction Register, 명령 레지스터)

① D.D.RAM과 C.G.RAM에 대한 주소 설정, 메모리 클리어, 표시 ON/OFF, 커서이동 등에 대한 명령어 코드 저장

② CPU에 의해 쓰기만 가능

2) DR(Data Register, 데이터 레지스터)

① D.D.RAM과 C.G.RAM에 쓰기 데이터나 읽기 데이터를 일시적으로 저장

② DR의 쓰기 데이터는 D.D.RAM과 C.G.RAM에 자동으로 저장됨

③ D.D.RAM 또는 C.G.RAM으로부터 데이터를 읽을 경우에는 IR이 가리키는 주소의 데이터가 DR에 전송

④ 읽기 동작이 종료되면 다음 주소가 자동으로 AC(Address Counter, 주소 카운터)에 전송되어 다음 번지를 지정

⑤ C.G. ROM, C.G. RAM, D.D. RAM

3) AC(Address Counter, 주소 카운터)

① D.D.RAM 또는 C.G.RAM의 주소를 지정

② D.D.RAM 또는 C.G.RAM에 디스플레이 데이터를 쓰면 주소 카운터는 자동으로 증가 또는 감소

4) BF(Busy Flag)

1이면 LCD가 사용 중임을 표시

5) D.D.RAM(Display Data RAM, 표시 데이터 RAM)

① 8비트 문자를 최대 80글자까지 저장

② 1행의 주소영역은 0x00~0x27, 2행의 주소영역은 0x40~0x67

③ 각 행에 40문자씩 저장 가능하나 이 중 16문자만 표시

	1	2	3	4	5	6	7	8	9	10	11	12	13	14	15	16
1행	00	01	02	03	04	05	06	07	08	09	0A	0B	0C	0D	0E	0F
2행	40	41	42	43	44	45	46	47	48	49	4A	4B	4C	4D	4E	4F

6) C.G.ROM(Character Generator ROM, 문자 생성 ROM)

① 5×7, 5×10 도트의 문자를 생성

② 각 문자의 코드를 D.D.RAM에 저장하면 LCD에 문자가 표시

7) C.G.RAM(Character Generator RAM, 문자 생성 RAM)

① 사용자 정의 문자 패턴을 저장하는 RAM

② 전원을 끄면 저장된 패턴 제거

③ C.G.RAM 문자 코드

UPPER 4 BITS / LOWER 4 BITS	0000	0010	0011	0100	0101	0110	0111	1010	1011	1100	1101	1110	1111
0000	CG RAM (1)		0	@	P	`	p		ー	タ	ミ	α	p
0001	(2)	!	1	A	Q	a	q	。	ア	チ	ム	ä	q
0010	(3)	"	2	B	R	b	r	「	イ	ツ	メ	β	θ
0011	(4)	#	3	C	S	c	s	」	ウ	テ	モ	ε	∞
0100	(5)	$	4	D	T	d	t	、	エ	ト	ヤ	μ	Ω
0101	(6)	%	5	E	U	e	u	・	オ	ナ	ユ	σ	ü
0110	(7)	&	6	F	V	f	v	ヲ	カ	ニ	ヨ	ρ	Σ
0111	(8)	'	7	G	W	g	w	ァ	キ	ヌ	ラ	g	π
1000	(1)	(	8	H	X	h	x	ィ	ク	ネ	リ	√	x̄
1001	(2)	)	9	I	Y	i	y	ゥ	ケ	ノ	ル	⁻¹	y
1010	(3)	*	:	J	Z	j	z	ェ	コ	ハ	レ	j	千
1011	(4)	+	;	K	[	k	{	ォ	サ	ヒ	ロ	ˣ	万
1100	(5)	,	<	L	¥	l	|	ャ	シ	フ	ワ	¢	円
1101	(6)	-	=	M	]	m	}	ュ	ス	ヘ	ン	£	÷
1110	(7)	.	>	N	^	n	→	ョ	セ	ホ	゛	ñ	
1111	(8)	/	?	O	_	o	←	ッ	ソ	マ	゜	ö	█

4 레지스터 동작 선택

표 10-2 LC1621 LCD의 R, S, R/W 레지스터 동작

R	S	R/W	동 작
0	0	IR	쓰기 동작
0	1	Busy	Flag와 주소 카운터 읽기
1	0	DR	쓰기 동작
1	1	DR	읽기 동작

5 LCD 명령

1) 각 기능별 제어신호 및 명령어 코드 값에 대한 실행시간

표 10-3 LC1621 LCD 명령

기능	제어신호		명령어 코드 값								실행시간
	RS	R/W	DB7	DB6	DB5	DB4	DB3	DB2	DB1	DB0	
1. 화면 클리어	0	0	0	0	0	0	0	0	0	1	1.64ms
2. 커서 홈	0	0	0	0	0	0	0	0	1	0	1.64ms
3. 엔트리 모드 세트	0	0	0	0	0	0	0	1	I/D	S	40μs
4. 화면 ON/OFF 제어	0	0	0	0	0	0	1	D	C	B	40μs
5. 커서/화면 이동	0	0	0	0	0	1	S/C	R/L	0	0	40μs
6. 기능설정	0	0	0	0	1	DL	N	F	0	0	40μs
7. C.G.RAM 주소 설정	0	0	0	1	C.G.RAM Address						40μs
8. D.D.RAM 주소 설정	0	0	1	D.D.RAM Address							40μs
9. BF/주소 읽기	0	1	BF	Address Counter							0μs
10. C.G.RAM, D.D.RAM 데이터쓰기	1	0	Write Data								40μs
11. C.G.RAM, D.D.RAM 데이터읽기	1	1	Read Data								40μs

2) LCD 명령어

(1) 화면 클리어, D0=1

- LCD 화면을 클리어하고, 커서는 홈에 위치
- D.D.RAM 주소 카운터는 0이 됨

(2) 커서 홈, D1=1

- D.D.RAM 주소 카운터는 0이 되고, 커서는 홈에 위치

(3) 엔트리 모드 세트(Entry Mode Set), D2=1

- 커서의 진행방향 및 디스플레이를 이동시킬 것인지를 결정
- I/D 값은 D.D.RAM 또는 C.G.RAM에 쓰기/읽기 주소를 1증가 또는 1감소하기 위한 설정
- I/D가 1이면 주소를 1증가하여 커서를 우로 이동시키고, I/D가 0이면 주소를 1감소하여 커서를 좌로 이동
- S값은 D.D.RAM에 데이터를 써넣은 후에 화면 전체를 좌로 또는 우로 이동시키기 위한 설정 비트
- S=0이면 이동되지 않음
- S=1이고 I/D=1이면 화면 전체가 좌로 이동
- S=1이고 I/D=0이면 화면 전체가 우로 이동
- S=1이면 커서의 위치는 변하지 않음

(4) 화면 ON/OFF 제어, D3=1

- 화면 또는 커서의 ON/OFF제어, 문자를 깜박이게 하는 기능 제어
- D=1일 때 LCD ON, D=0일 때에는 LCD OFF
- C=1일 때 커서가 표시되고, C=0이면 커서가 표시되지 않음
- B=1일 때 커서가 깜박이고, B=0이면 커서가 깜박이지 않음

(5) 커서/화면 이동, D4=1

- D.D.RAM의 내용을 변경시키지 않은 상태에서 커서나 화면을 이동

표 10-4 D.D.RAM 동작

S/C	R/L	동 작
0	0	커서의 위치를 좌로 이동한다. (AC는 -1 된다.)
0	1	커서의 위치를 우로 이동한다. (AC는 +1 된다.)
1	0	표시와 커서를 좌로 이동한다.
1	1	표시와 커서를 우로 이동한다.

(6) 기능설정, D5=1

- 데이터 전송 비트, 화면 행의 수와 문자 폰트 설정
- DL=1이면 8비트, DL=0이면 4비트 인터페이스
- N=1이면 2줄 표시, N=0이면 1줄 표시
- F=0이면 5X7 도트, F=1이면 5X10 도트

(7) 기타

- C.G. RAM 설정 (D6=1), D.D.RAM 주소 설정 (D7=1)
- BF/주소 읽기 (RS=0, R/W=1)
- C.G. RAM, D.D.RAM 데이터 쓰기 (RS=1, R/W=0)
- C.G. RAM, D.D.RAM 데이터 읽기 (RS=1, R/W=1)

6 LCD 초기화

1) LCD 초기화 시 LCD 모듈 사양에 정의된 시간을 지연해야 안정적인 동작

2) 8비트 데이터 전송 초기화 예

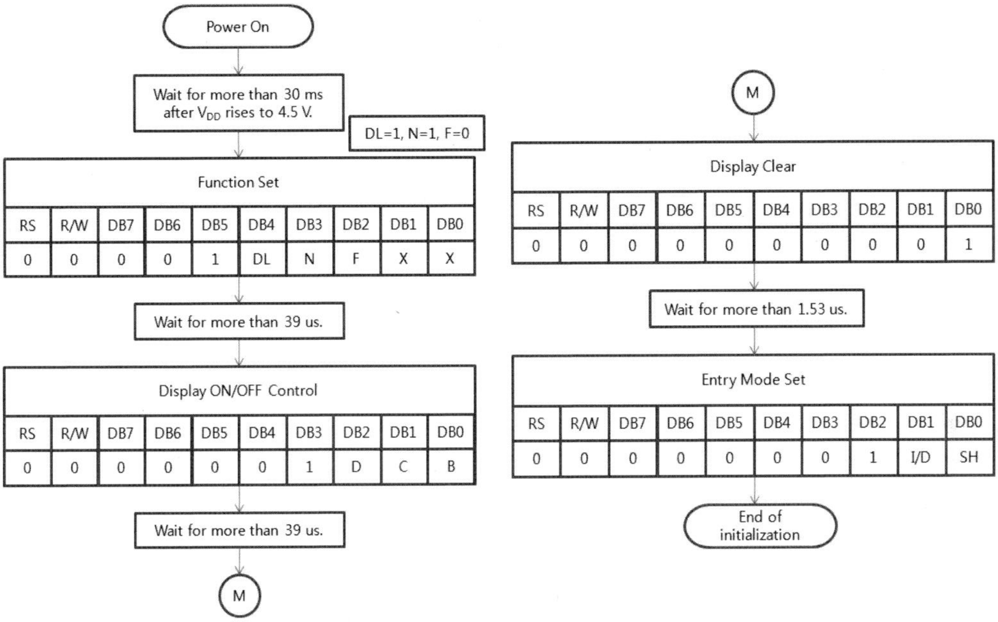

그림 10-3 8비트 데이터 전송 초기화

예 제

CodeVision을 이용하여 문자를 LCD에 표시하시오(단, 데이터는 8비트).

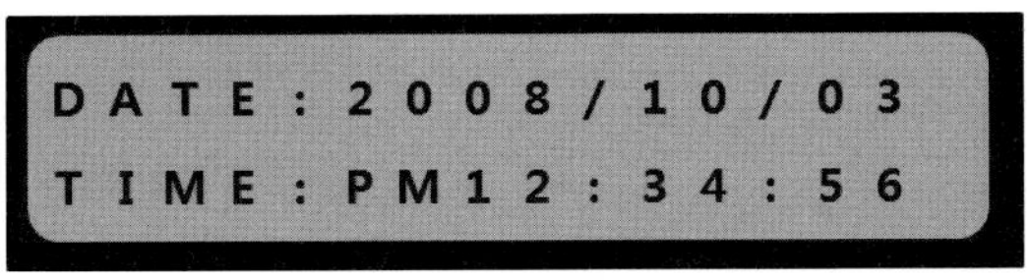

- **프로그램**

```
#include <mega32.h>
#include <delay.h>
// delay_us(), delay_ms() 함수를 사용하기 위해
#define F_CPU 16000000
// delay.h을 사용하기위해 CPU 클록을 설정한다.
// DDRAM 설정 : 0x00+DDRAM address 값 ( 16X2 CLCD 기준)
// LINE1 0x00: 첫 번째 라인의 DDRAM address : 0x00 -> 0x00+0x00
```

```
// LINE2 0x40: 두 번째 라인의 DDRAM address : 0x40 -> 0x00+0x40
// PC2=LCD_EN, PC1=RW, PC0=RS 에 연결
#define CMD_WR 0xFC // 명령어쓰기 E=1, RW=0, RS=0
#define CMD_RD 0xFE // 명령어읽기 E=1, RW=1, RS=0
#define DATA_WR     0xFD // 데이터쓰기 E=1, RW=0, RS=1
#define DATA_RD     0xFF // 데이터읽기 E=1, RW=1, RS=1
#define LCD_EN 0x04      // PC2(PORTC bit2)를 1로

void LCD_command(char command)     /* 제어명령 to LCD */
{
     PORTC = CMD_WR;           // E = 1, R/W = 0, Rs = 0
     PORTB = command;          // command 출력
     PORTC = PORTC^LCD_EN;     // E 신호를 H->L
     delay_ms(2);              // LCD 내부 동작시간
}

void LCD_data(char data)       /* 문자 표시 on LCD */
{
     PORTC = DATA_WR;          // E = 1, R/W = 0, Rs = 1
     PORTB = data;             // 문자 data 출력
     PORTC = PORTC^LCD_EN;     // E 신호를 H->L
     delay_ms(2);              // LCD 내부 동작시간
}

void LCD_initialize(void)      /* LCD 초기화 */
{
     delay_ms(15);        // 15msec 이상 시간지연
     LCD_command(0x38);  // 기능셋(데이터버스 8비트, 라인수:2줄)

     delay_ms(5);         // 4.1msec 이상 시간지연, 생략가능
     LCD_command(0x38);  // 기능셋, 생략 가능
     delay_us(10);        // 100usec 이상 시간지연, 생략가능
     LCD_command(0x38);  // 기능셋, 생략 가능

     LCD_command(0x08);  // 표시 Off , 생략 가능
     LCD_command(0x01);  // 화면 지우기
     LCD_command(0x06);  // 엔트리 모드셋
     LCD_command(0x0C);  // 표시 On
}

void LCD_string(char command, char *string)/* 문자열 표시 on LCD */
```

```
{
      LCD_command(command);    // start position of string
      while(*string != '\0')   // display string
      {
            LCD_data(*string);
            string++;
      }
}

int main(void)
{
      DDRB = 0xFF;
      DDRC = 0xFF;


      LCD_initialize();        // initialize text LCD module(초기화)

      while(1)
      {
            LCD_string(0x00,"DATE: 2008/10/03");    // 1번째 라인
            LCD_string(0x40,"TIME: PM12:34:56");    // 2번째 라인
      }
}
```

CHAPTER

11

ADC(Analog to Digital Converter)

A/D 컨버터란 아날로그 신호를 디지털 신호로 변환하는 것을 말한다. ATmega32는 별도의 외부 추가 없이 포트에 연결해 A/D 변환이 가능하다.

1 Analog to Digital 변환의 분해능(resolution) 개념

아날로그를 디지털로 변환하는 비트의 수에 따라서 변환되어 나타낼 수 있는 개수가 결정된다.

예를 들면 1비트로 변환한다면 2진수 0은 0~2.5V의 사이의 의미를 갖고 2진수 값 1은 2.5V~5.0V 사이의 값을 갖는다. 이를 분해능이라 한다. 다음 표는 5V 전압을 1비트에서 10비트까지의 분해능을 비교한 것이다.

	1bit	2bit	3bit	...	10bit
5V					
	1	11	111		1023(10)
			110		
		10	101		↑
			100		
	0	01	011		↓
			010		
		00	001		
			000		0(10)
0V					

즉, 비트 수가 증가함에 따라 분해능도 증가한다. 아날로그 신호를 디지털 신호로 변환하는 식은

$$resolution = \frac{V_{IN}}{2^n}$$

변환 디지털 값의 범위: $0 \sim 2^n - 1$

과 같다.

예 제

5V 전압의 8bit A/D 변환의 경우 분해능은?

[풀이]

$$resolution = \frac{V_{IN}}{2^n} = \frac{5\ V}{256}$$

예 제

8bit A/D 변환 값이 $128_{(10)}$이면 아날로그 값은?

[풀이]

$$V_{AL} = \frac{Digital}{2^n - 1} \times V_{IN} = \frac{128}{255} \times 5\ V = 2.5\ V$$

2 Analog to Digital 변환의 특징

AREF전압은 외부에서 인가해 주어야 하고, AGND와 AVCC 사이의 중간 값이 인가되어야 한다. A/D 변환은 단일변환(Single Conversion)과 프리러닝(Free Running) 모드의 두 가지로 동작될 수 있어, 단일변환에서는 매 변환마다 ADC를 초기화시켜 주어야 하며, 프리러닝 모드에서는 초기에 한 번 설정된 변환을 자동으로 최초 설정으로 실행한다.

ATmega32는 8채널 10비트 분해능의 A/D 컨버터를 내장하고 있으며, 8채널의 아날로그 입력 신호는 포트 A와 동일한 단자를 사용하고 있다. MCU 내부의 아날로그 멀티플렉서(Multiplexer, MUX)에 의하여 선택되도록 되어 있다. 이 전압의 기준은 GND(0V)로부터 측정된다.

또한 16개의 차동 전압입력 조합을 지원한다. 2개의 차동 입력단자(ADC1, ADC0과 ADC3, AD2)는 A/D 변환 전에 차동입력에 프로그램 가능한 0dB, 20dB(10배), 46dB(200배)의 이득단계를 둘 수 있다. 7개의 차동 아날로그 입력 채널은 공통 음 단자로 ADC1을 공유하며, 반면에 다른 ADC 입력은 양 단자로 선택될 수 있다. 1배나 10배 이득을 사용할 때는 8bit 분해능이 사용되며, 200배 이득일 때는 7bit 분해능이 사용된다.

Analog to Digital 변환의 특징을 간단히 요약하면 다음과 같다.

- 10bit 분해능을 가지고 있다(아날로그 신호를 10비트 크기의 디지털 값으로 변환).
- 변환시간은 65 - 260μs이다.
- 최대 분해능에서 최대에서 15kSPS이다.
- 8개의 다중 입력 채널들이 있다.
- 7개의 차동 입력이 가능하다.
- 2개의 차동 입력은 10배, 200배의 이득을 선택할 수 있다.
- ADC 결과 판독을 위해 왼쪽 조정하여 운영할 수 있다.
- ADC 입력 Voltage 범위는 0 - Vcc(AREF, AVCC)이다.
- 내부 2.56V를 ADC 전압기준으로 선택 가능하다.
- 프리러닝 모드와 단일변화 모드가 있다.
- ADC 변환 시작을 인터럽트 소스에 자동 Triggering이 가능하다.
- ADC 변환 완료 인터럽트를 사용할 수 있다.
- 슬립모드 노이즈 제거 기능이 있다.

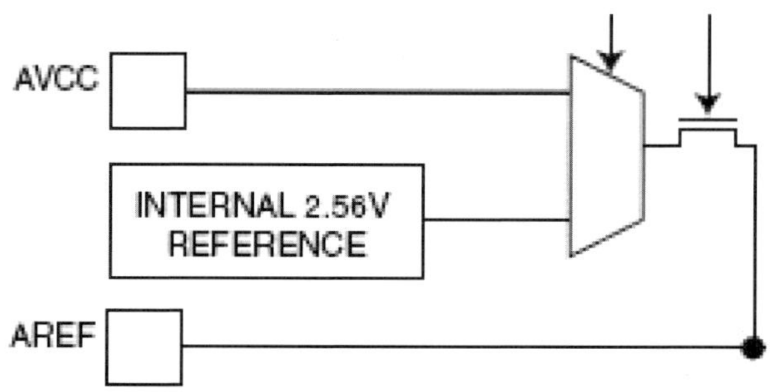

그림 11-1 기준 전압

3 A/D 컨버터의 동작 관련 레지스터

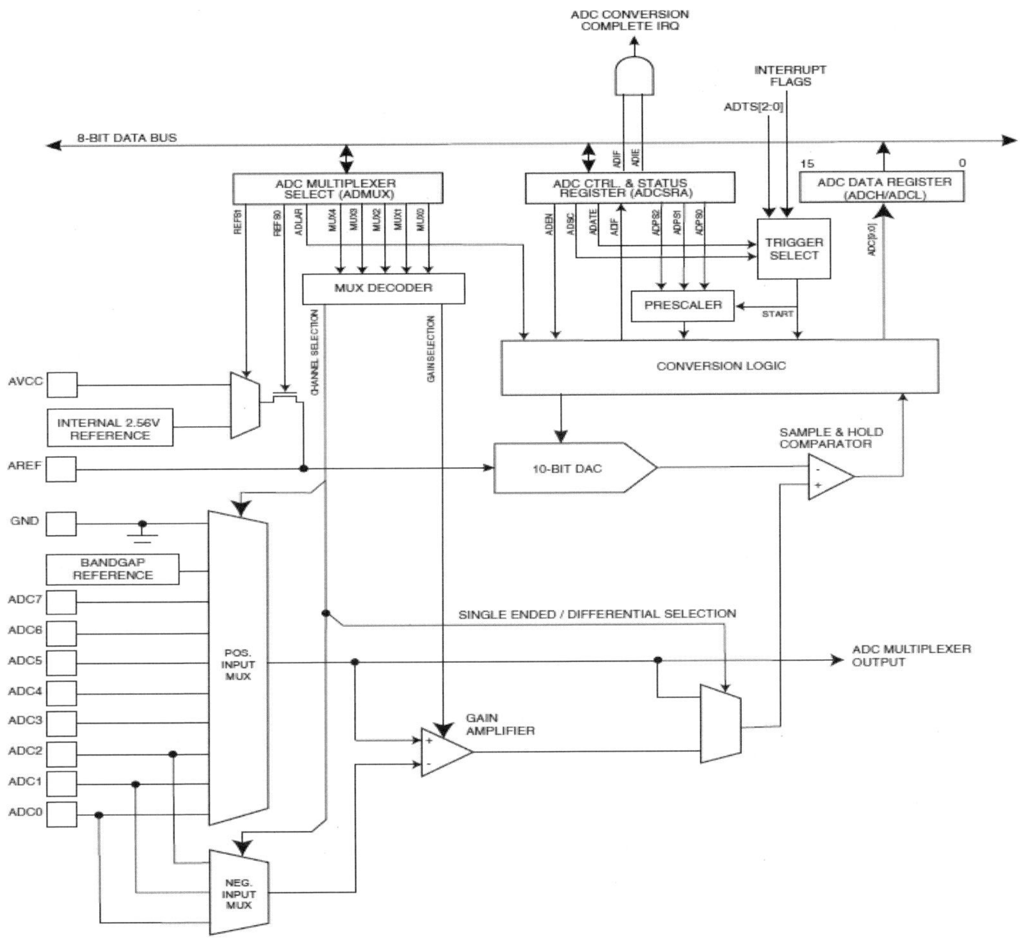

그림 11-2 A/D 컨버터의 동작 Diagram

1) ADMUX(ADC Multiplexer Selection Register) 레지스터

ADMUX는 A/D 컨버터의 8개의 아날로그 입력 채널을 선택하는 기본 기능과 A/D 컨버터의 기준 전압소스를 선택하거나, 변환 결과 레지스터(ADCW)의 데이터 저장 형식을 지정하는 기능을 수행한다.

Bit	7	6	5	4	3	2	1	0	
	REFS1	REFS0	ADLAR	MUX4	MUX3	MUX2	MUX1	MUX0	ADMUX
Read/Write	R/W	R/W	R/W	R/W	R/W	R/W	R/W	R/W	
Initial Value	0	0	0	0	0	0	0	0	

그림 11-3 ADMUX 레지스터

표 11-1 ADMUX 레지스터의 기능

<table>
<tr><th>비트</th><th>기능</th></tr>
<tr><td>7~6</td><td>REFS1:0(Reference Selection Bits)은 다음과 같이 A/D 컨버터에서 사용하는 기준전압을 선택한다.
<table>
<tr><th>REFS1</th><th>REFS0</th><th>기준 전압</th></tr>
<tr><td>0</td><td>0</td><td>외부의 AREF 단자로 입력된 전압 사용</td></tr>
<tr><td>0</td><td>1</td><td>외부의 AVCC 단자로 입력된 전압 사용</td></tr>
<tr><td>1</td><td>0</td><td>Reserved</td></tr>
<tr><td>1</td><td>1</td><td>내부의 기준 전압 2.56V 사용</td></tr>
</table></td></tr>
<tr><td>5</td><td>ADLAR(ADC Left Adjust Result)은 변환결과를 A/D 컨버터 레지스터에 저장할 때 정렬 방식을 설정하는 데 사용된다.
<table>
<tr><th>ADLAR</th><th>정렬 방향</th></tr>
<tr><td>0</td><td>10비트 A/D 컨버터의 값이 오른쪽으로 정렬</td></tr>
<tr><td>1</td><td>10비트 A/D 컨버터의 값이 왼쪽으로 정렬</td></tr>
</table></td></tr>
<tr><td>4~0</td><td>MUX4:0 (Analog Channel and Gain Selection Bits)은 A/D 컨버터의 아날로그 입력 채널과 차동 입력 채널에 대한 이득을 선택한다.
<table>
<tr><th rowspan="2">MUX4~0</th><th colspan="4">입력</th></tr>
<tr><th>단극성</th><th>+단자</th><th>−단자</th><th>이득</th></tr>
<tr><td>00000</td><td>ADC0</td><td rowspan="7" colspan="3"></td></tr>
<tr><td>00001</td><td>ADC1</td></tr>
<tr><td>00010</td><td>ADC2</td></tr>
<tr><td>00011</td><td>ADC3</td></tr>
<tr><td>00100</td><td>ADC4</td></tr>
<tr><td>00101</td><td>ADC5</td></tr>
<tr><td>00110</td><td>ADC6</td></tr>
</table></td></tr>
</table>

비트	기능

MUX4~0	입력			
	단극성	+단자	−단자	이득
00111	ADC7			
01000		ADC0	ADC0	10x
01001		ADC1	ADC0	10x
01010		ADC0	ADC0	200x
01011		ADC1	ADC0	200x
01100		ADC2	ADC2	10x
01101		ADC3	ADC2	10x
01110		ADC2	ADC2	200x
01111		ADC3	ADC2	200x
10000		ADC0	ADC1	1x
10001		ADC1	ADC1	1x
10010		ADC2	ADC1	1x
10011		ADC3	ADC1	1x
10100		ADC4	ADC1	1x
10101		ADC5	ADC1	1x
10110		ADC6	ADC1	1x
10111		ADC7	ADC1	1x
11000		ADC0	ADC2	1x
11001		ADC1	ADC2	1x
11010		ADC2	ADC2	1x
11011		ADC3	ADC2	1x
11100		ADC4	ADC2	1x
11101		ADC5	ADC2	1x
11110	1.23V			
11111	0V(GND)			

2) ADCSRA(ADC Control and Status Register A)

ADCSRA 레지스터는 A/D 컨버터의 동작을 설정하거나 동작 상태를 표시하는 기능을 수행한다.

Bit	7	6	5	4	3	2	1	0	
	ADEN	ADSC	ADATE	ADIF	ADIE	ADPS2	ADPS1	ADPS0	ADCSRA
Read/Write	R/W	R/W	R/W	R/W	R/W	R/W	R/W	R/W	
Initial Value	0	0	0	0	0	0	0	0	

그림 11-3 ADCSRA 레지스터

표 11-2 ADCSRA 레지스터의 기능

<table>
<tr><th>비트</th><th>기능</th></tr>
<tr><td>7</td><td>ADEN(ADC Enable)은 A/D 컨버터 동작 유무를 결정한다.
<table>
<tr><th>ADEN</th><th>Mode</th></tr>
<tr><td>0</td><td>A/D 컨버터의 모든 동작을 허용한다.</td></tr>
<tr><td>1</td><td>A/D 컨버터의 모든 동작이 꺼진다.</td></tr>
</table></td></tr>
<tr><td>6</td><td>ADSC(ADC Start Conversion)는 A/D 컨버팅 동작 유무를 결정한다.
<table>
<tr><th>ADSC</th><th>Mode</th></tr>
<tr><td>0</td><td>A/D 변환이 완료되면 하드웨어적으로 0이 된다.</td></tr>
<tr><td>1</td><td>A/D 컨버팅 동작을 한 번 수행하는 단일 변환 모드(Single conversion Mode)에서 A/D 변환을 시작한다.</td></tr>
</table></td></tr>
<tr><td>5</td><td>ADATE(ADC Auto Trigger Enable)는 자동 트리거링 ADC의 기록 유무를 결정한다.
<table>
<tr><th>ADATE</th><th>Mode</th></tr>
<tr><td>0</td><td>SFIOR에 ADTS가 기록된다.</td></tr>
<tr><td>1</td><td>ADC의 자동 트리거링된다. ADC는 선택한 트리거 신호의 positive edge에 변환을 시작한다.</td></tr>
</table></td></tr>
<tr><td>4</td><td>ADIF(ADC Interrupt Flag)는 A/D 컨버터의 변환이 완료되고 레지스터가 업데이트되면 1로 셋 되면서 변환 완료 인터럽트를 요청한다. 이때 ADIF 비트가 1로 설정되고 SREG 레지스터의 I-비트(전체 인터럽트 Enable)가 1(0x80)이면 A/D 컨버터의 변환 종료 인터럽트가 수행된다. 인터럽트 벡터가 수행되면 하드웨어적으로 0으로 되거나, 논리적으로 1을 써주면 0으로 된다.</td></tr>
<tr><td>3</td><td>ADIE(ADC Interrupt Enable)는 A/D 변환 완료 인터럽트를 개별적으로 허용한다. 인터럽트가</td></tr>
</table>

<table>
<tr><th>비트</th><th>기능</th></tr>
<tr><td></td><td>허용되면 SREG 레지스터의 I-비트가 1로 되고, 이 비트가 1로 되면 A/D 컨버터 변환 종료 인터럽트가 활성화된다.</td></tr>
<tr><td>2~0</td><td>ADPS(ADC Prescaler Select Bits)는 XTAL 주파수와 A/D 컨버터 입력 클록 간의 분배비(division factor)를 결정한다.
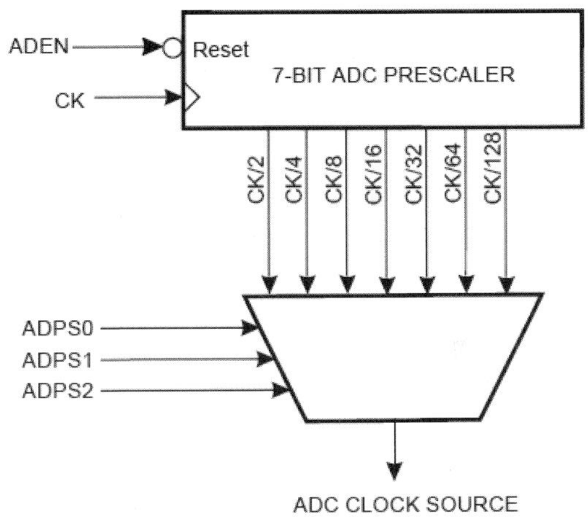

<table>
<tr><th>ADPS2</th><th>ADPS1</th><th>ADPS0</th><th>분주비</th></tr>
<tr><td>0</td><td>0</td><td>0</td><td>2</td></tr>
<tr><td>0</td><td>0</td><td>1</td><td>2</td></tr>
<tr><td>0</td><td>1</td><td>0</td><td>4</td></tr>
<tr><td>0</td><td>1</td><td>1</td><td>8</td></tr>
<tr><td>1</td><td>0</td><td>0</td><td>16</td></tr>
<tr><td>1</td><td>0</td><td>1</td><td>32</td></tr>
<tr><td>1</td><td>1</td><td>0</td><td>64</td></tr>
<tr><td>1</td><td>1</td><td>1</td><td>128</td></tr>
</table>
</td></tr>
</table>

3) ADCL, ADCH(ADC Data Register) 레지스터

ADCL 및 ADCH 레지스터는 각각 8비트씩 16비트 레지스터로서 A/D 컨버터의 변환 결과를 저장하는 레지스터로 ADCL과 ADCH 레지스터를 합한 ADCW 레지스터를 사용하기도 한다. 단극성 입력을 사용할 경우에는 A/D 변환 결과가 10비트 양의 정수로 표시되어 0~1023의 범위를 가진다. A/D 변환이 수행되고 나서 10비트의 변환 결과를 16비트 데이터 레지스터에 저장하는 방법으로는 2 가지가 있다(ADMUX 레지스터 참조).

4) Optional Left Adjustment for ADC Result Readout

(1) ADLAR=0일 때

오른쪽 정렬, 10비트 분해능: ADCH<<8 + ADCL = ADCW의 사용을 권장한다.

Bit	15	14	13	12	11	10	9	8	
	–	–	–	–	–	–	ADC9	ADC8	ADCH
	ADC7	ADC6	ADC5	ADC4	ADC3	ADC2	ADC1	ADC0	ADCL
	7	6	5	4	3	2	1	0	
Read/Write	R	R	R	R	R	R	R	R	
	R	R	R	R	R	R	R	R	
Initial Value	0	0	0	0	0	0	0	0	
	0	0	0	0	0	0	0	0	

그림 11-4 ADLAR=0

(2) ADLAR=1일 때

왼쪽 정렬, 8비트 분해능: ADCH의 사용을 권장한다.

Bit	15	14	13	12	11	10	9	8	
	ADC9	ADC8	ADC7	ADC6	ADC5	ADC4	ADC3	ADC2	ADCH
	ADC1	ADC0	–	–	–	–	–	–	ADCL
	7	6	5	4	3	2	1	0	
Read/Write	R	R	R	R	R	R	R	R	
	R	R	R	R	R	R	R	R	
Initial Value	0	0	0	0	0	0	0	0	
	0	0	0	0	0	0	0	0	

그림 11-5 ADLAR=1

5) ADC Conversion Result

A/D 변환이 완료되면(ADIF = high), 변환 결과는 ADC 결과 레지스터(ADCL, ADCH)에서 찾을 수 있다. 단일 변환 결과의 ADC 값은 다음과 같다.

$$ADC = \frac{V_{IN} \cdot 1024}{V_{REF}}$$

여기서 V_{IN}의 선택된 전압 값은 입력 핀과 VREF 핀이다. 선택된 GND 대표 값(0x000)과 0x3FF 값은 1을 뺀 LSB이다.

차동 채널을 사용한 ADC 결과 값은 다음과 같다.

$$ADC = \frac{(V_{POS} - V_{NEG}) \cdot GAIN \cdot 512}{V_{REF}}$$

V_{POS}	:	양의 입력 핀
V_{NEG}	:	음의 입력 핀
GAIN	:	Gain factor

그 결과 10진수 512(0x200)는 두 개의 값(−512d ~ +511d)이 보완 수여된다.

예 제

ADMUX = 0xED (ADC3 − ADC2, 10x gain, 2.56V reference, left adjusted result)
Voltage on ADC3 is 300 mV, voltage on ADC2 is 500 mV.
ADCR = 512 * 10 * (300 − 500) / 2560 = −400d = 0x270

[풀이]

$$ADC = \frac{(V_{POS} - V_{NEG}) \cdot GAIN \cdot 512}{V_{REF}}$$

$$ADC = \frac{(300 - 500) \cdot 10 \cdot 512}{2560}$$

$$= -400_{(10)}$$

순서		sign	256	128	64	32	16	8	4	2	1
	bits	9	8	7	6	5	4	3	2	1	0
①	Bin	1	1	1	0	0	1	0	0	0	0
②	1's	1	0	0	1	1	0	1	1	1	1
③	+		0	0	0	0	0	0	0	0	1
④	2's	1	0	0	1	1	1	0	0	0	0
⑤(L)	Hex	9				C				N/A	
⑤(R)	Hex	2		7				0			
		ADCH		ADCL							

ADLAR을 1(왼쪽 정렬 조정)로 하면 ADCL = 0x00이고, ADCH = 0x9C가 된다. 그러나

ADLAR을 0(오른쪽 정렬 조정)으로 하면 ADCL = 0x70이고, ADCH = 0x02가 된다.

예 제

다음 회로도를 참고하여 가변저항의 결과를 0~1023의 디지털 신호로 하이퍼터미널로 전송하고 LCD로 표시하시오.

[풀이] 0~5Volt의 전압이 10bit 변환 값을 0~1023의 코드로 변환하여 변환된 결과를 1초마다 그 결과를 하이퍼터미널로 전송하고 LCD로 표시된다.

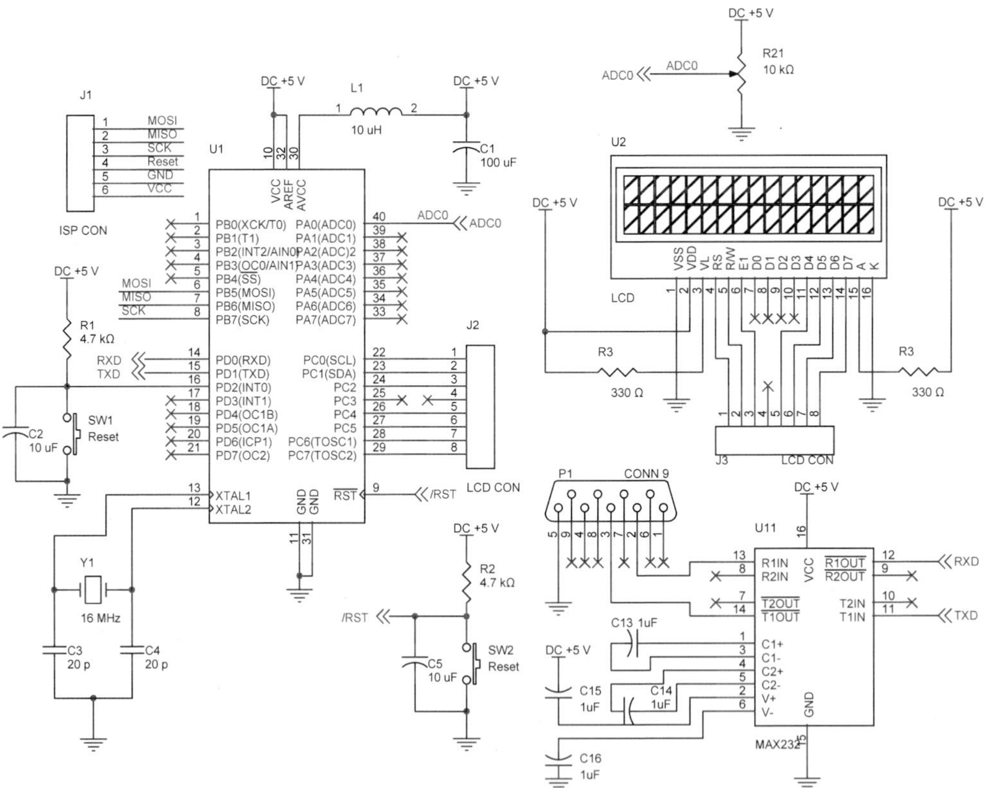

그림 11-6 가변저항의 A/D 변환 회로도

- **프로그램**

```
#include <mega32.h>
#include <delay.h>
```

```
// Alphanumeric LCD Module functions
#asm
   .equ __lcd_port=0x15 ;PORTC
#endasm
#include <lcd.h>

// Standard Input/Output functions
#include <stdio.h>

#define ADC_VREF_TYPE 0x00

// Read the AD conversion result
unsigned int read_adc(unsigned char adc_input)
{
      ADMUX=adc_input|ADC_VREF_TYPE;
      // Start the AD conversion
      ADCSRA|=0x40;
      // Wait for the AD conversion to complete
      while ((ADCSRA & 0x10)==0);
      ADCSRA|=0x10;
      return (ADCW & 0x3ff);
}

unsigned char *temp="Yongsub Jung";

void main(void)
{
      PORTA=0x00;
      DDRA=0x00;

      PORTC=0xff;
      DDRC=0xff;

      PORTD=0x00;
      DDRD=0x00;

      TIMSK=0x01;    // Timer(s)/Counter(s) Interrupt(s) initialization

      // USART initialization
      // Communication Parameters: 8 Data, 1 Stop, No Parity
```

```
        // USART Receiver: On
        // USART Transmitter: On
        // USART Mode: Asynchronous
        // USART Baud rate: 9600
        UCSRA=0x00;
        UCSRB=0x18;
        UCSRC=0x86;
        UBRRH=0x00;
        UBRRL=0x67;

        // ADC initialization
        // ADC Clock frequency: 125.000 kHz
        // ADC Voltage Reference: AREF pin
        // ADC High Speed Mode: Off
        // ADC Auto Trigger Source: Free Running
        ADMUX=ADC_VREF_TYPE;
        ADCSRA=0xA7;
        SFIOR&=0x0F;

        lcd_init(16);  // LCD module initialization

        #asm("sei")    // Global enable interrupts

        sprintf(temp,"V/Resistor Value");
        printf("%s\n",temp);

        lcd_gotoxy(0,0);
        lcd_puts(temp);

        while (1)
        {
             sprintf(temp,"= %4d", read_adc(0));
             printf("%s\r",temp);

             lcd_gotoxy(0,1);
             lcd_puts(temp);

             delay_ms(1000);
        }
}
```

- **프로그램 결과**

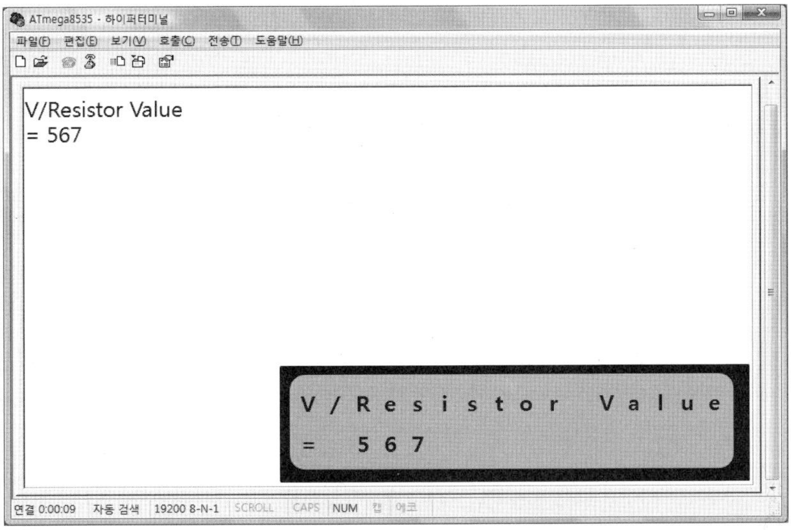

예 제

가변저항에 걸리는 전압의 A/D 변환 결과 값(0~5V)을 하이퍼터미널로 전송하고 LCD로 표시하시오.

[풀이] 0~5Volt의 전압이 10bit 변환 값을 0~1023의 코드로 변환하여 변환된 결과를 1초마다 그 결과를 하이퍼터미널로 전송하고 LCD로 표시되는 비례관계식은 다음과 같다.

$$x = 10\,bit\,ADC\,Value \times \frac{5}{1023}$$

위의 식을 소수점을 고려하여 다음과 같은 식으로 변환하여 사용하면 된다.

$$x = 10\,bit\,ADC\,Value \times \frac{5 \times 10}{1023}$$

- **프로그램**

```
#include <mega32.h>
#include <delay.h>

```

```
// Alphanumeric LCD Module functions
#asm
   .equ __lcd_port=0x15 ;PORTC
#endasm
#include <lcd.h>

// Standard Input/Output functions
#include <stdio.h>

#define ADC_VREF_TYPE 0x00

// Read the AD conversion result
unsigned int read_adc(unsigned char adc_input)
{
     ADMUX=adc_input|ADC_VREF_TYPE;
     // Start the AD conversion
     ADCSRA|=0x40;
     // Wait for the AD conversion to complete
     while ((ADCSRA & 0x10)==0);
     ADCSRA|=0x10;
     return (ADCW & 0x3ff);
}

int ddata=0;
unsigned char *temp="Yongsub Jung";

void main(void)
{
     PORTA=0x00;
     DDRA=0x00;

     PORTC=0xff;
     DDRC=0xff;

     PORTD=0x00;
     DDRD=0x00;

     TIMSK=0x01;    //      Timer(s)/Counter(s)       Interrupt(s)
initialization

     // USART initialization
```

```
    // Communication Parameters: 8 Data, 1 Stop, No Parity
    // USART Receiver: On
    // USART Transmitter: On
    // USART Mode: Asynchronous
    // USART Baud rate: 9600
    UCSRA=0x00;
    UCSRB=0x18;
    UCSRC=0x86;
    UBRRH=0x00;
    UBRRL=0x67;

    // ADC initialization
    // ADC Clock frequency: 125.000 kHz
    // ADC Voltage Reference: AREF pin
    // ADC High Speed Mode: Off
    // ADC Auto Trigger Source: Free Running
    ADMUX=ADC_VREF_TYPE;
    ADCSRA=0xA7;
    SFIOR&=0x0F;

    lcd_init(16);  // LCD module initialization

    #asm("sei")    // Global enable interrupts

    sprintf(temp,"V/Resistor Value");
    printf("%s\n",temp);

    lcd_gotoxy(0,0);
    lcd_puts(temp);

    while (1)
    {
        ddata=(read_adc(0)*50)/1023;
        sprintf(temp,"= %4d.", ddata/10);
        printf("%s\r",temp);

        lcd_gotoxy(0,1);        // =    2.
        lcd_puts(temp);

        sprintf(temp,"%1d [V]", ddata%10);
        printf("%s\r",temp);
```

```
            lcd_gotoxy(5,1);        // =    2.7 [V]
            lcd_puts(temp);
            delay_ms(1000);
        }
}
```

- **프로그램 결과**

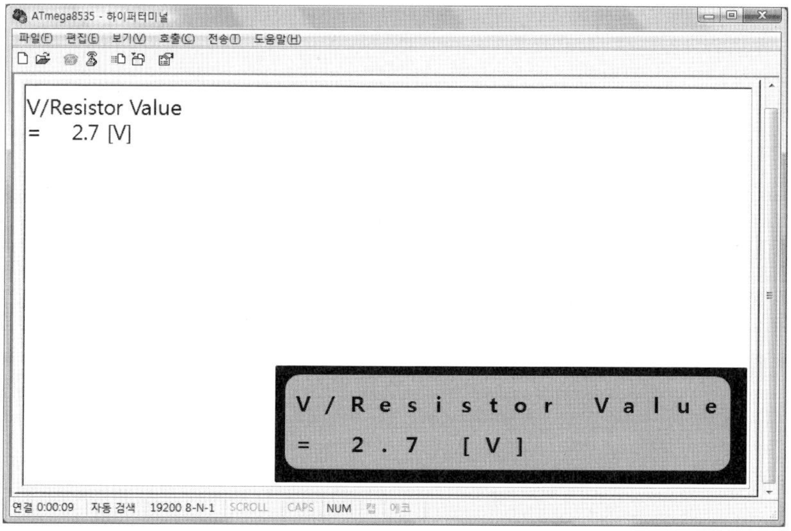

예 제

가변저항에 걸리는 전압의 A/D 변환 결과 값(0~5V)을 하이퍼터미널로 전송하고 LCD로 표시하시오(폴링방식).

- **프로그램**

```
#include <mega32.h>
#include <delay.h>

// Alphanumeric LCD Module functions
#asm
```

```
    .equ __lcd_port=0x15 ;PORTC
#endasm
#include <lcd.h>

// Standard Input/Output functions
#include <stdio.h>

#define ADC_VREF_TYPE 0x00

int ddata=0;
unsigned char *temp="Yongsub Jung";

void main(void)
{
     PORTA=0x00;
     DDRA=0x00;

     PORTC=0xff;
     DDRC=0xff;

     PORTD=0x00;
     DDRD=0x00;

     TIMSK=0x01;    //      Timer(s)/Counter(s)      Interrupt(s)
initialization

     // USART initialization
     // Communication Parameters: 8 Data, 1 Stop, No Parity
     // USART Receiver: On
     // USART Transmitter: On
     // USART Mode: Asynchronous
     // USART Baud rate: 9600
     UCSRA=0x00;
     UCSRB=0x18;
     UCSRC=0x86;
     UBRRH=0x00;
     UBRRL=0x67;

     // ADC initialization
     // ADC Clock frequency: 125.000 kHz
     // ADC Voltage Reference: AREF pin
```

```
        ADCSRA=0xA7;

        lcd_init(16);  // LCD module initialization

        #asm("sei")    // Global enable interrupts

        sprintf(temp,"V/Resistor Value");
        printf("%s\n",temp);

        lcd_gotoxy(0,0);
        lcd_puts(temp);

        while (1)
        {
            ADCSRA&=0xef;  // ADIF=0
            ADCSRA|=0x40;  // ADC start
            for(;;)
            {
                ddata=ADSRA;
                ddata&=0x10;
                if(ddata==0x00) break;
            }
            ddata=(ADCW & 0x3ff);

            ddata=(ddata*50)/1023;
            sprintf(temp,"= %4d.", ddata/10);
            printf("%s\r",temp);

            lcd_gotoxy(0,1);         // =    2.
            lcd_puts(temp);

            sprintf(temp,"%1d [V]", ddata%10);
            printf("%s\r",temp);

            lcd_gotoxy(5,1);         // =    2.7 [V]
            lcd_puts(temp);
            delay_ms(1000);
        }
}
```

예 제

다음 회로(LM35 온도센서: 10 mV/℃)를 참고하여 1초마다 ADC 변환하여 하이퍼터미널 전송하고 LCD로 표시하시오.

그림 11-7 VIEW

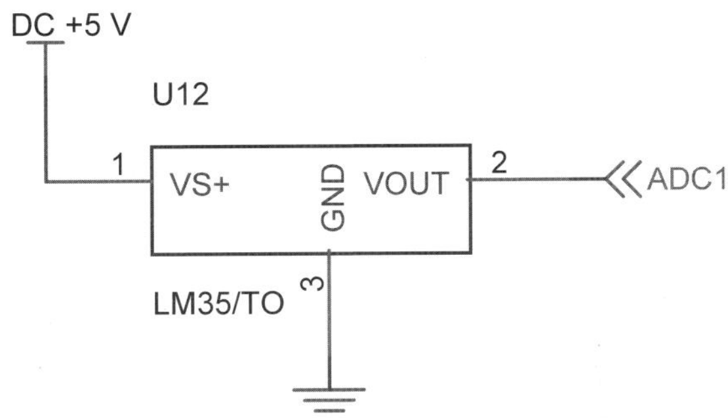

그림 11-8 LM35 회로도

- **프로그램**

```
#include <mega32.h>
#include <delay.h>
#include <stdio.h>

#define ADC_VREF_TYPE 0x00

int adata;
unsigned char *temp="hello";

// Read the AD conversion result
unsigned int read_adc(unsigned char adc_input)
{
      ADMUX=adc_input|ADC_VREF_TYPE;

      // Start the AD conversion
      ADCSRA|=0x40;

      // Wait for the AD conversion to complete
      while ((ADCSRA & 0x10)==0);
      ADCSRA|=0x10;
```

```
        return (ADCW & 0x3ff);
}

void main(void)
{
        // USART initialization
        // Communication Parameters: 8 Data, 1 Stop, No Parity
        // USART Receiver: On
        // USART Transmitter: On
        // USART Mode: Asynchronous
        // USART Baud rate: 9600
        UCSRA=0x00;
        UCSRB=0x18;
        UCSRC=0x86;
        UBRRH=0x00;
        UBRRL=0x67;

        // ADC initialization
        // ADC Clock frequency: 125.000 kHz
        // ADC Voltage Reference: AVCC pin
        // ADC High Speed Mode: Off
        // ADC Auto Trigger Source: Free Running
        ADMUX=ADC_VREF_TYPE;
        ADCSRA=0xA7;
        SFIOR&=0x0F;

        #asm("sei")          // Global enable interrupts

        sprintf(temp,"Temperature");
        printf("%s",temp);

        lcd_gotoxy(0,0);          // Temperature
        lcd_puts(temp);

        while (1)
        {
              adata=((read_adc(1)*1000)/1023);
              sprintf(temp,"= %4d.", adata/10);
              printf("%s\r",temp);

              lcd_gotoxy(0,1);          // =   24.
```

```
                lcd_puts(temp);

                sprintf(temp,"= %1d `C", adata%10);
                printf("%s\r",temp);

                lcd_gotoxy(5,1);          // =   24.7 `C
                lcd_puts(temp);

                delay_ms(1000);
        }
}
```

- **프로그램 결과**

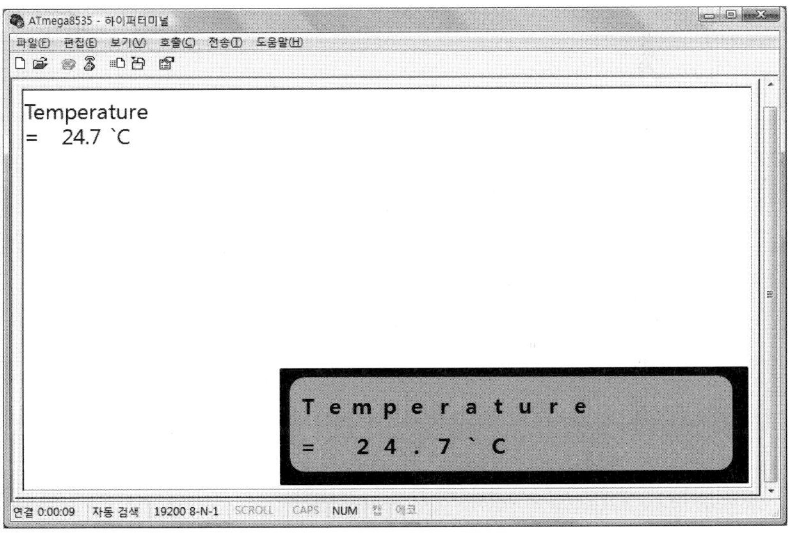

CHAPTER

12

Motor 제어

1 DC Motor 원리

1) DC 모터의 개요

(1) 모터의 정의

모터(Motor)란 전기를 사용하거나 연료를 사용하여 동력을 발생시키는 장치, 즉 원동기를 뜻하는 말이다. 구체적으로는 다음의 두 가지를 의미한다.

- 차량용 엔진(engine) 또는 자동차(car)
- 전동기(electric motor)

이런 모터의 의미들은 우리들이 일상생활에서도 이미 정착되어 있는데, 다음의 회사명들은 그 것을 말해준다. 회사명(會社名) 속에 들어 있는 '모터(motor)'는 어떤 경우는 차량용 엔진 또는 자동차의 의미를, 어떤 경우는 전동기의 뜻을 나타내고 있는 것이다.

- General Motors, 현대 Motors, Seoul Motors Show 등
- Oriental Motors, 삼양 Motors, Servo motor, synchro motor(동기 모터) 등

사용하는 에너지원의 종류야 어쨌든 이 두 가지 의미의 공통점은 '회전력을 발생시키는 기계 장치'란 점이다. 전동기는 처음 만들어지고 나서부터 100년 넘게 회전력을 발생시키는 기계로만 인식되었다. 그러나 최근에는 직선운동을 하는 모터(리니어 모터)가 발명되었고, 전기가 아닌 초음파 진동에 의한 모터(초음파 모터)도 만들어지게 되었다.

그러나 아직 산업용 모터의 주력은 전기에너지를 사용하여 회전력을 발생시키는 전통적인 전동기를 의미한다고 보면 좋을 것이다.

(2) 모터의 분류

표 12-1 모터의 분류

<table>
<tr><td rowspan="16">전동모터
(전기 에너지로
움직이는 모터)</td><td rowspan="14">전자기력
모터</td><td rowspan="3">정류자형
모터</td><td rowspan="2">직류(DC) 모터</td><td>영구자석 계자형</td></tr>
<tr><td>전자석 계자형</td></tr>
<tr><td>유니버설 모터
(직/교류 겸용)</td><td>단상 직권 모터</td></tr>
<tr><td rowspan="9">회전 자기장
모터</td><td rowspan="2">릴럭턴스 로터형 모터</td><td>릴럭턴스 동기모터
(리액션 모터)</td></tr>
<tr><td>VR형 스테핑 모터</td></tr>
<tr><td rowspan="4">영구자석 로터형 모터</td><td>DC브러시리스 모터</td></tr>
<tr><td>PM형 BH형 스테핑모터</td></tr>
<tr><td>타이밍 모터
(인덕턴스형 동기모터)</td></tr>
<tr><td>영구자석 동기모터</td></tr>
<tr><td colspan="2">전자석 로터형 모터</td></tr>
<tr><td colspan="2">인덕션 모터(리버시블모터)[세이드형 모터]</td></tr>
<tr><td colspan="2">히스테리시스(동기) 모터</td></tr>
<tr><td rowspan="2">진동모터</td><td colspan="2">보이스코일 모터</td></tr>
<tr><td colspan="2">바이브로 모터</td></tr>
<tr><td colspan="2" rowspan="2">전기력 모터</td><td colspan="2">전왜 모터(초음파 모터/세라믹 변위형 모터)</td></tr>
<tr><td colspan="2">정전 모터, 전기화학 모터</td></tr>
</table>

용어의 정리

1) DC=직류, AC=교류
2) 로터(rotor)=회전자 스테이터(stator)=고정자
3) 릴럭턴스(reluctance)=자기(磁氣)저항, VR(variable reluctance)=가변 릴럭턴스
4) 인덕션(induction)=자기유도, 가기감응
5) 전왜(電歪)=물체에 가해지는 전기장이 +, -로 변화하면 물체의 길이도 늘어나고 줄어드는 현상(자왜현상=자장이 변화하면 자성체 길이가 신축(伸縮)하는 현상)
6) 보이스(voice)=음성
7) 히스테리시스(hysteresis)=자기이력현상(주어지는 자장이 소멸되어도 자력이 남아 있는 현상)

모터는 에너지 변환장치이다. 즉, 전기에너지를 소비하여 운동 에너지를 만들어 낸다. 운동에너지 즉, 출력되는 힘(Power)은 소비한 전기 에너지에 비례한다.

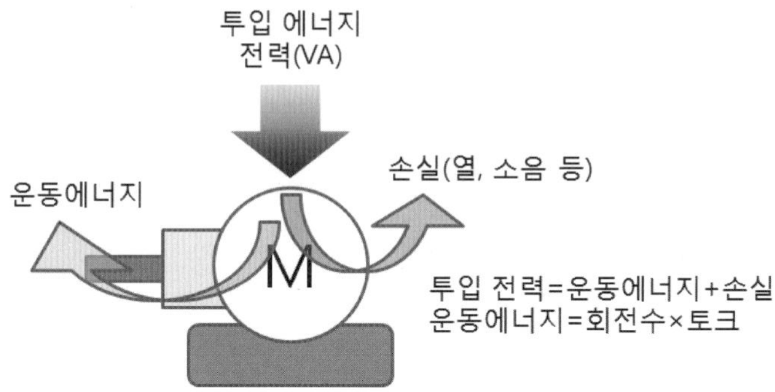

그림 12-1 모터의 에너지 변환

소비되는 전기 에너지를 단위시간당 크기로 나타낸 것이 전력(P)이다. 소비전력(P)은 전압(V)과 전류(I)의 곱으로 표시되며 단위는 [W]이다.

$$P = VI[W]$$

모터의 크기는 소비전력의 크기로 보통 Wattage라 부르는 이 값에 따라 분류하는데, 소비전력의 크기로 동력의 크기를 가늠할 수 있기 때문이다.

표 12-2 모터의 동력 크기

명칭	출력전력 범위	용도
메가와트 모터	1~1000MW	전기기관차, 고속철도
킬로와트 모터	1~1000KW	전기자동차, 공장의 동력, 놀이기구
와트 모터	1~1000W	중소형기계장치, 가전기기
밀리와트 모터	1~1000mW	소형완구, 로봇, 의료장치
마이크로 와트 모터	1~1000μW	마이크로머신, 마이크로액추에이터

2) DC 모터의 회전 원리와 구조

(1) 자석과 전자력

- **힘의 근원**

  이 세상에 알려진 힘의 근원은 중력, 전기력, 자기력 세 가지가 있다. 중력은 태양 또는 지구와 같이 큰 질량을 가진 물체들 간에 작용하는 힘이고, 전기력은 양전기와 음전기들 간에 작용하는 힘, 전자력은 자극(N극, S극)사이에 작용하는 힘이다.

- **전기와 자기**

  전기와 자기는 밀접한 관계가 있다. 전류가 흐르면 그 둘레에는 자장이 생긴다. 철심과 같은 강자성체의 둘레 코일을 감고 전류를 흘리면 철심은 자석이 된다. 이에 관련된 법칙이 여럿 있지만 전류와 자장의 극성을 설명하는 암페어의 오른손 법칙과 자장과 전류가 만나서 생기는 전자력을 설명하는 플레밍의 왼손 법칙이 있다.

- **전자력**

  자극의 세기가 m1, m2인 두 개의 자석 사이에 작용하는 힘을 전자력이라 한다. 같은 극끼리는 반발력이, 반대 극끼리는 흡인력이 작용한다(<그림 12-2>의 a, b). 두 개의 자석중 하나를 전류가 흐르는 도선으로 대신하여도 전자력은 발생한다.

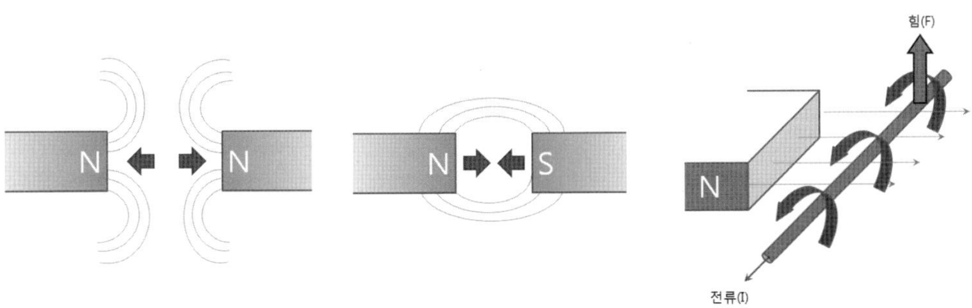

(a) 자극간의 자력(반발) (b) 자극간의 자력(흡인) (c) 자극과 전류간 전자력(직각)

그림 12-2 자석과 전자력

(2) 모터의 원리(플레밍의 왼손 법칙)

모터는 전자력을 이용한다. 단순히 미는 힘이 아니라 연속해서 회전하는 힘을 만들기 위해서는 좀더 용의주도한 구조를 만들 필요가 있다. 반발력의 한쪽은 영구자석으로 하지만 나머지 한쪽은 전류에 의한 자장을 이용한다. 눈에 보이는 자석은 아니지만 전류가 흐르는 동안은 자석의 역할을 충실히 해준다. 그렇게 해서 고안된 구조가 아래의 <그림 12-3>과 같다.

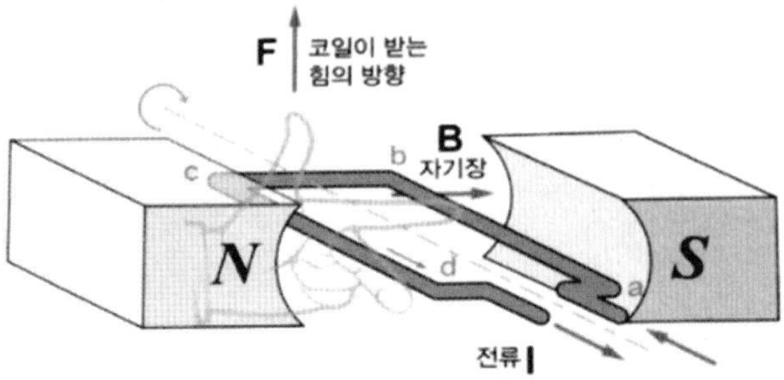

그림 12-3 직류 전동기의 원리(플레밍의 왼손법칙대로 힘을 받는다)

- 자력선이 흐르는 영구자석 N, S극 사이에 4각형 도선(코일)을 배치한다.
- 이 도선에 전류(I)를 흘려주면 도선 주위에 자장(H)이 발생한다.
- 이 자장과 자석의 자장 사이에 반발력이 작용하여 도선 [a-b]는 아래로, 도선 [c-d]는 위로 밀리는 힘(F)을 받게 된다. 따라서 축을 중심으로 회전력이 발생한다.
- F는 도선이 받는 힘(전자력)의 세기와 방향을 나타낸다.

이와 같이 자장 사이에 놓인 도선이 받는 힘의 방향을 왼손에 맞추어 설명한 것을 플레밍의 왼손법칙이라 한다. <그림 12-3>에서와 같이 중지 방향으로 전류가 흐르고, 검지 방향으로 자장이 지날 때 도선은 위쪽 엄지방향으로 힘(F)을 받는다. 그 힘의 크기는 다음과 같이 표시된다.

$$\text{자장 속에서 도선이 받는 힘 } F = IBl\cos\theta\,[N/m]$$

단, I=전류의 세기[A], B=자속밀도[Wb/m2], l=도선의 길이 (a−b)[m], θ는 도선과 자장의 각도로 <그림 12-3>에서는 90°이다.

(3) 정류자와 브러시

전동기를 계속해서 회전시키려면 코일이 반 바퀴 돌 때마다 전류의 방향을 바꾸어 주는 정류자가 필요하다. 즉, 코일속의 도선[a−b]가 S극 앞에 위치할 때는 전지의 +극과 접속되게 하고 N극 앞으로 위치하면 전지의 −극과 접속되도록 해 주는 것이 정류자이다. 이 정류자는 도선 [a−b]와 [c−d]가 중립위치에 있을 때, 즉 N극과 S극 사이를 통과하는 순간 전극이 교대가 이루어지도록 브러시와 접촉한다.

엄지 : 도선이 받는 힘 ↑
Z상(上) 방향
인지 : 자장의 흐름 →
평면 X방향
장지 : 공급 전류 ↓
평면 Y방향

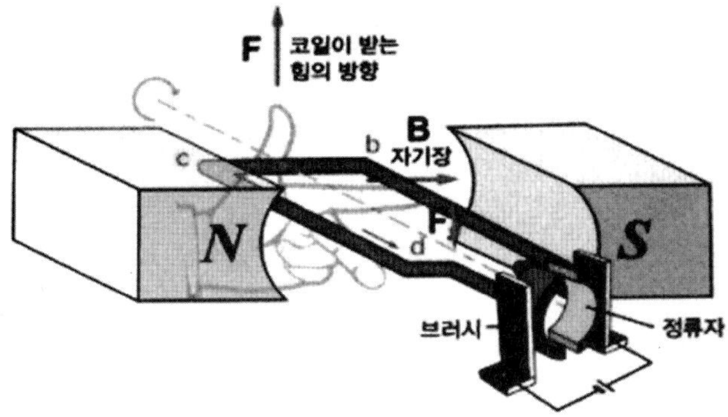

그림 12-4 정류자가 설치된 전동기

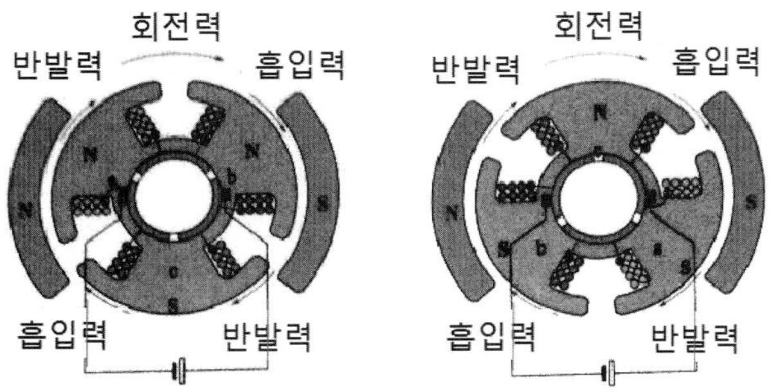

그림 12-5 슬롯 DC모터의 동작원리

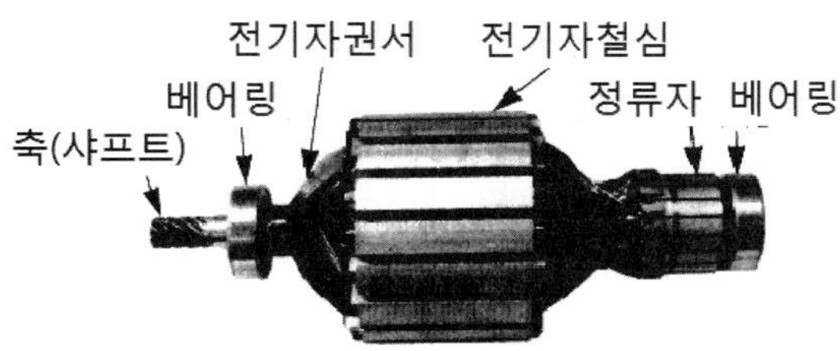

그림 12-6 직류전동기의 아마추어(전기자)

(4) 모터의 회전력(Torque:토크)

회전체의 토크는 힘(W)과 길이(L)의 곱으로 표시된다.

$T^{[gfcm]} = W^{[gf]} \times L^{[cm]}$
$T^{[Kgfcm]} = W^{[Kgf]} \times L^{[m]}$
Kg, m 단위는 g, cm 단위의 10만 배이다.
$1^{[Kgfcm]} = 10^5 [gfcm]$

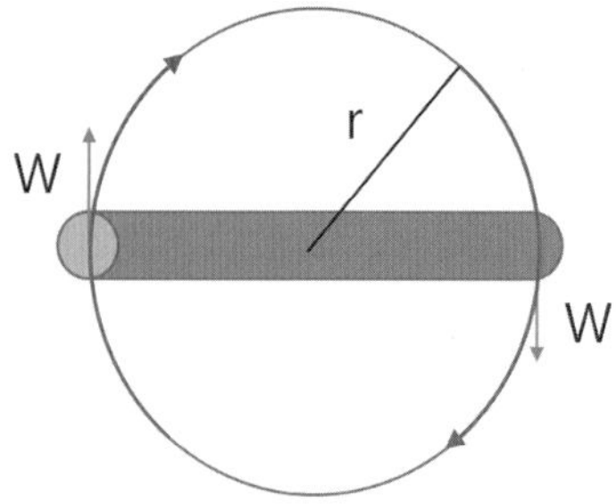

그림 12-7 모터의 회전력

3) 모터의 동작과 기본 특성

(1) 모터의 등가회로

모터는 계자(스테이터: 영구자석)와 권선(아마추어 코일)이 감긴 전기자로 구성되는데, 밖에 고정된 영구자석은 전기의 흐름과는 상관없고, 전기자 권선에 가해지는 전압과 전류가 모터의 회전력과 속도를 좌우하기 때문에 이에 대해서만 서술한다.

모터에 전원을 연결하면 브러시–정류자를 거쳐 전기자 권선을 통과하여 흐른다. 전기자 권선은 구리 도선이 철심(코어) 둘레에 둥글게 감겨 있는 일종의 코일이다. 도선이 길어지면 전기 저항이 생긴다. 따라서 전기자 권선을 전기적으로 분석하면 코일의 리액턴스 성분과 구리선의 저항성분이 복합되어 있는 임피던스(Z) 소자에 해당한다.

$$\text{모터의 부하 임피던스 } Z = jwL + R$$

위 식에서 jwL 항은 리액턴스(reactance)라는 교류저항 성분이고, R항은 직류, 교류 모두에 적용되는 저항 성분이다. 만약 직류 모터에 직류 전원이 공급되면 과도기 또는 급하게 속도가 변동되는 경우를 제외하고는 jwL의 리액턴스 영향을 받지 않고 전류가 흐르게 된다.

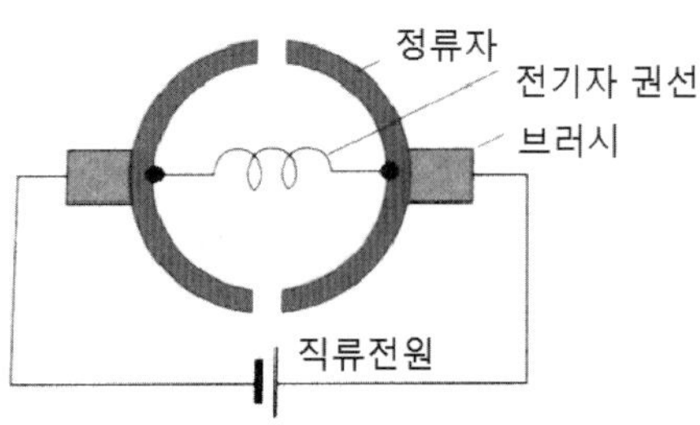

그림 12-8 전기자 권선의 접속도

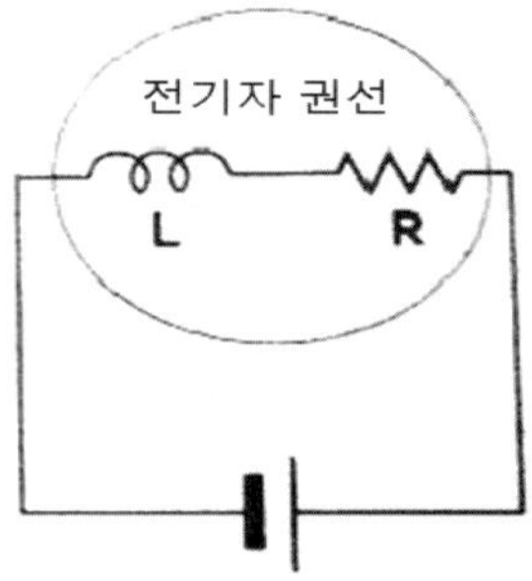

그림 12-9 전기자의 등가회로

(2) 모터에 전원이 가해지면

- **전기에너지가 운동에너지로 바뀐다.**

직류전동기에 직류전원이 가해지면 전기자 코일에 전류가 흐르고 철심은 전자석이 된다. 이 전자석은 둘레에 있는 영구자석(=계자: 界磁)과 반발 또는 흡인력을 일으켜 회전하게 된다.

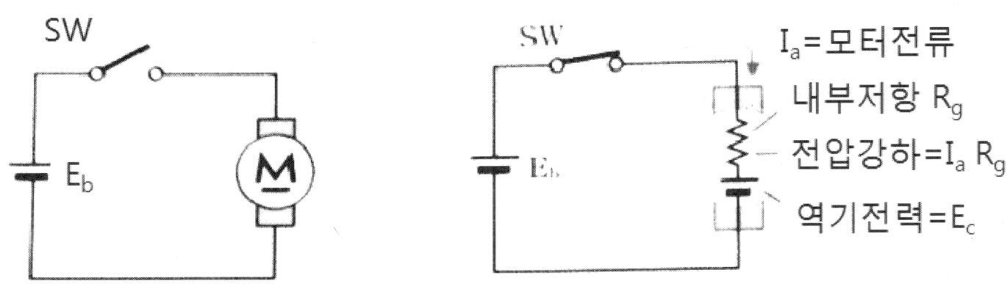

(a) DC모터 기본 운전회로　　　　(b) 운전 중 등가회로

그림 12-10 DC모터 운전회로

- **운동에너지의 일부가 전기를 생성한다(역기전력).**

모터가 회전하는 동안에도 사실은 기전력이 발생된다. 이것을 '역기전력'이라고 한다. 전기자 코일이 자석 사이를 맹렬한 속도로 회전할 때 자력선과 쇄교하므로 코일에는 플레밍의 오른손 법칙에 따른 상당한 크기의 역기전력이 발생된다.

만약 역기전력이 주어진 전원전압보다 커진다면 전원 쪽에서 전류공급을 받지 않고도 발전기로서 출력이 된다는 의미인데 이것은 이론적으로 불가능하다.

또 역기전력이 아주 작다면 전원전압이 역기전력의 방해를 거의 받지 않고 많은 전류를 흘릴 수 있게 될 것이다. 이런 상황은 실제로 가끔 발생한다. 사고로 모터에 붙어 있는 기어가 기계적인 과부하 또는 사고로 못 움직이게 되었다면 모터도 돌지 못하게 된다. 모터에 전류는 흐르지만 역기전력이 제로(0)이기 때문에 전류는 최대한으로 흐른다. 만약 안전장치가 없는 모터라면 수분 이내에 과열로 모터가 타버릴 것이다. 결론적으로 역기전력은 불필요한 방해물이 아니라 없으면 안되는 경쟁자이다.

- **회전력과 부하가 평형을 이루며 회전한다(운전속도).**

정상적인 운전이라면 규정된 속도로 모터가 회전하고, 적절한 크기(대략 입력전압의 2/3 정도)의 역기전력이 발생되는 선에서 균형을 이루게 된다. 그러다가 만약 부하가 더 커져서 속도가 감소하면 역기전력이 줄고 전류가 증가하여 회전력(속도)을 높이는 방향으로 작용한다. 이와 같이 규정된 부하토크에서 평형을 이루는 속도를 '정격 운전속도'라 한다.

경(輕) 부하 운전 : 속도증가→ 역전압 증가→전류 감소→ 회전력(토크) 감소	→	**정상 부하 운전** : (최대 속도보다 낮은) 일정속도에서 평형 유지	→	**중(重)부하 운전** : 속도감소→역전압 감소→전류 증가→ 회전력(토크) 증가

모터가 무부하로 운전되면 속도는 최고가 되고, 역기전력도 최대가 된다. 반면에 유입 전류와 소비전력 모두가 최소가 되고 토크도 최소가 된다.

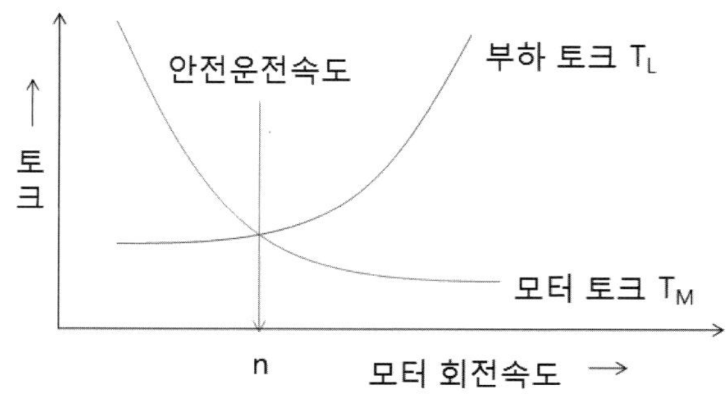

그림 12-10 토크와 안전 운전속도

2 DC Motor 제어

1) DC 모터의 저항 제어

(1) 개요

반도체 제어방식이 개발되기 이전의 초기에는 저항 값을 조절하여 모터의 속도를 제어하였다. 주어진 전원전압은 그대로 두고 모터회로에 저항을 직렬로 삽입하여 전류를 제한하는 방식으로 회로가 간단하고 비용이 적게 들지만 전력요율이 낮고 토크가 급격하게 변동되는 단점이 있다. 이 방식은 1900년대 초 종로의 전차에 채용하였던 제어방식이다.

(2) 기본회로

제어회로의 구성은 아래 <그림 12-11>과 같다. 습동자가 공통접점 위를 미끄러지면서 1번

위치에 있게 되면 모터는 저항을 거치지 않고 전원에 직접 연결되어 가장 빠른 속도로 운전된다. 스위치 2번에 위치하면 저항 R_1에서 전압강하만큼 모터에 인가되는 전압이 떨어지고 속도는 줄어든다. 그리고 스위치가 4번에 위치하면 세 군데의 전압강하로 가장 낮은 속도가 된다.

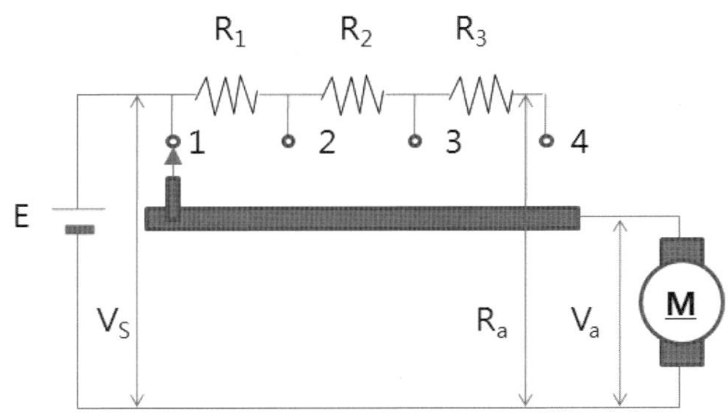

그림 12-11 DC모터의 운전회로

(3) 제어 특성

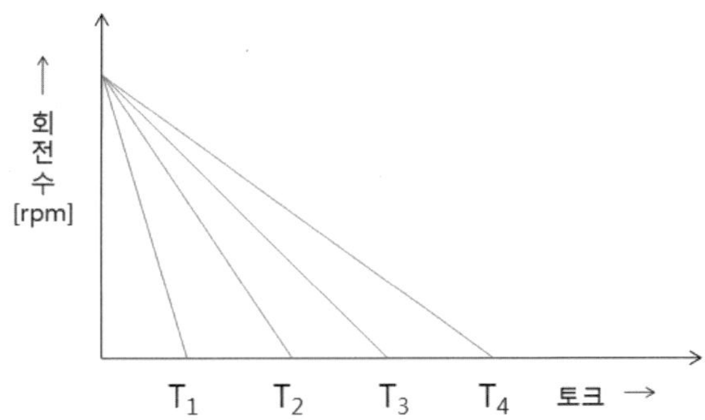

그림 12-12 직렬저항법의 T-N 특성

이 방식에서 토크 대 회전수 특성은 위의 <그림 12-12>와 같이 매우 급격한 수하특성을 보인다. 작은 토크변동에도 큰 회전수의 변화가 생길 수 있기 때문에 '속도제어'라 하기보다는 '간단한 속도 조절법'이라 하는 것이 더 어울린다.

전류가 일정한 상태에서 모터 양단에 인가되는 전압을 제어하기 위해서는 저항 R을 변화시켜야 한다. 즉, 아래 식에서 $R=0$일 때 $V_a = V_S$가 되며 점차 저항 R을 증가시키면 단자 전압 V_a가 작아지는 것을 알 수 있을 것이다.

$$V_a = \frac{R_a}{R_a + R} V_S = \frac{1}{1 + (R/R_a)} V_S$$

저항 제어법은 최저 0[V]부터 최대로 인가되는 전원전압까지의 범위에서 직류전압의 제어가 가능하다. 그러나 효율문제라는 큰 단점이 발생하는데, 이 경우의 효율을

효율 = (부하가 받은 전력) / (전원이 보낸 전력)

으로 표시할 수 있다.

2) 전압 제어

아래 <그림 12−13>에서 확인한 바와 같이 인가전압을 변화시키는 방식이다. 가변 DC 전원장치를 이용하면 간단히 실행되지만 직접 만들어서 사용할 수도 있다.

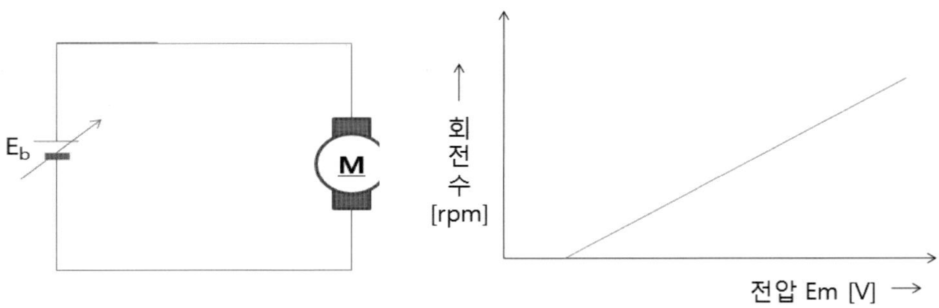

(a) 공급 전압의 조절 (b) 전압 대 회전수 특성

그림 12−13 전압제어방식의 기본회로와 회전수 특성

3) DC 모터의 초퍼 제어

스위치 S가 T_1시간 동안 ON 상태로 있고, 이어서 T_2시간 동안 OFF 상태로 주기적으로 전환과정을 반복시킨다. 이때 부하에 걸리는 전압 v_L이 변화하는 모양을 아래 <그림 12−14>와 같이 나타냈다. 스위치 ON 시에는 전원과 부하가 직접 연결되므로 $v_L = V_S$가 되고, 스위치 OFF 시에는 부하가 완전히 전원으로부터 분리되므로 $V_L = 0$이다. 따라서 아래 <그림 12−14>의 전압파형의 평균값 v_L은 간단한 계산으로부터

$$v_L = \frac{T_1}{T_1 + T_2} V_S = \frac{T_1}{T} V_S$$

의 관계가 얻어진다. 여기에서 $T_1 + T_2 = T$는 스위칭 주기이고, 이때 T_1/T, 즉 1주기 동안 ON 시간의 비를 Duty비(duty factor)라 한다.

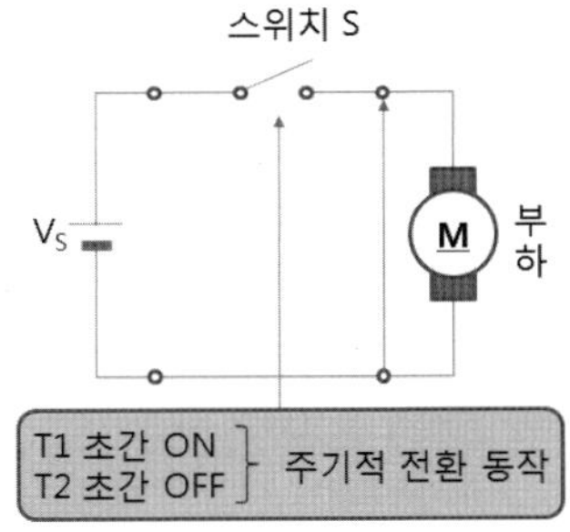

그림 12-14 초퍼의 원리

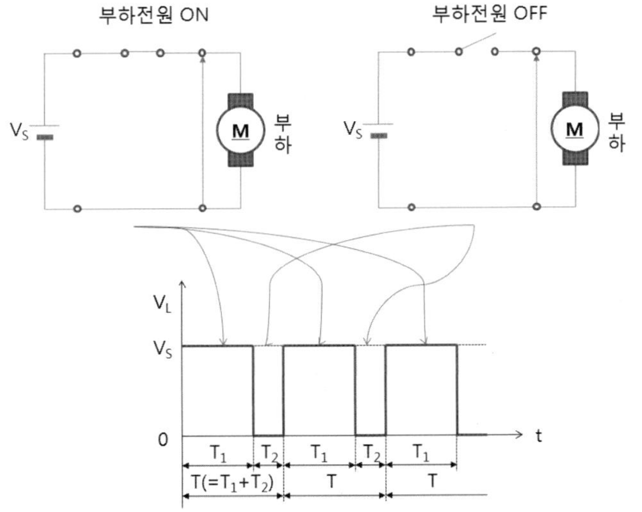

그림 12-15 부하 전압파형

부하 전압파형의 식은

$$a = T_1/T$$

로 표시한다.

Duty a를 $0 \leq a \leq 1$의 범위에서 바꿀 수 있다. 즉, 부하전압의 평균값은 최저 0[V]로부터 최대 전원전압까지 연속적으로 바꾸는 것이 가능하다. <그림 12-16>은 Duty 변화에 따른 평균 전압을 나타낸다. 이와 같이 스위치의 작동에 의해 직류전원을 주기적으로 단속하여 주기에 대해

평균전압을 제어하는 장치를 초퍼(chopper)라 하며 이와 같은 회로를 초퍼회로라 한다.

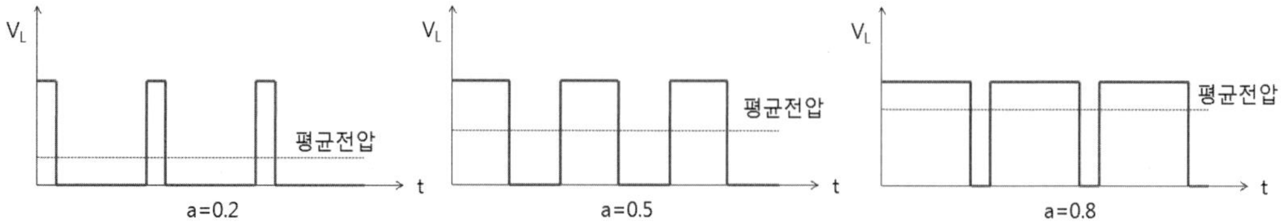

그림 12-16 Duty에 따른 평균전압

초퍼는 저항제어법과 달리 전원과 부하 사이에 에너지를 소비하는 별도의 소자 대신에 전류의 흐름을 단속하는 스위치가 있을 뿐이다. 엄밀하게는 스위치가 작동하면 에너지 손실이 발생하기는 하나 통상은 그 크기가 무시될 만큼 작으므로 <그림 12-14> 초퍼의 원리에 보이는 초퍼의 전력변환효율은 100%로 이해하는 것이 좋다.

앞에서 설명했던 초퍼의 경우는 Duty a가 $0 \le a \le 1$의 범위에 있으므로 부하전압의 평균값은 반드시 전원전압과 같거나 또는 그 이하가 된다. 이러한 종류의 초퍼를 강압초퍼라 하고, 이와 반대로 $a > 1$인 경우를 승압초퍼라 하며 인가한 전원전압보다 높은 단자전압을 만들어낸다. 승압초퍼는 전차의 회생 브레이크 등에 사용되고 있다.

초퍼는 부하의 평균전압이 0에서부터 최대 범위까지 변한다. 그것에 비하여 <그림 12-17>과 같은 펄스폭 변조(pulse width modulation) 회로에서는 부하전압의 평균값을 $(-\text{최대}) \le 0 \le (+\text{최대})$의 범위에서 변화시킬 수 있다.

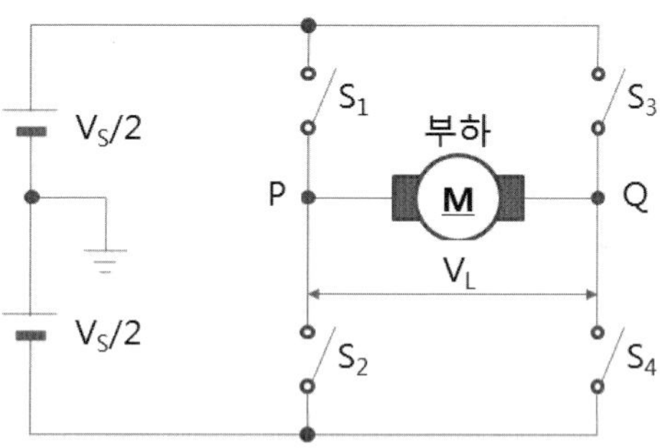

그림 12-17 펄스폭 변조초퍼의 원리

<그림 12-17>의 4개의 스위치 S1~S4 중에서 스위치 S1과 S4는 동시에 ON·OFF 동작을 한다. 스위치 S2와 S3도 동시에 ON/OFF하나, 같은 접점 P나 Q에 연결되어 있는 스위치들은 절대로 동시에 ON되면 안 된다.

먼저 T1 시간 동안 스위치 S1과 S4를 ON시키고 동시에 스위치 S2와 S3은 OFF시키고, 이어

서 스위치 S1과 S4를 OFF한 후 T2 시간 동안은 반대로 스위치 S2와 S3을 ON시킨다. 그리고 그 동작을 반복하기로 한다. 이때 스위치 S1과 S4가 ON이 되면 P점의 전위는 +VS/2로, 그리고 Q점의 전위는 −VS/2가 되므로 부하의 양단의 전압은 $v_L = -V_S$가 된다. 아래 <그림 12−18>은 이와 같이 인가되는 양단의 전압을 나타낸다.

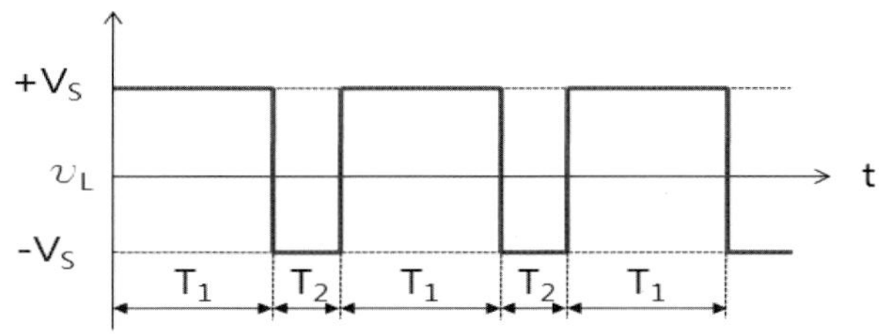

그림 12−18 펄스폭 변조초퍼의 파형

펄스폭 변조초퍼의 스위칭 주기, 즉 평균전압을 제어하는 방법으로 $T_1 + T_2 = T$를 일정하게 하고 T_1을 0에서부터 T까지 변화시키는 방법이 일반적으로 사용된다. 이때 부하의 평균전압 v_L은

$$v_L = \frac{T_1 - T_2}{T_1 + T_2} V_S = \left(2\frac{T_1}{T} - 1\right) V_S$$

로 주어진다. Duty $a = T_1 / T$를 대입하면

$$v_L = (2a - 1) V_S, \ (0 \le a \le 1)$$

으로 되고, $a = 0$에서 $v_L = V_S$, $a = 1/2$에서 $v_L = 0$, $a = 1$에서 $v_L = V_S$로 되므로 부하전압의 평균값은 $+V_S$로부터 $-V_S$의 범위에서 연속적으로 변화한다. 이와 같이 펄스폭 변조초퍼에서는 양, 음의 전압이 연속해서 얻어지므로 DC 모터의 정회전, 역회전을 반복하여 조작하는 용도에 응용된다.

3 마이크로프로세서를 이용한 모터 제어

DC 모터의 속도제어는 공급전압 V를 변화시키는 것이 아니라 모터를 구동할 스위칭 펄스(주기 T)의 Duty비를 변화시키는 것이다. 디지털 방식의 제어가 가능하고, Duty비를 증가시키면 모터에 흐르는 전류 I의 시간평균이 증가 및 감소하며 그 결과 DC 모터의 속도를 제어할 수 있다.

DC모터의 속도는 인가되는 전압에 비례하므로 PWM 방법으로 한 주기 내의 펄스폭을 조정한다면 속도 조정이 가능하게 된다. 일반적으로 전원전압이 V(입력)[V]일 때, 모터에 가해지는 평균 전압은 다음과 같이 구할 수 있다.

$$V(\text{평균전압}) = \frac{T(On)}{T[V]} V(\text{입력})$$

즉, 아래 <그림 12−19>와 같이 모터에 인가되는 전압을 On/Off시켜서 모터에 인가되는 평균 전압을 변화시킨다. 회로도가 다음과 같이 구성되어 있을 경우 이것의 실제 파형은 다음과 같다.

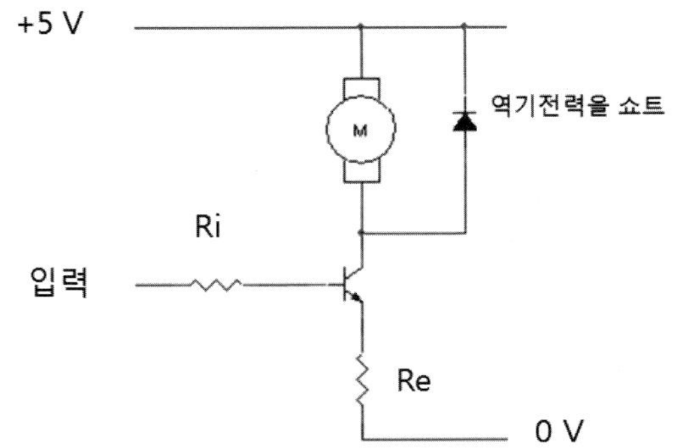

그림 12−19 모터에 저압인가를 위한 회로도

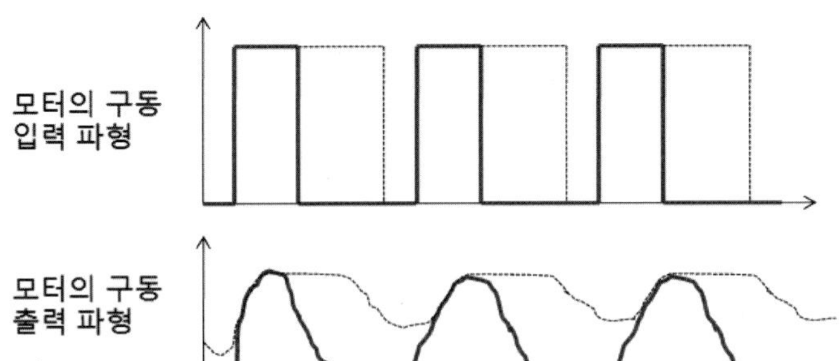

그림 12−20 실제 입출력 파형

여기서 중요한 기능을 담당하고 있는 것이 위의 회로도에 있는 다이오드인데, 일반적인 전원용 다이오드를 사용하지만, 그 동작 기능에 의해 flywheel diode라 부른다. 즉, 트랜지스터가 Off되어 있는 동안, 모터의 코일에 축적된 에너지를 전류로 흘리는 작용을 한다(이것을 회생전류라 부른다).

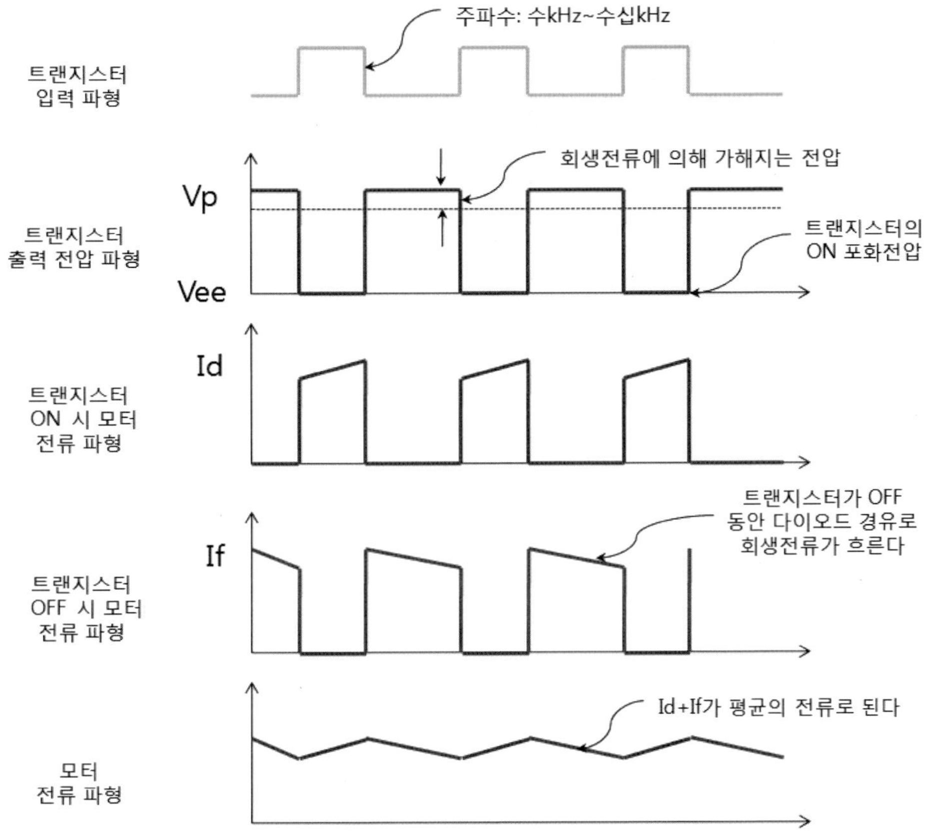

그림 12-21 모터의 코일에 축적된 에너지 전류 파형

이 상태를 그림으로 나타내면 <그림 12-21>과 같이 되며, 이 플라이휠 효과에 의해 모터에 흐르는 전류는 트랜지스터가 Off되어 있는 동안에도 쉬지 않고 흐르고 있는 것처럼 보이게 된다. 평균전류도 On 시의 전류와 이 회생전류의 합으로 된다.

1) DC모터 제어

이전의 방법들은 하드웨어적인 방법으로 매우 복잡하다. 따라서 이번에는 DC모터를 마이크로컨트롤러를 이용하여 제어하고자 한다. 여기서는 DC모터를 간단히 제어할 수 있는 모터드라이버(LB1630)를 소개하고 여기에 대한 동작 원리를 알아보도록 한다.

(1) DC Motor Driver(LB1630) 데이터 시트

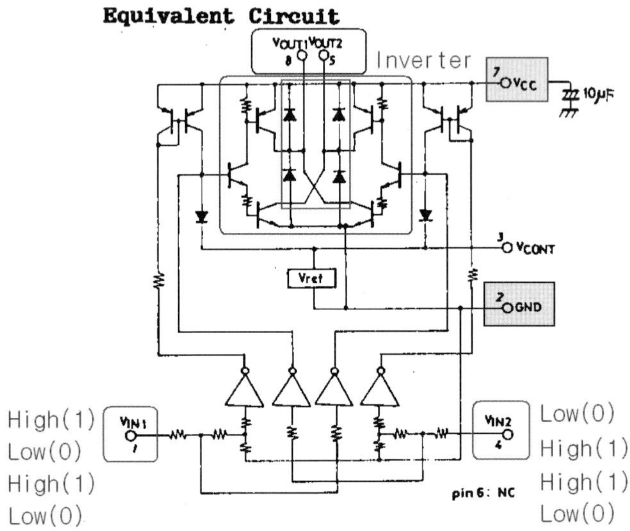

그림 12-22 LB1630 내부구조

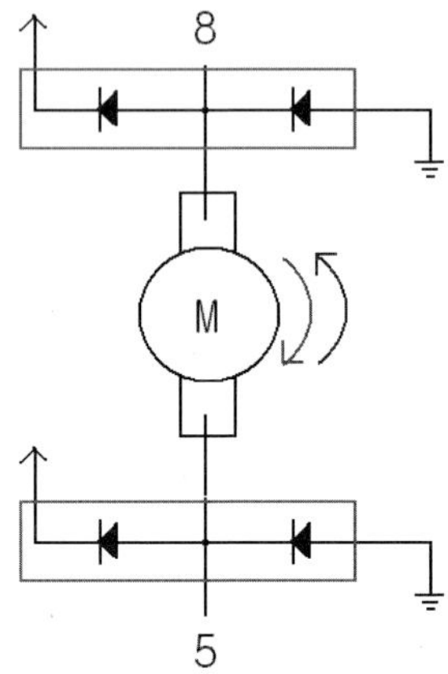

그림 12-23 DC모터 회전방향

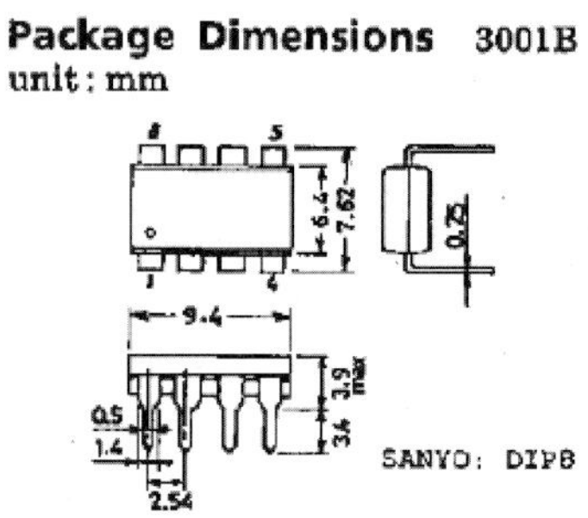

그림 12-24 LB1630 외부구조

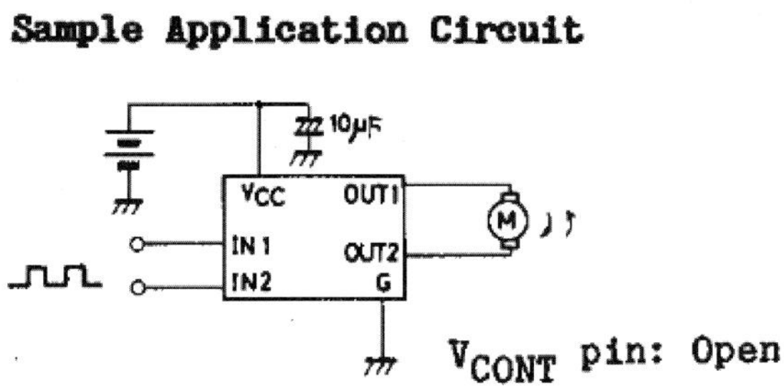

그림 12-25 LB1630 응용 회로구조

(2) LB1630 입출력 진리표

표 12-2 LB1630의 입출력 진리표

IN1	IN2	OUT1	OUT2	MOTOR
H	L	H	L	Forward
L	H	L	H	Reverse
H	H	OFF	OFF	Standby
L	L	OFF	OFF	Standby

(3) DC 모터 구동 프로그램 구조

- DC 모터 구동 전처리기 구조

```
#include <mega32.h>
#include <stdio.h>

// Alphanumeric LCD Module function
#asm
    . equ __lcd_port=0x15 :PORTC
#endasm
#include <lcd.h>
```

- DC 모터 구동 부프로그램 구조

```
#include <mega32.h>
#include <stdio.h>

// Alphanumeric LCD Module function
#asm
    . equ __lcd_port=0x15 :PORTC
#endasm
#include <lcd.h>

void dc_motor(void)
{
          // CW
          PORTB.0=1;     // INT1(High)
          PORTB.1=0;     // INT2(Low)

          :

          // CCW
          PORTB.0=0;     // INT1(Low)
          PORTB.1=1;     // INT2(High)

          :

          // Stop
          PORTB.0=0;     // INT1(Low)
          PORTB.1=0;     // INT2(Low)
```

```
            :

            // Stop
            PORTB.0=1;      // INT1(High)
            PORTB.1=1;      // INT2(High)
}
```

• DC 모터 구동 주프로그램 구조

```
unsigned char *str="";

        :

void main(void)
{
        // LCD module initialization
        lcd_init(16);

        :

        while(1)
        {
            lcd_gotoxy(col, row);

            sprintf(str, "format", value);
            sprintf(str, value);

            lcd_puts(str);

            :
            dc_motor();
        }
}
```

예 제

아래 회로도를 참고하여 스위치 입력 때마다 DC모터의 속도가 0%에서 10% 증가하여 최대 속도 100%가 되는 PWM 제어 프로그램으로 Duty비를 25%, 50%, 75%, 100%의 출력 파형을 각각 측정하시오(외부 인터럽트0 사용).

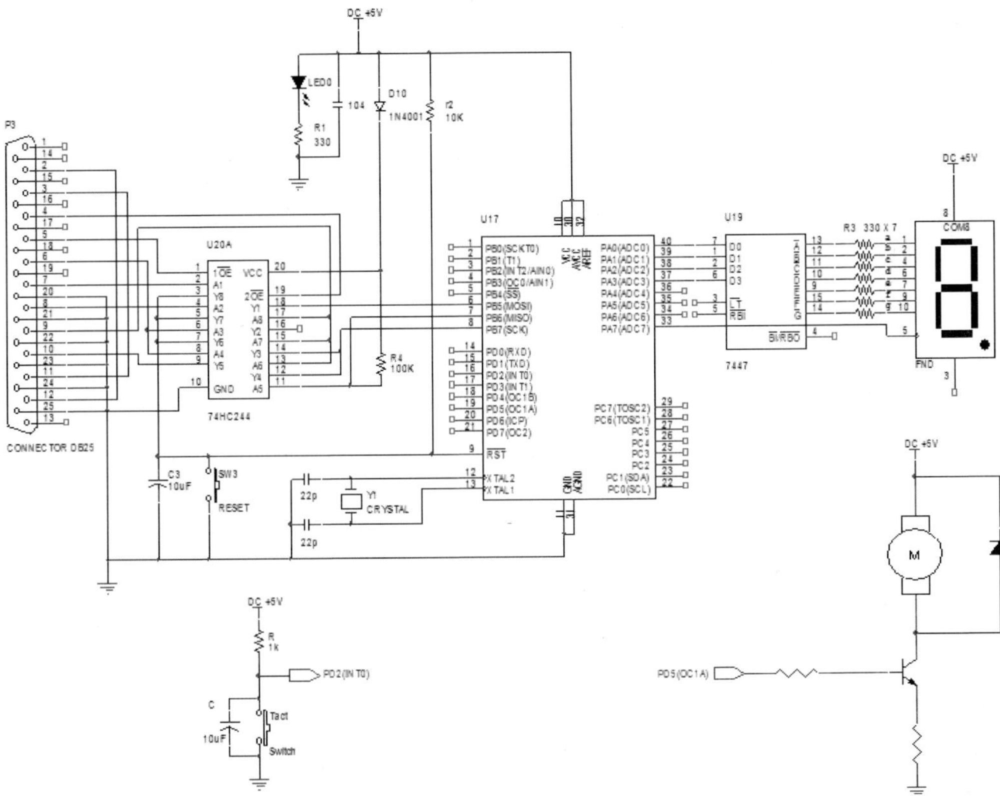

그림 12-26 PWM 제어를 위한 회로도

- **프로그램**

```
#include <mega32.h>

int count=0;

// External Interrupt 0 service routine
interrupt [EXT_INT0] void ext_int0_isr(void)
{
```

```
          count=count+51;     // 1023/20=51.15
          if(count>1020) count=0; // Max=51*20
          OCR1A=count;
     }

     void main(void)
     {
          PORTD=0x00;
          DDRD=0x20;          // OC1A (PORTD.5 --> output)

          // Timer/Counter 1 initialization
          TCCR1A=0x83;
          // Mode: Fast PWM top=03FFh (10bit --> 0~1023)
          TCCR1B=0x0D;        // Clock value: 15.625 kHz
          TCNT1H=0x00;
          TCNT1L=0x00;
          ICR1H=0x00;         // Noise Canceler: Off
          ICR1L=0x00;         // Input Capture on Falling Edge
          OCR1AH=0x00;        // OC1A output: Non-Inv.
          OCR1AL=0x00;        // OCR1A=0;
          OCR1BH=0x00;        // OC1B output: Discon.
          OCR1BL=0x00;

          // External Interrupt(s) initialization
          GICR|=0x40;         // INT0 Mode: Falling Edge
          MCUCR=0x02;         // INT0: On
          MCUCSR=0x00;
          GIFR=0x40;

          // Timer(s)/Counter(s) Interrupt(s) initialization
          TIMSK=0x10;         // Compare A Match

          // Global enable interrupts
          #asm("sei")

          while (1);
     }
```

- **실험 파형 측정 결과 기록**

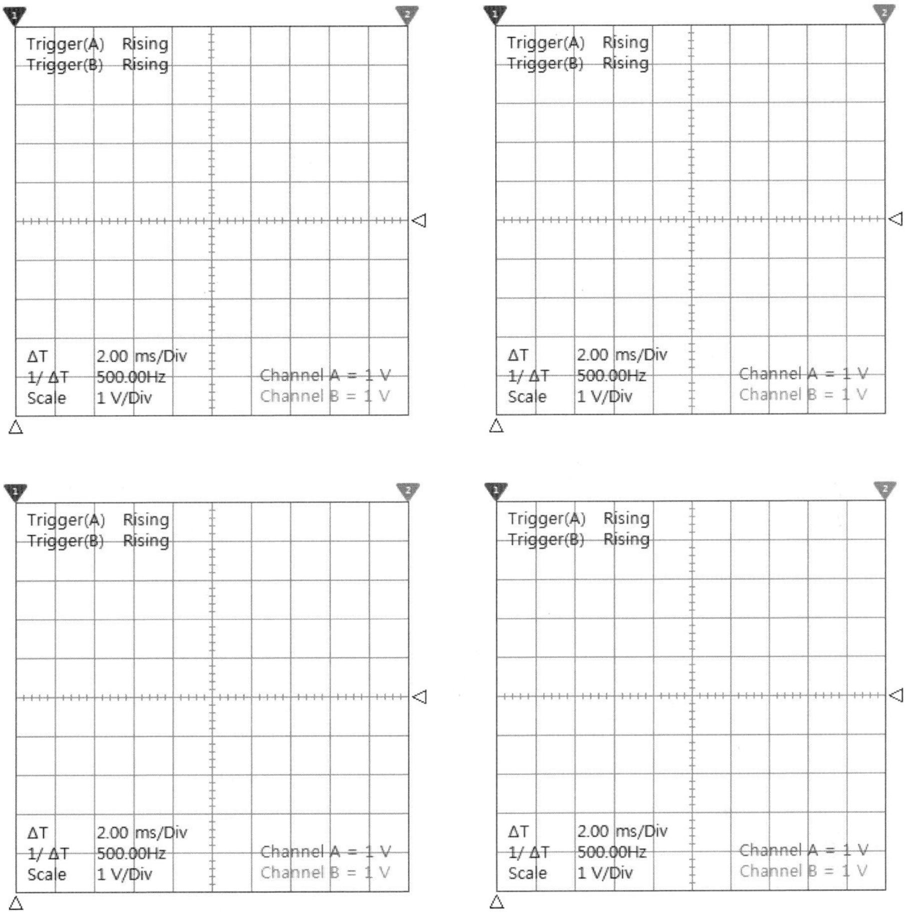

그림 12-27 오실로스코프 실험 파형 창

2) Step모터 제어

이번 예제는 스텝모터를 구동해 보는 과제이다. 스텝모터는 6개의 선으로 이루어져 있는데 구동하는 방식은 3가지를 많이 사용한다. 스텝모터에서 나온 6가닥의 선을 $A-C-B$, $\overline{B}-C-\overline{A}$ 라고 하는데, 다음 <그림 12-28>과 같이 3개씩 묶어져 있다. 가운데 선은 전원 전압에 공통으로 연결되어야 한다. 스텝모터는 다음 표와 같은 사양을 적용하기로 한다.

(1) Stepper Motor

• Sanyo Denki Model 103H546-0440 Step 모터 외형

그림 12-28 스텝 모터 외형 사진

• 데이터 시트(Sanyo Denki Model 103H546-0440 Step Motor)

Voltage (V)	Current (A/phase)	Resistance (Ω/phase)	Inductance (mH/phase)	Holding Torque N.m(lb.in)	Rotor Inertia ($x10^4$ $Kg.m^2$)	Step Angle	Mass (Kg)
3.15	1	3.15	2.8	0.147(1.3)	0.03	1.8°	0.2

• Step 모터 구동 원리

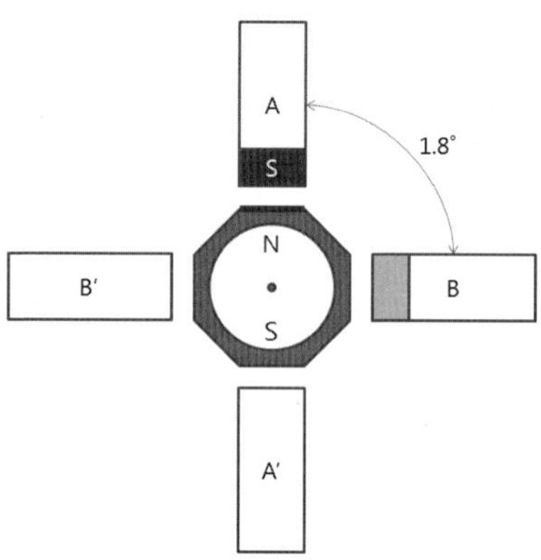

그림 12-29 Step Angle

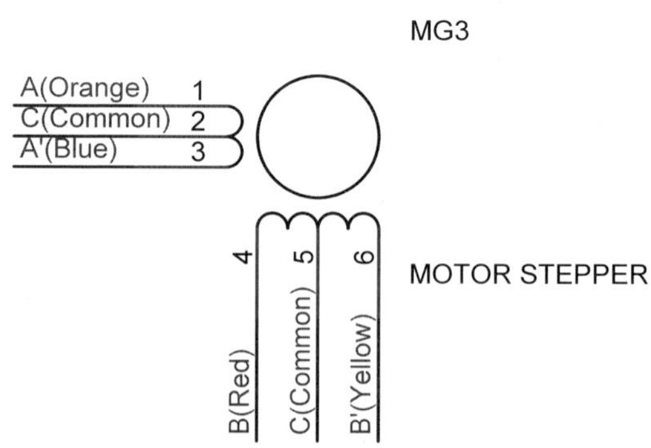

그림 12-30 Step모터 결선

(2) Step모터 진리표

• 1상 Step

표 12-3 1상 Step

1 phase	8	4	2	1	16진
	$\overline{B}$	$\overline{A}$	B	A	
0	Hign	High	High	Low	0x0e
1	Hign	High	Low	Hign	0x0d
2	Hign	Low	High	Hign	0x0b
3	Low	High	High	Hign	0x07

• 2상 Step

표 12-4 2상 Step

2 phase	8	4	2	1	16진
	$\overline{B}$	$\overline{A}$	B	A	
0	Hign	High	Low	Low	0x0c
1	Hign	Low	Low	Hign	0x09
2	Low	Low	High	Hign	0x03
3	Low	High	High	Low	0x06

• 1-2상 Step

표 12-5 1-2상 Step

1-2 phase	8	4	2	1	16진
	$\overline{B}$	$\overline{A}$	B	A	
0	Hign	High	High	Low	0x0e
1	Hign	High	Low	Low	0x0c
2	Hign	High	Low	Hign	0x0d
3	Hign	Low	Low	Hign	0x09
4	Hign	Low	High	Hign	0x0b
5	Low	Low	High	Hign	0x03
6	Low	High	High	Hign	0x07
7	Low	High	High	Low	0x06

(3) Step 모터 회로도(ULN2803 IC 사용)

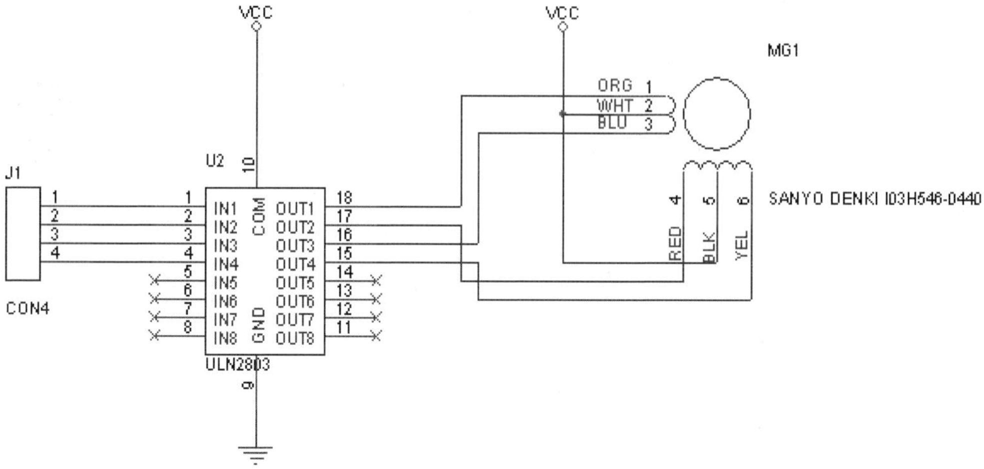

그림 12-31 Step모터 회로도

• ULN2803 IC의 데이터 시트 및 구동 원리

SCHEMATICS (EACH DRIVER)

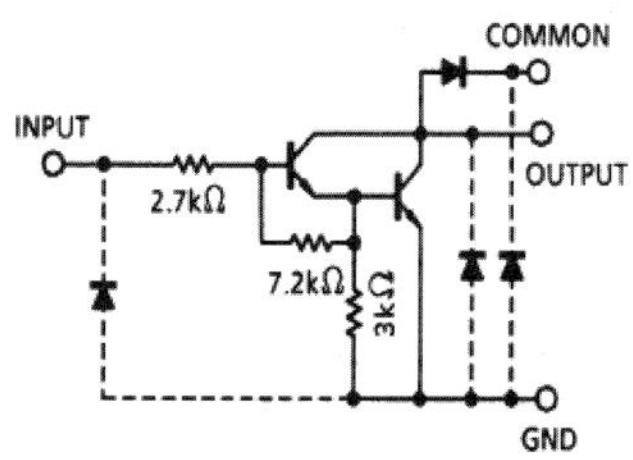

Note: The input and output parasitic diodes cannot be used as clamp diodes.

그림 12-32 ULN2803 Schematics

PIN CONFIGURATIONS

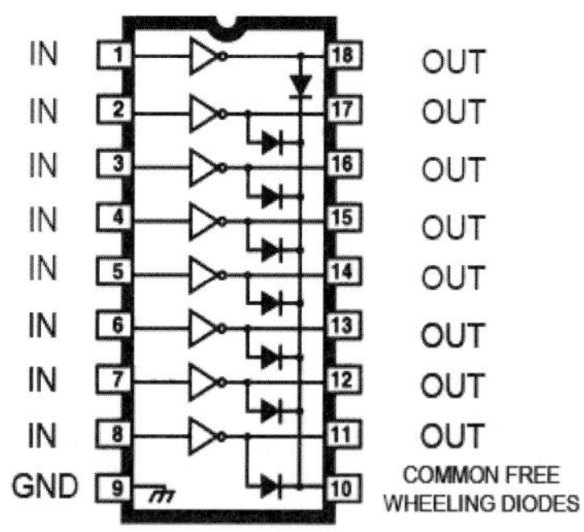

그림 12-33 ULN2803 PIN 구조

- ULN2803 IC의 구동 원리

표 12-6 ULN2803 IC를 이용한 1상 Step

1-2 phase	8	4	2	1	16진
	$\overline{B}$	$\overline{A}$	B	A	
0	Low	Low	Low	High	0x01
1	Low	Low	High	Low	0x02
2	Low	High	Low	Low	0x04
3	High	Low	Low	Low	0x08

(4) Step 모터 구동 프로그램 구조

- Sub 프로그램

```
void CW(void)
{
      PORTC=p1[pcnt];
      pcnt++;
      if(pcnt>3) pcnt=0;
}

void CCW(void)
{
      PORTC=p1[pcnt];
      pcnt--;
      if(pcnt<0) pcnt=3;
}

void C_W(void)
{
      PORTC=p12[pcnt];
      pcnt++;
      if(pcnt>7) pcnt=0;
}

void CC_W(void)
{
      PORTC=p12[pcnt];
```

```
        pcnt--;
        if(pcnt<0) pcnt=7;
}
```

- Main 프로그램

```
#include <mega32.h>
#include <delay.h>

unsigned char p1[4]={...};
unsigned char p12[8]={...};
     :

void main(void)
{
     PORTB=0x00;
     DDRB=0x00;

     PORTC=0xff;
     DDRC=0xff;

     :

     while(1)
     {
          if(!PINB.0)    CW();

               :

          if(!PINB.1)    CCW();

               :
     }
}
```

예 제

Step모터를 ULN2803 IC를 사용하여 구동하시오.

• **프로그램**

```
#include <mega32.h>
#include <delay.h>

unsigned char p1[4]={0x01, 0x02, 0x04, 0x08};
int pcnt=0;

void CW(int);
void CCW(int);

void main(void)
{
     PORTB=0xff;
     DDRB=0xff;

     PORTD=0x00;
     DDRD=0x00;
     while(1)
     {
          if(!PIND.0) CW(25);
          if(!PIND.1) CCW(25)
     }
}

void CW(int time)
{
     int i;

     for(i=0;i<time;i++)
     {
          PORTB=p1[pcnt]
          delay_ms(50);
          pcnt++;
          if(pcnt>3) pcnt=0;
     }
}

void CCW(int time)
{
     int i;
```

```
        for(i=0;i<time;i++)
        {
            PORTB=p1[pcnt]
            delay_ms(50);
            pcnt--;
            if(pcnt<0) pcnt=3;
        }
}
```

3) SLA7024M Step Motor Driver를 이용한 구동

(1) 데이터 시트

SLA7027MU/SLA7024M/SLA7026M
2-Phase Stepper Motor Unipolar Driver ICs

■Internal Block Diagram

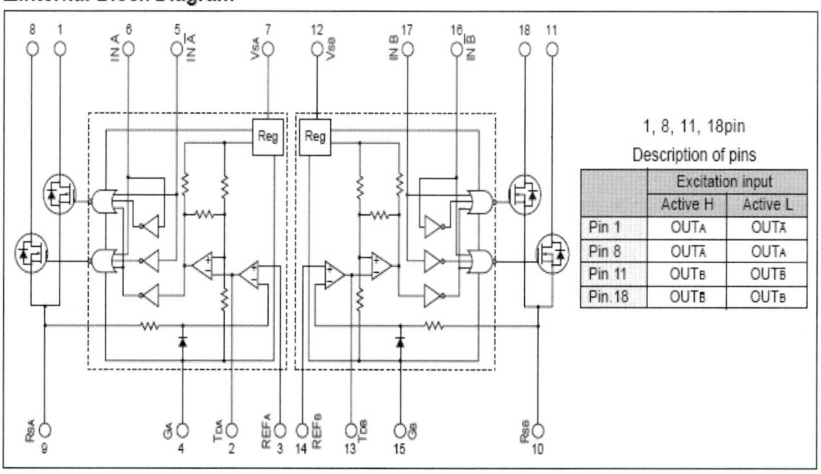

그림 12-34 SLA7024M 내부 구조 및 진리표

(2) SLA7024M을 이용한 구동 회로도

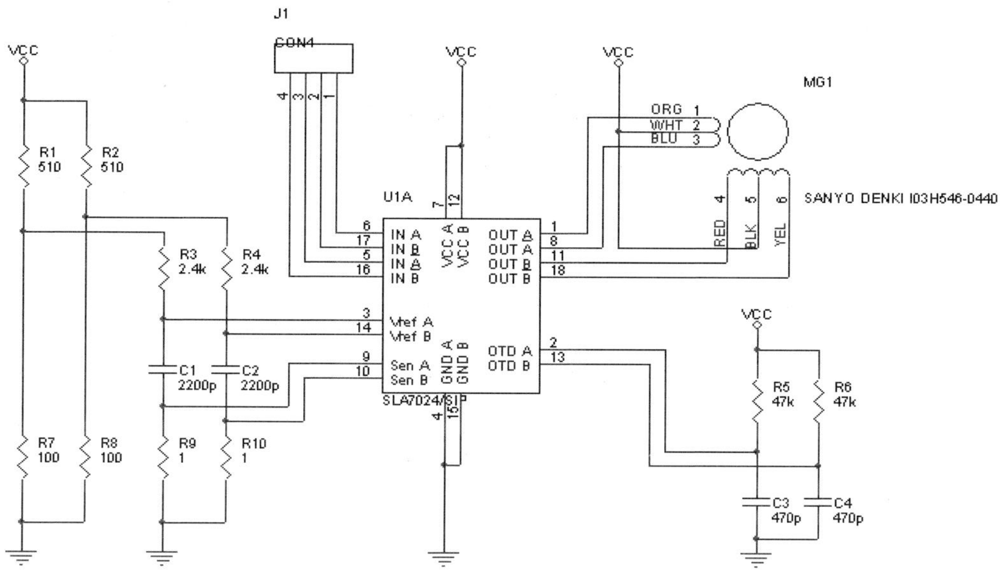

그림 12-35 SLA7024M 회로도

CHAPTER

13

Dot Matrix

1 Dot Matrix 개요

Dot Matrix는 LED로 구성된 한 케이스 안에 표시하고자 하는 글자의 크기에 따라 구성되어 있으며, 일반적으로 전광판 등에 많이 사용되고 있다. Dot Matrix의 내부는 여러 개의 LED가 연결되어 있고, Common Cathode와 Common Anode의 형태로 구성되어 있다.

2 Dot Matrix 표시 방법

Dot Matrix를 제어하기 위한 회로를 간단히 포트에 연결하면 아래 <그림 13−1>과 같다. 여기서는 Common Anode 방식으로 연결하기로 한다.

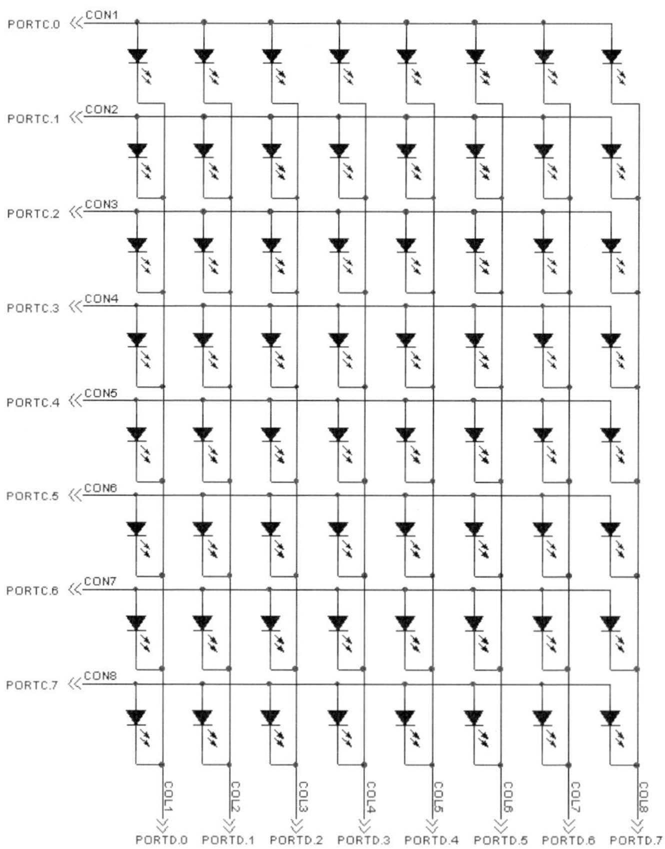

그림 13−1 Dot Matrix Common Anode 방식

예 제

Common Anode 방식의 Dot Matrix를 이용하여 A~Z까지 문자를 출력하시오.

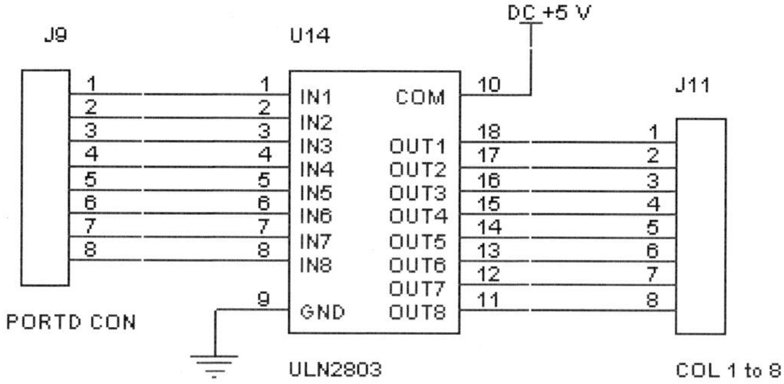

그림 13-2 ULN2803 회로 연결

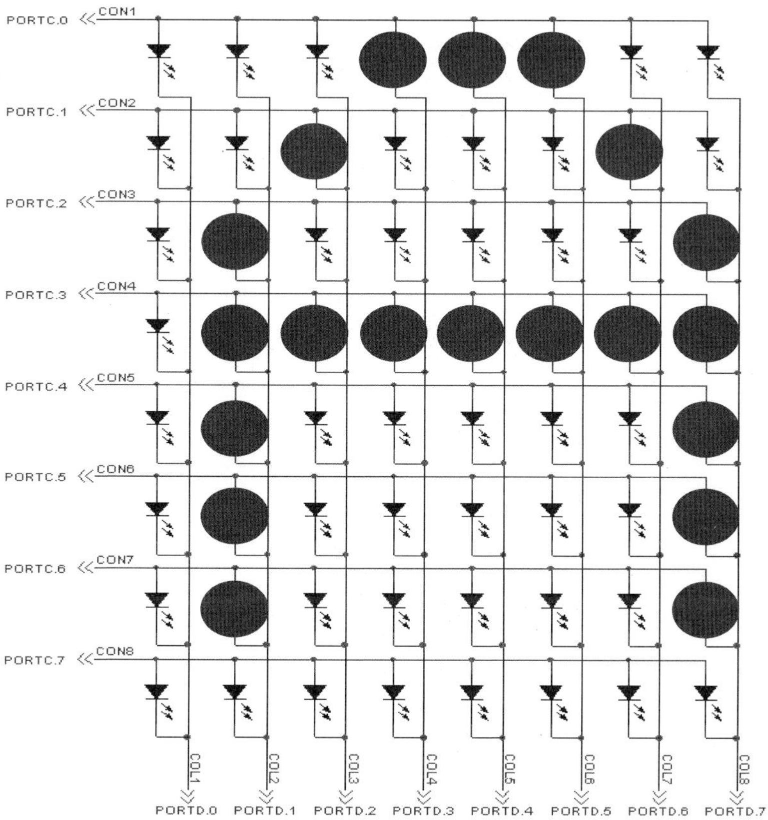

그림 13-3 Dot Matrix Common Anode 방식을 이용한 문자 예(A)

- **프로그램**

```
/*
Date       : 2008-05-14
Author          : yongsub jung
Chip type : ATmega32
Clock frequency      : 16.000000 MHz
Dot Matrix      : 8x8
*/

#include <mega32.h>
#include <delay.h>

unsigned char str[]="ABCDEFGHIJKLMNOPQRSTUVWXYZ";
unsigned char CONT[9]={0x00,0x01,0x02,0x04,0x08,0x10,0x20,0x40,0x80};
unsigned char DOT[26][9]={{'A',0xe3,0xdd,0xbe,0x80,0xbe,0xbe,0xbe,0xff},
{'B',0x81,0xbe,0xbe,0x81,0xbe,0xbe,0x81,0xff},
{'C',0xc1,0xbe,0xbf,0xbf,0xbf,0xbe,0xc1,0xff},
{'D',0x83,0xbd,0xbe,0xbe,0xbe,0xbd,0x83,0xff},
{'E',0x80,0xbf,0xbf,0x80,0xbf,0xbf,0x80,0xff},
{'F',0x80,0xbf,0xbf,0x87,0xbf,0xbf,0xbf,0xff},
{'G',0xc1,0xbe,0xbf,0xbf,0xbc,0xbe,0xc0,0xff},
{'H',0xbe,0xbe,0xbe,0x80,0xbe,0xbe,0xbe,0xff},
{'I',0xe3,0xf7,0xf7,0xf7,0xf7,0xf7,0xe3,0xff},
{'J',0xc1,0xfb,0xfb,0xfb,0xfb,0xdb,0xe7,0xff},
{'K',0xb8,0xb3,0xa7,0x8f,0xa7,0xb3,0xb8,0xff},
{'L',0xbf,0xbf,0xbf,0xbf,0xbf,0xbf,0x80,0xff},
{'M',0xbe,0x9c,0xaa,0xb6,0xbe,0xbe,0xbe,0xff},
{'N',0xbe,0x9e,0xae,0xb6,0xba,0xbc,0xbe,0xff},
{'O',0xc1,0xbe,0xbe,0xbe,0xbe,0xbe,0xc1,0xff},
{'P',0x81,0xbe,0xbe,0x81,0xbf,0xbf,0xbf,0xff},
{'Q',0xc3,0xbd,0xbd,0xbd,0xbd,0xb9,0xc4,0xff},
{'R',0x81,0xbe,0xbe,0x81,0xbd,0xbe,0xbe,0xff},
{'S',0xc0,0xbf,0xbf,0xc1,0xfe,0xfe,0x81,0xff},
{'T',0x80,0xf7,0xf7,0xf7,0xf7,0xf7,0xf7,0xff},
{'U',0xbe,0xbe,0xbe,0xbe,0xbe,0xbe,0xc1,0xff},
{'V',0xbe,0xbe,0xbe,0xbe,0xdd,0xeb,0xf7,0xff},
{'W',0xbe,0xb6,0xb6,0xb6,0xb6,0xb6,0xc9,0xff},
{'X',0x9c,0xdd,0xeb,0xf7,0xeb,0xdd,0x9c,0xff},
{'Y',0xbe,0xdd,0xdd,0xe3,0xf7,0xf7,0xf7,0xff},
{'Z',0x80,0xfe,0xfd,0xe3,0xdf,0xbf,0x80,0xff}};
```

```
int i, j, d;

void main(void)
{

    PORTC=0xff;
    DDRC=0xff;

    PORTD=0xff;
    DDRD=0xff;

    while (1)
    {
        for(i=0; i<26; i++)       // A~Z
        {
            for(d=0; d<300; d++)      // delay time
            {
                for(j=1; j<9; j++)  // Dot Control
                {
                    PORTC=CONT[j];
                    PORTD=~DOT[str[i]-65][j];
                    delay_ms(1);
                }
            }
        }
    }
}
```

예 제

자신의 정보(학교명, 자신의 이름, 학번)를 Dot Matrix Common Anode 방식을 이용하여 출력하시오.

CHAPTER 14

Key Matrix

1 Key pad switch

① 키 스캔을 위해 16개의 Tact Switch(KM1−KM16)로 구성

② 열을 나타내는 C0−C3, 행을 나타내는 R0−R3(보드에는 L0−L3로 표시, 저항과 구분) 포트가 스위치에 연결

③ 평상시에는 행에 5V에 연결되고, 누르면 열의 0V에 연결

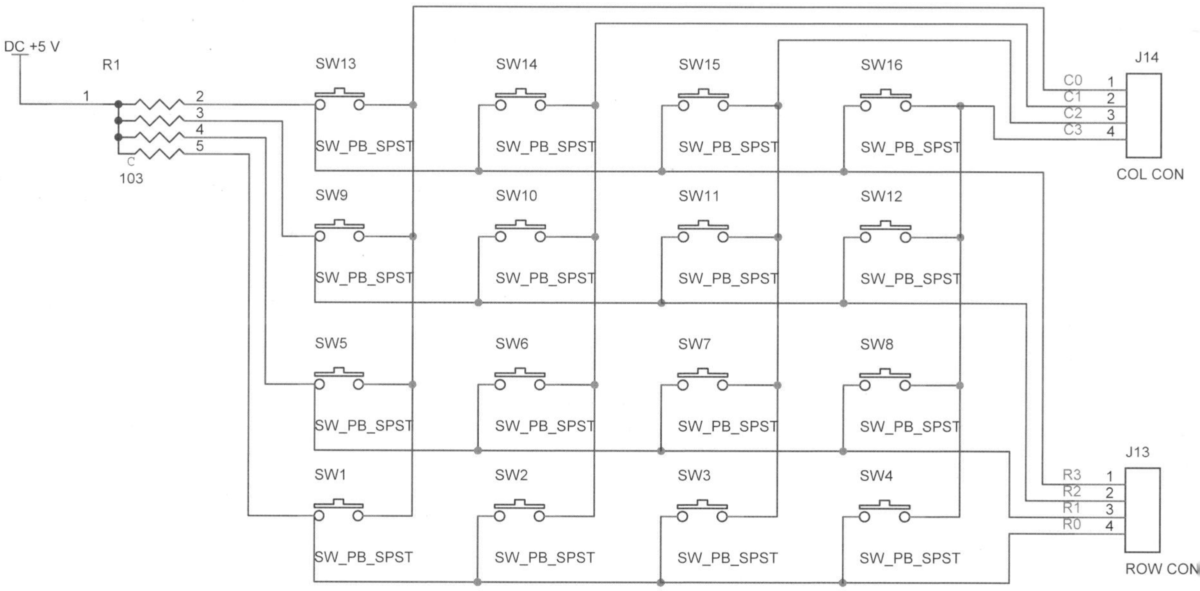

그림 14-1 Key Matrix 회로도

2 키 스캔 방식

1) Key Matrix의 16개의 스위치 입력 감지를 위해 열 단위(C0-C3)로 스캔하여 각 행(R0-R3)의 입력 여부 감지

① 16개가 아닌 R0−R3 행의 입력포트로 연결

② C0−C3 열은 출력포트에 연결하고 0을 인가하여 스캔

2) 4개의 각 열 단위로 순서대로 0을 인가하고, 해당 열의 4개의 행에 대해 입력 값 스캔

① 스위치를 누르지 않은 상태에서는 4개의 행이 모두 1(+5V)

② 4개의 행 중 하나의 스위치가 눌러지면 0이 입력

3) C0-C3은 출력포트, R0-R3은 입력포트에 연결

4) 스캔 과정

① C0에 0, 나머지는(C1,C2,C3) 1 출력 후 R0, R1, R2, R3(KM1, KM5, KM9, KM13)의 입력 값 확인

② C1에 0, 나머지는(C0,C2,C3) 1 출력 후 R0, R1, R2, R3(KM2, KM6,KM10, KM14)의 입력 값 확인

③ C2에 0, 나머지는 (C0, C1, C3) 1 출력 후 R0, R1, R2, R3(KM3, KM7, KM11, KM15)의 입력 값 확인

④ C3에 0, 나머지는(C0, C1, C2) 1 출력 후 R0, R1, R2, R3(KM4, KM8, KM12, KM16)의 입력 값 확인

3 프로그램 예

예 제

키패드의 값을 아래와 같이 배치하고, 해당키를 누르면 LCD에 다음과 같이 출력하는 프로그램 예이다.

[풀이]

① 각 키를 누르면 열과 행에 배치된 값의 합을 리턴한다
(예를 들어 7을 누르면 0x20+0x08 = 0x28 값을 리턴).

② Key Table

표 14-1 Key Table

입력모드 \ 출력모드		C0	C1	C2	C3
		0x01	0x02	0x04	0x08
R0	0x10	0	1	2	3
R1	0x20	4	5	6	7
R2	0x40	8	9	A	B
R3	0x80	C	D	E	F

3) 키패드 배선 연결

① C0 ~ C3 → PB.0 ~ PB.3, 출력포트(C0 → PB.0, C1 → PB.1, C2 → PB.2, C3 → PB.3)로 연결한다(Low 4bits: Output Mode).

② R0 ~ R3 → PB.7 ~ PB.4, 입력포트(R0 → PB.7, R1 → PB.6, R2 → PB.5, R3 → PB.4)로 연결한다(High 4bits: Input Mode).

4) 입력키 값 리턴

① 각 열을 스캔하여 행의 입력 값을 확인하여 리턴한다.

② 열에 해당하는 C0 ~ C3이 연결된 PB.0 ~ PB.3의 순서대로 0을 출력한다.

③ 행에 해당하는 R0 ~ R3이 연결된 PB.4 ~ PB.7의 값을 입력 받아서, 이 행의 값과 각 열에 해당하는 값을 더해서 리턴한다.

④ 채터링[2] 방지를 위해 일정시간 지연 후 입력 값을 재확인하고 리턴한다.

---

2) 채터링(chattering) : 전자회로 내의 스위치나 계전기의 접점이 붙거나 떨어질 때 기계적인 진동에 의해 실제로는 매우 짧은 시간 안에 접점이 붙었다가 떨어지는 것을 반복하는 현상. 이는 회로에 나쁜 영향을 끼치므로 제거해야 한다.

- **프로그램**

```
/*
Date       : 2008-05-21
Author          : yongsub jung
Chip type : ATmega32
Clock frequency     : 16.000000 MHz
Key Matrix     : 4x4
*/

#include <mega32.h>
#include <delay.h>
#include <stdio.h>

// Alphanumeric LCD Module functions
#asm
   .equ __lcd_port=0x15 ;PORTC
#endasm
#include <lcd.h>

unsigned char *temp="hello", *KEY;

void main(void)
{
     unsigned char i,;

     DDRB=0x0f;     // KEY(High bit: Input, Low bit: Output Mode)
     PORTB=0x0f;

     DDRC=0xff;     // LCD
     PORTC=0xff;

     sprintf(temp," Press any Key!");
     lcd_gotoxy(0,0);          //  Press any Key!   1 Line
     lcd_puts(temp);

     sprintf(temp,"Input data = [ ]");
     lcd_gotoxy(0,1);          // Input data = [ ]  2 Line
     lcd_puts(temp);

     while (1)
```

```
        {
            for(i=0; i<4; i++)
            {
                // Low 4bits를 순서적으로 0 출력
                PORTB=~(1<<i);       // ~(0000 0001 << i)
                switch(~PINB)        // Key input value
                {
                    case 0x11:     KEY="0";  break;
                    case 0x12:     KEY="1";  break;
                    case 0x14:     KEY="2";  break;
                    case 0x18:     KEY="3";  break;
                    case 0x21:     KEY="4";  break;
                    case 0x22:     KEY="5";  break;
                    case 0x24:     KEY="6";  break;
                    case 0x28:     KEY="7";  break;
                    case 0x41:     KEY="8";  break;
                    case 0x42:     KEY="9";  break;
                    case 0x44:     KEY="A";  break;
                    case 0x48:     KEY="B";  break;
                    case 0x81:     KEY="C";  break;
                    case 0x82:     KEY="D";  break;
                    case 0x84:     KEY="E";  break;
                    case 0x88:     KEY="F";  break;
                }
            }
            sprintf(temp,"%c", KEY);
            lcd_gotoxy(14,1);          //        7
            lcd_puts(temp);

            delay_ms(300);       // Chattering delay time
        }
}
```

References

[1] 정금섭, 마이크로프로세서, 2006

[2] 전철항, Design and Implementation of the Embedded System using AVR CPU, Korea Polytechnic Colleges Press, 2007.

[3] 정용섭, 예제로 배우는 마이크로프로세서, 2008.

[4] http://pdf1.alldatasheet.com/datasheet-pdf/view/38359/SANKEN/SLA7024M.html

[5] http://www.atmel.com/dyn/products/devices.asp?family_id=607

[6] http://www.atmel.com/dyn/resources/prod_documents/doc2502.pdf

[7] 정용섭, 정금섭, 정대영, 임베디드 시스템 설계 및 제작, 2009

Index